제멋대로인 요즘 아이, 말씀으로 양육하라

What the Bible Says About...
Child Training

J. 리차드 휴게이트 지음
정래승 옮김

제멋대로인 요즘아이, 말씀으로 양육하라!

초판 1쇄 발행 2003. 07. 25.
2쇄 발행 2020. 05. 25.

지은이   J. 리차드 휴게이트
옮긴이   정래승
펴낸이   박성숙
펴낸곳   도서출판 예루살렘
주   소   10252 경기도 고양시 일산동구 고봉로 776-92
전   화   031-976-8972
팩   스   031-976-8974
이메일   jerusalem80@naver.com
출판등록 1980년 5월 24일(제16-75호)

ISBN   978-89-7210-375-6 03230
책값은 뒤표지에 있습니다.

ⓒ 이 출판물은 저작권법에 의해 보호를 받는 저작물이므로
무단 전재와 무단복제를 할 수 없습니다.

도서출판 예루살렘은 말씀과 성령 안에서 기도로 시작하며
영혼이 풍요로워지는 책을 만드는 데 힘쓰고 있으며,
문서선교 사역의 현장에서 세계화의 비전을 넓혀가겠습니다.

나의 힘이신 여호와여 내가 주를 사랑하나이다(시 18:1)

What the Bible Says About...
CHILD TRAINING

by
J. Richard Fugate

What The Bible Says About...
CHILD TRAINING

Copyright © 1996 J. Richard Fugate
All rights reserved
The Korean translation rights arranged with
Foundation for Biblical Research
2401 W. Southern Ave. # 219
Tempe, AZ 85282

"성경에서 말하는…" 시리즈는

특정 주제에 대한 체계적인 성경적 설명을 제시하기 위해 마련된 시리즈이다. 모든 연구는 디모데후서 2:15 "네가 진리의 말씀을 옳게 분변하며 부끄러울 것이 없는 일꾼으로 인정된 자로 자신을 하나님 앞에 드리기를 힘쓰라"는 말씀의 원리를 따라 수행되었다. 모든 참고 자료들은 성경원어로부터 문맥에 따라 깊이 있게 연구되었고 각각의 특별한 주제와 관련된 단어들을 연구하였다. 이 책의 집필을 위해 사용된 연구들은 성경연구재단(FBR)에 의해 이루어진 것이다. 성경연구재단은 성경의 정확한 의미와 그 의미의 구체적인 개념을 찾는 것을 목표로 하는 비영리 단체이다. 이 책의 관점과 설명과 적용은 개인적으로 성경을 연구한 수많은 사람들의 노고의 결과일 뿐 아니라 수년간 자녀 양육을 실제적으로 경험한 결과물이다. 저자는 이러한 관점과 설명과 적용에 대한 전적인 책임을 수용한다. 여기서 계시된 성경적 지식에 대해서 하나님께만 영광을 돌린다.

서 문

이 책은 자녀 훈련이라는 주제를 독특하게 다루고 있다. 지식의 대부분이 끊임없이 변화하는 인간의 견해나 제한된 관찰에 기초하는 이 시대에 하나님의 계시된 객관적 진리를 살펴보는 것은 흥미 있는 일이다. 성경적 진리는 인간이 옳다는 확신을 갖고 살 수 있는 지식이다. 그것은 또한 적절히 사용될 때는 예측할 수 있는 결과를 가져다주는 진리이다.

오늘날 정보는 폭발적으로 증가하는데 그 중 상당수가 거짓이거나 검증될 수 없는 것들이다. 사람들은 그것이 사용되었을 때 유익하고 검증할 수 있는 결과를 산출하는 정확하고도 신뢰할 수 있는 정보를 필요로 한다. 성경에 대한 집중적인 연구가 정직하게 수행되고 특정 주제가 체계적으로 개발되면 인간이 성공적인 삶을 살 수 있는 신뢰할 만한 지식을 얻게 된다. 이 책은 그 중 한 주제를 다룬 것이다. 이것은 1600시간 이상의 성경 연구를 기초로 개발되었다. 그 지식은 단지 또 다른 한 사람의 견해가 아니다. 그것은 하나님의 말씀에 확고하게 근거한 것이다.

> 딤후 3:16 "모든 성경은 하나님의 감동으로 된 것으로 교훈과 책망과 바르게 함과 의로 교육하기에 유익하니"

본서가 사용된 지 16년이 지난 후 이 책은 성경적인 자녀양육법의 매뉴얼이 되었다. 본서는 세계적으로 15만 부 이상이 팔렸으며 스페인어로 번역되었고 폴란드어, 불어, 헝가리어, 러시아어 번역판권을 허가하였다. 본서는 많은 대학에서 가정생활 코스의 필수과정이 되었다. 즉 그것은 이제 전국적인 가정 학교 운동의 기본 요소이다.

본서는 16년간 12판이 출판되었으나 수정이 요구된 부분은 하나도 없었다. 그러나 저자는 그 동안 부모들로부터 좀더 명료했으면 좋겠다는 말을 들어왔다. 흑백논리만이 있는 어떤 주제에 대해서 사람들은 때때로 극단적이 되어서 균형을 잡지 못한다. 예를 들면 많은 부모들이 극적이고도 빠른 성공을 위해서 여기서 가르친 원리들을 적용하려 하기 때문에 자녀들의 자연적 성숙도를 적절히 고려하지 않은 채 완벽하게 훈련되어지기를 기대했다. 네 살 된 아이는 네 살일 뿐이며 꼬마 어른이 아닌 네 살에 맞는 훈련을 받는 것이 기대될 뿐이다.

그러므로 2판은 각 장에 저자주를 제공하여 적용의 불균형을 시정하려고 하였다. (그러나 번역서에서는 저자주를 별도로 구분하지 않고 각 장의 후반부에 삽입하였다. - 역자) 그것은 다양한 원리들을 더 잘 설명해 줄 것이다. 저자주는 필요한 곳에 개인적인 논의의 형식으로 제공될 것이고 원래의 장 바로 뒤에 넣을 것이다. 그것이 각 장에 제시된 절대적인 성경적 진리로부터 벗어나지 않고 독자들의 이해를 높이며 가능한 오해를 방지하는 데 도움이 되길 소망한다.

시편 119:105 "주의 말씀은 내 발에 등이요 내 길에 빛이니이다"

J.R Fugate

역자 서문

　역자가 자녀 교육에 관심을 기울이며 비교적 성공적이라고 자부하고 있었을 때 미국에서 온 한 선교사 가정을 만났다. 어느 날 그들과 식사를 하는 도중에 먼저 먹고 일어나 놀고 있는 딸아이를 불렀다. 딸아이는 부르는 소리에 "예"하고 달려왔다가 금방 뛰쳐나갔다. 나는 그렇게 대답하며 달려온 딸아이를 내심 자랑하고 싶었는데 선교사 부부가 한 말은 나의 자존심을 꺾어 놓았다. "딸아이가 순종하는 훈련이 되어있지 않군요." 나는 아이가 그 이상 어떻게 더 순종합니까라고 말하고 싶었지만 그들의 말을 듣고는 인정하지 않을 수 없었다. "댁의 딸은 순종하는 척 했을 뿐입니다. 부모의 말이 끝나기도 전에 자기 하고 싶은 대로 뛰쳐나가지 않았습니까?"
　역자는 자녀들이 비교적 순하다는 생각 속에서 단순히 기도하고 축복하며 하나님의 은혜를 구하는 일 외에 실제로 성경적인 교육의 원리를 탐구하여 그에 근거한 양육을 하지 않았음을 고백해야 했다. 그 선교사는 역자에게 본서를 소개해 주면서 자녀 양육에 더 깊은 관심을 가질 것을 권면하였고 격려해 주었다.
　본서에서 저자는 자녀 양육이 어둠 속에서 총을 쏘는 것과 같이 우연적인 성공만을 기대해야 하는 일이 아님을 강조하고 있다. 그러나 심지어 성경 교사들조차도 자녀교육의 체계적인 원리를 제시하기 어려워하는 이유는 많은 사역자들이 가정 교육에 실패한 모습을 보았기 때문이며 결국 은혜의 원리에 너무 쉽게 의존하려는 성향 때문이라는 것이 저자의 견해이다. 그러나 저자는 하나님이 친히 세우신 가정에 어떠한 체계적인 자녀 양육의 원리도 제시하지 않으셨다는 것은 생각할 수 없다고 주장한다.

본서는 역자가 지금까지 자녀교육에 관련해서 접한 그 어떤 책보다도 성경적 양육원리에 대해 체계적으로 기술하고 있다. 자녀 양육에 대한 대부분의 책들이 시대와 사회적 요청에 따라 방법적이고 기술적인 내용들로 구성된 반면에 본서는 성경 전체에서 체계적으로 자녀 양육의 원리를 밝히려고 노력하였다. 본서는 성급하게 사회에서 능력 있고 성공적인 어른을 키워내는 효과적인 수단으로 성경적 교육방법을 제시하지 않으며 오직 성경이 말하는 양육방법을 밝히고 적용하는 데 힘을 쏟고 있다. 이를 위해 본서가 가장 먼저 다루는 것은 부모의 지위와 자녀의 지위를 명확히 구분하는 것이었다.

본서는 자녀 양육의 방법을 논하기에 앞서 부모는 자녀에게 어떤 권위와 책임을 갖는 존재인지를 분명히 하고 있고 모든 훈련과 교육은 그 질서하에서 이루어지는 것임을 강조하고 있다. 따라서 일반적으로 자녀 양육의 목표를 단순히 자아실현이나 사회에서의 성공이라고 생각하는 것과는 달리 본서는 부모의 권위와 책임하에 자녀를 하나님과 사람 앞에 책임 있는 인격으로 성숙시키는 것을 자녀 양육의 궁극적 목표로 삼고 있다.

본서의 가장 큰 특징 중의 하나는 훈련과 가르침을 구분하는 것이다. 훈련은 권위와 질서를 존중하도록 지속적인 통제와 연습이 필요한 활동이고 가르침은 자기 통제가 가능한 인격에게 행해지는 학습이라고 할 수 있다. 많은 부모들이 훈련되지 않은 자녀를 가르치려다가 지쳐 포기하는데 그것은 성경적 양육의 원리에 따르지 않기 때문이라고 할 수 있다. 아이는 가르쳐지기 전에 아주 이른 시기부터 순종하도록 훈련되어져야 하며 가르침은 권위에 대한 자발적인 순종과 존경을 바탕으로 가능하다는 것이 본서의 주장이다.

(이런 면에서 본서는 자녀 양육에 관한 전문서적일 뿐 아니라 오늘날 크리스천들의 신앙 성숙의 장애 요인이 무엇인지를 진단하는 데도 도움이 된다. 적절한 권위하에 필요한 통제를 받지 못하고 가르침만 너무 앞선 경우에는 많은 배움에도 불구하고 훈련되지 않은 태도로 말미암아 성숙한 모습으로 자라기 어렵다.)

아이에게 훈련이 필요한 이유는 아이의 본성과 관련된 문제이다. 현대의 일반적인 심리학적 주장과는 달리 성경은 인간이 죄중에 태어난다고 가르치고 있으며 건강한 인격으로 자라기 위해서는 어려서부터 부모의 사랑의 징계와 채찍이 필요한 존재임을 가르치고 있다는 것을 본서는 분명하게 강조한다. 징계와 채찍이 없는 사랑은 기독교적 사랑이 아니며 아이를 스스로 통제할 수 없는 미숙한 성인으로 키우는 무책임한 사랑은 사랑이 아니라는 것이다. 저자는 아동의 인권을 존중한다는 명목으로 부모로부터의 모든 징계권을 박탈하려는 사회에서 비난을 감수하고 성경적 원리에 따라 징계의 채찍을 드는 행동이 이 시대에 자신이 크리스천임을 증거해 보이는 중요한 기준이라고 주장한다. (참고로 본서는 체벌을 옹호하는 대표적인 저서로 그 반대자들에 의해 인용자료로 사용되었다.)

본서의 두 번째 특징은 자녀 양육에 있어서 갈등을 긍정적이고 적극적으로 취급하면서 갈등을 다루는 방법을 효과적으로 설명해 주고 있다는 것이다. 대부분의 부모들은 자기 자녀가 순진하다고 생각하며 스스로 잘 해내리라는 막연한 기대를 갖고 있으며 자녀와 갈등이 생기면 회피하려고 한다. 아이에게도 죄성이 있다는 것을 인정하는 부모라 할지라도 훈련은 권위자로서의 부모의 의지와 아이의 의지가 끊임없이 부딪히는 갈등상황 속에서 이루어지고 있기 때문에 그것을 다루는 원리에 대한 이해가 부족할 경우에는 아이와의 씨름에 지쳐 쉽게 포기하게 된다.

그러나 저자는 갈등 상황이야말로 아이에게 순종의 훈련을 시킬 좋은 기회이며 성장을 향한 필수적인 과정임을 잘 설명해 주고 있다. 부모가 갈등상황을 잘 처리하지 못하면 아이는 매우 이기적이고 무책임한 성인으로 자라게 된다고 본서는 주장한다.

본서는 이를 위해 기준 설정, 징계와 처벌, 죄와 용서에 대해 구체적인 사례를 들어 설명하며, 적용의 지침을 제시하고 있다. (처벌에 대해서는 신학적인 관점에 다소 차이가 있을 수도 있을 것이다.)

본서의 또 하나의 특징은 성경의 원어를 분석하여 성경적인 아동 발달 단계를 제시하고 있는 점이다. 저자는 치밀한 원어 분석을 통해 각 단계별로 어떤 훈련과 교육이 필요한지를 성경적으로 잘 설명해 주고 있다.

본서가 비록 자녀양육에 대한 체계적인 원리를 탐구하고 제시하고 있긴 하지만 저자는 그 모든 훈련과 가르침의 바탕은 사랑과 은혜임을 강조하고 있다는 것을 역자도 다시 한번 강조하고 싶다. 그것은 이 원리가 율법적으로 적용되지 않기를 바라는 마음 때문이다.

진정한 교육이 무엇인가를 논하는 것 자체가 구태의연하게 느껴지는 오늘날, 본서가 하나님의 말씀으로 자녀를 키우려는 이 땅의 부모들에게 작은 도움이라도 되길 기대한다.

차 례

서문 / 6
역자 서문 / 8

서론 / 15

제1부 부모 THE PARENT

*1*장 나는 지금 무엇을 하고 있는가? ················· 26
*2*장 부모들에 대한 하나님의 약속 ················· 33
*3*장 부모의 의무 ················· 39
*4*장 권위의 원리 ················· 44
*5*장 부모의 권위 ················· 52
*6*장 부모의 책임 ················· 63

제2부 아동 THE CHILD

7장 아동의 본성 ·································· 76
8장 아동기의 여러 단계들 ····················· 85

제3부 훈련하기 TRAINING YOUR CHILDREN

9장 훈련이란 무엇인가? ······················· 100
10장 부정적인 훈련 ····························· 109
11장 자녀 훈련의 두 가지 측면 ············· 124

제4부 통제하기 CONTROLLING YOUR CHILDREN

12장 통제가 의미하는 것은 무엇인가? ····· 134
13장 어디서부터 시작할 것인가? ············ 150
14장 갈등 평가 ·································· 155
15장 반항 ··· 167
16장 징계 ··· 180
17장 징계의 올바른 사용 ····················· 190
18장 통제는 자녀 훈련의 핵심이다 ········· 213

제5부 가르치기 TEACHING YOUR CHILDREN

- 19장 가르친다는 것은 무슨 의미인가? ·············· 232
- 20장 처벌 ··· 242
- 21장 기준들 ·· 261
- 22장 책망 ··· 289
- 23장 죄와 고백 ·· 301
- 24장 용서 ··· 307
- 25장 사례들 ·· 311

부록 APPENDICES

- 부록 A 인간을 위한 정보의 원천으로서의 성경 ··· 330
- 부록 B 실패한 부모를 위한 희망 ······················ 339
- 부록 C 아동과 관련된 희랍어 단어들 ··············· 350
- 부록 D 십대들 ·· 354
- 후기 ··· 360

Bibliography / 364

출판 후기 / 366

서 론

본서는 부모들로 하여금 부모의 역할을 더 잘 이해하고 자녀를 성공적으로 양육하는 데 도움을 주기 위한 연구서이다. 이러한 목적을 위해서 본서는 먼저 부모의 책무, 권위, 책임이라는 개념을 신중하게 정의할 것이며, 자녀의 본성과 성경적으로 규정된 발달단계에 대해서 설명할 것이다. 이러한 확고한 원리들을 바탕으로 본서는 자녀 훈련에 대한 성경적인 방법을 제시하고자 한다.

그 방법은 **통제하는 것**과 **가르치는 것** 두 영역으로 구분된다. 통제한다는 것은 부모가 자녀의 의지를 다스리는 권위를 확립하는 것이다. 부모가 자녀들을 통제할 수 있을 때 '자녀들은 부모에게 순종해야 한다'는 성경적 명령을 실천할 수 있는 기초를 마련하는 것이다. 가르치는 일은 먼저 자녀들이 순종하도록 훈련한 부모에 의해서만 이루어질 수 있다. 왜냐하면 부모로부터 배우려면 자녀는 먼저 부모의 말을 존중해야만 하고, 부모의 말을 존중하기 전에 먼저 순종적이 되어야만 하기 때문이다.

골 3:21a "자녀들아 범사에 부모에게 순종하라"

자녀들은 자신들이 존경하지 않는 사람들로부터는 배우려고 하지 않는다. 부모를 공경하라는 성경의 명령은 부모의 충고와 지혜로운 교훈을 받아들일 정도로 부모를 존경할 때 이루어진다.

엡 6:2 "네 아버지와 어머니를 공경하라"

자녀들이 아주 어릴 때부터 이러한 방법을 일관성 있게 적용하면 자녀 교육에 성공한다는 것이 하나님의 약속이다. 그러나 어린 시절에 자녀를 훈련시키지 못한 부모라 할지라도 순종하며 존경할 줄 아는 아이로 만드는 것이 가능하다.

사 55:11 "내 입에서 나가는 말도 헛되이 내게로 돌아오지 아니하고 나의 뜻을 이루며 나의 명하여 보낸 일에 형통하리라"

본서는 그 주제를 성경적 관점으로만 다루었다는 점에서 독특하다. 저자는 성경을 절대적 진리로, 그리고 인간의 어떤 사고체계와도 비교할 수 없는 우월한 것으로 받아들이고 있다. 하나님의 말씀은 철학이나 심리학, 사회학, 종교적 관점, 대중의 의견 같은 것들과 양립할 수 없는 것이라고 보고 있다. 하나님의 말씀은 인간적인 혼합 없이 그 자체로 받아들여진다. 성경은 처음에 계시되었을 때와 같이 오늘날에도 적합한, 살아있고 능력있는 말씀으로 받아들여진다.

저자가 성경이 인간을 위한 가장 훌륭한 정보의 절대적 원천이라고 믿는 이유는 부록 A에 설명되어 있다. **독자들은 이 책을 읽기 전에 이러한 전제를 이해해야만 한다.**

자녀 훈련에 대한 성경적인 관점을 이해하고 적용하기 위해서 반드시 크리스천이 되어야 할 필요는 없다. 가정 제도에 대한 지식은 모든 인간에게 유용한 것이다. 그러나 말씀으로 성숙하고 하나님의 성령으로 힘을 얻은 크리스천만이 자녀를 "주의 교양과 훈계로 양육"할 수 있을 것이다(엡 6:4b).

성공적인 자녀 훈련을 위한 명확한 지침이 오늘날 우리 사회에서 너무나도 절실하게 필요하다. 많은 부모들이 자기 자녀들에 대한 통제력을 잃어버렸다. 통제력의 결핍은 여러 곳에서 증명된다. 예를 들면 아주 어린아이들에게서 보여지는 악하고도 무례한 행동들, 자녀들의 일탈행동으로 인한 부모의 극심한 좌절감, 크리스천 부모들이 자녀들에게 부모의 기준을 받아들이도록 훈육하는 데 무력함을 느끼는 것 등이 그것을 증명한다.

자녀교육에 성공적인 부모가 되게 하는 것은 이 나라를 회복시키는 희망이다(물론 그것은 본서의 목적을 넘어서는 것이지만). 하나님은 한 국가적 체제와 법 아래에서 그리고 결혼과 일과 사업적 관계에서 사람들이 조화를 이루며 살기를 원하신다. 부모가 자녀를 잘 훈육하지 못하면 그 국가체제 내의 다른 모든 기구는 붕괴되며 결국에는 국가 자체가 멸망한다. 우리는 현재 서구문명의 멸망을 경험하고 있다. 지난 몇 세대들은 하나님의 일반적인 목적인 조화를 이루며 사는 삶을 살지 못했을 뿐 아니라 자신의 삶의 구체적 목적을 발견하지도 못하고 살아왔다.

이 책이 하나님의 말씀을 통해 인생을 향한 하나님의 목적을 발견하게 해주는 출발점이 되기를 저자는 기도한다. 그렇게 되면 단지 우리 문명의 회복만이 아니라 하나님의 영광이 회복될 것이다.

본서는 하나님이 계획하신 목표를 성취하기 위해 말씀에 근거하여 체계적 절차를 논리적으로 제시하고 있다. 이를 통해 부모가 자녀들을 통제하고 가르칠 때 적용할 수 있도록 하였다. 많은 가정들이 이 체계를 통해 자녀 훈련을 하였는데 매우 놀라운 결과들을 보여주고 있다. 따라서 본서는 모든 진리를 테스트하는 증거인—**실제적인 효과를** 보여주고 있다고 할 수 있다.

간증들

저는 가정사역과 자녀 교육의 완전한 체계를 찾는 연구를 하면서 한계에 도달했습니다. X박사와 Y박사는 유명한 학자들이지만 당신의 책을 읽은 후에 저는 자녀를 순종적으로 만드는 일에 관련해서는 심리학은 "아무 소용도 없다"는 것을 알게 되었습니다.

저는 당신의 체계가 100% 올바르다는 것을 알며 이미 저의 자녀들에게서 그 효과를 보고 있습니다.

론과 매리 탱지맨—오하이오
(Ron & Mary Tangeman—OH)

저는 제 방식대로 한 것이 얼마나 잘못됐었는지를 거의 깨닫지 못했습니다. 저는 제 자신의 성장과정을 되돌아봄으로써 당신이 제시한 많은 원리들이 옳다는 것을 증명할 수 있습니다.

낸시 베씨아
(Nancy Bethea)

자녀들이 절제하며 자립할 수 있게 되기까지 제가 부모로서 그들을 완전히 통제할 수 있도록 용기를 준 당신께 감사드립니다. 자녀들이 완전하지는 않지만 주 안에서 훌륭하게 자라고 있어서 저는 너무나 감사합니다. 제 친구 중에는 십대의 반항이 "정상적"이라고 말하지만 저는 그것에 동의하지 않습니다.

준 파셋—VA
(June Faucette—VA)

저의 아이가 성숙한 것을 보면서 제가 하나님의 교훈에 따라 주께 복종하고 있음을 아는 것은 축복이었습니다.

폴과 드보라 라이머—오하이오
(Paul & Debra Reimer—OH)

저희는 현대의 인본주의적 아동발달 전문가들의 견해에도 불구하고 당신께서 성경적 관점을 강력하게 지지하고 계심을 존경합니다. 저는 초등학교 전공이고 아내는 아동발달 전공이기에 우리는 인본주의와 성경적 관점 사이의 차이를 알고 있습니다.

저희는 자녀들의 행동뿐 아니라 우리와 자녀들과의 관계도 개선될 수 있다는 것을 알았습니다. 하나님의 방법으로 자녀들을 양육한 결과가 성공적인 것을 볼수록 우리가 바른 일을 하고 있다는 확신이 섭니다.

저희는 자녀들에게 자기 훈련과 절제, 그리고 인생에 대한 진리와 하나님의 말씀과 그 이유를 가르치면서, 말씀에 근거한 믿음이 가정을 변화시키고 있음에 감사를 드립니다.

에린 렐프와 리사 비손
(Erin Relph & Lisa Bisson)

아동이 행동하는 수천 가지의 회색지대에서 의사결정을 하는 것이 저의 생업이었습니다. 이 책은 목회상담보다, 그리고 시간당 45달러짜리의 기독교 심리학자보다, 그리고 X 박사보다 더 도움이 되었습니다.

징거 가르바즈―텍사스
(Ginger Garbacz―TX)

아래의 글은 저자의 허락을 받고 1991년 8,9월호 Teaching Home Magazine에서 발췌한 것이다.

"기다릴 뿐이라고 말하는 사람들"(Just waits)―성경적인 자녀 교육은 비정상적인 자녀들을 만들어 낸다.

우리의 첫아이가 태어났을 때 남편과 나는 새로운 집단의 사람들을 만나기 시작했다.―그들을 일컬어 나는 **"기다릴 뿐이라고 말하는 사람들(Justwaits)"** 이라고 이름을 붙여보았다.

새롭게 부모가 된 것에 대한 기쁨과 도전에 적응하면서 우리는 자녀 훈련에 대한 경험이 없고 순진하여 성경적인 지침이 효과적일 것이라고 믿었다. 그러나 우리의 새 친구들, '기다릴 뿐이라고 말하는 사람들(Justwaits)'은 우리를 훈련시키려고 했다.

이 "가정(家庭)"과의 첫번째 만남은 우리 딸의 침대에서 시작되었다. 갓난아이가 평화롭게 자고 있는 것을 보면서 그 친구들은 "정말 귀엽군요! 그러나 기다릴 뿐…!" 이라고 한마디했다.

"오, 그래요!" 우리는 그 의미를 이해한 것처럼 웃어주었다. 그들은 그 말을 끝까지 하지 않았기에 우리는 일반적인 부모들이 다 이해하고 있는 것이라고 생각했다. 그 사람들은 경험이 있는 사람들이었고 그래서 우리는 그들에게 배워야 할 것이 있다고 생각했다.

그러나 우리는 자녀 교육을 위해서 '기다릴 뿐이라고 말하는 사람들' (Justwaits)이 추천한 "전문가들"에 의해 쓰여진 잡지나 책 대신에 고집스럽게 하나님의 말씀을 읽고 연구하였다.

우리 딸이 기기 시작하였다. 우리는 가정의 평화와 딸아이의 보호를 위해서 "안돼"라고 말하면 딸아이가 순종할 수 있을 정도로 컸다고 믿었다.

'기다릴 뿐이라고 말하는 사람들' (Justwaits) 부류에 속한 어느 친척은 자기의 두 살 된 아이가 집이 떠나갈 듯 소리를 지르면서 내 스테레오의 다이얼을 이것저것 마구 잡아당기고 있는데도 "아이들은 탐구할 자유가 있어야만 한다. 아이가 원하는 것을 만지지 못하게 하면 그의 창조성을 막게 될 것이다."라고 느긋하게 충고하였다.

'기다릴 뿐이라고 말하는 사람들' (Justwaits) 부류에 속한 친구들로부터 우리는 많은 좋은 충고를 받았지만 그럼에도 불구하고 우리는 "아이의 마음에는 미련한 것이 얽혔으나 징계하는 채찍이 이를 멀리 쫓아내리라"(잠 22:15)는 말씀을 고집스럽게 따랐다.

우리 딸의 첫번째 생일이 다가왔을 때 '기다릴 뿐이라고 말하는 사람들' (Justwaits) 부류에 속하는—이들은 또한 '당신들은 정말 운이 좋습니다라고 말하는 사람들' 이다—친척들을 만났다. 우리가 아이들을 끊임없이 훈련하여 겨우 형성된 성품이 이제 막 드러나는 시점이 되었을 때 그들과 접하게 된 것이다. 우리 딸이 놀다가 내가 부르는 소리에 즉시 순종하여 내 옆에 조용히 앉으러 오자 친척은 한숨지으면서 "오호 당신은 얼마나 운이 좋은지요. 내 아이는 너무 활동적이어서 조용히 앉아있지를 못해요."라고 말했다.

이것은 "창조적인" 두 살짜리 아이가 여러 번 내 집을 망가뜨려 놓은 바로 그 친척의 말이었다. 나는 순간적으로, 오랜 시간을 껴안아 주고 얘기해 주고 성경 노래를 불러주고 사랑의 훈련을 시킨 것을 생각하면서 "운이 좋은" 것이 이런 것인지 의아해했다. 그러나 이러한 것들을 '기다릴 뿐이라고 말하는 사람들'(Justwaits)에게 얘기하는 것은 어려운 일이다.

우리 딸이 자라면서 함께 있는 기쁨은 더해갔다. 그녀는 완전하지도 않고 나 또한 부모로서 완전하지 않지만 우리 가정은 즐거움과 배움이 있는 장소였다. 내 딸은 아주 일찍부터 자신이 지켜야 할 선을 알았고 그 선을 넘었을 때 벌칙이 따른다는 것도 알았다. 우리는 하나님의 말씀이 즉시 그리고 일관성 있게 적용되었을 때 그 말씀이 가져다주는 효과에 계속 놀라게 되었다.

우리가 우리 가정의 생활 패턴을 '오 당신은 운이 좋군요라고 말하는 사람들'에게 설명하려고 했을 때 그들은 즉시 그것을 무시하였다. 우리는 곧 '오 당신은 운이 좋군요라고 말하는 사람들' 이 심은 대로 거둔다는 진리를 좋아하지 않는다는 것을 알았다. 그들은 사람들이 행복한 이상 모든 양육은 기본적으로 동일하며 동일한 효과가 있다는 믿음 속에 갇혀 있다.

"오호, 우리는 절대 때리지 않습니다." '기다릴 뿐이라고 말하는 사람들'(Justwaits) 부류에 속하는 한 친구는 어느 날 우리가 사용한 가느다란 회초리를 보고는 그렇게 얘기했다. "오늘날 전문가들에 의

하면 자녀들을 때리는 것은 그들을 폭력적으로 만든다고 합니다. 우리는 자녀들에게 더 지성적인 방법을 사용합니다." 내가 그 집 아이들이 신경질적으로 소리를 지르며 서로에게 돌멩이를 집어던지는 것을 보았을 때 우리는 그 아이들이 더 폭력적이 되기를 원치 않는다고 말해야만 했다.

우리 딸이 두 살 때 우리의 좋은 친구인 줄리가(그녀도 Justwaits이다) 자기의 다섯 살 된 아들인 지미를 데리고 우리 집을 방문하였다. 줄리는 항상 우정의 근원이었고 충고의 샘이었다. 그녀의 아이가 내 아이보다 더 크기 때문에 우리는 자녀 양육에 대해서는 그녀가 더 많이 안다고 생각했다. 대화가 시작되기도 전에 지미는 장롱 안에 있는 장난감들을 집어던지고 자기 엄마에게 무례하게 소리를 질러댔다. 결국 다른 방에 가두어 놓자 비명을 지르며 "미워!"라고 소리를 질렀고 그 엄마는 나를 보고 한숨을 지으며 "오호, 기다릴 뿐…"이라고 하였다.

내 딸은 지미가 "자기 표현(?)"을 하는 동안 두려워서 큰 눈을 하고 내 옆 소파 위에 웅크리고 앉았다. 그녀의 눈은 "엄마, 저렇게 해도 돼요?"라고 묻고 있었다. 그러한 행동이 자라나는 어린이들에게 불가피한 것인가? 그것이 내 아이도 거쳐야 하고 또 제지되어서는 안 되는 "과정"인가?

나는 확실한 답을 알고 있다. 아니다. 자녀를 양육하는 것은 "어둠 속에서 총을 쏘고 최선을 희망하는" 문제가 아니다. 하나님은 당신의 말씀 가운데 자녀 훈련에 대해 뚜렷한 계획을 갖고 계신다.

지금 우리에게는 또 우리에게 새로운 기쁨과 도전을 주는 아들도 있다. 하나님이 창조하신 대로 그는 네 살 된 자기 누나와는 전혀 다르다. 그러나 우리는 그를 훈련하는 데에도 딸을 훈련할 때 적용했던 동일한 명령과 약속을 믿고 행한다.

Justwaits은 항상 많은 충고와 경고를 할 것이다. 우리가 자녀들을 근면하게 가르쳐서 그들이 성숙하게 행동할 때 우리는 자주 '오호 당신은 운이 좋군요라고 말하는 사람들'을 만날 것이다.

우리는 하나님의 말씀에 따라 자녀를 교육하는 "낡은 방식"을 계속 수행하면서 그들에게 웃으며 감사한다.

그러나 나 또한 Justwaits의 새로운 일원이 되어가고 있음을 인정해야만 하겠다. 가정을 지키며 하나님의 말씀으로 자녀를 양육하는 젊은 어머니와 가정에서 하나님의 지도자로 서가는 아버지를 볼 때 나는 그들의 아름다운 자녀들에 감탄하며 그들에게 간절히 얘기한다. "하나님은 참 재미있으세요, 우리는 또 더 좋아질 것을 기다릴 뿐(just wait)이죠!"

리 안 맥콤
클래모아, 오클라호마

제멋대로인 요즘 아이, 말씀으로 양육하라
What the Bible Says About Child Training

제1부
부 모

The Parent

1장
나는 지금 무엇을 하고 있는가?

여러분은 공급과 보호와 모든 지도를 당신에게 의존하는 한 아이의 부모이다. 자녀를 가질 수 있는 신체적인 능력이 자녀들을 적절히 양육할 수 있는 자격을 자동적으로 갖추게 하지는 않는다는 것을 부모들은 깨달아야만 한다. 그러면 당신은 지금 어떠한가? 이 장에서는 자녀를 양육할 때 대부분의 부모들이 직면하는 딜레마를 살펴보고자 한다.

오늘날 부모가 되는 것은 어렵고도 종종 당황스러운 도전이다. 자녀 훈련에 대해서는 소위 전문가들간에도 서로 일치하지 않는 수많은 대립적인 이론들이 있다. 사람들은 각자 어떻게 자녀를 키워야 하는지에 대한 일가견을 갖고 있다. 1940년대 말 전에만 해도 이러한 혼동은 없었다. 전통적인 양육법이 세대에서 세대로 전해져 내려왔다. 그러나 1945년 벤자민 스포크 박사의 책, Baby and Child Care에 의해 새로운 심리학적 접근이 대중화되었다. 이 책은 첫 해에 거의 100만 부가 팔렸고 지금까지 3천만 부가 팔렸다. (성경 다음으로 많이 팔렸다.) 이것은 지난 50년간 전체 부모의 3분의 1 이상이 이 책을 샀다는 의미이다. 그리고 그들 중 대다수가 그 책의 충고를 따랐다는 것이다. 스포크 박사는 부모들에게 자녀들을 제한하지 말고 자유를 주어 독립적이 되도록 가르쳤다. 그리고 자녀들을 훈련시킬 때 신체적인 처벌(징벌)을 하지 말고 대신 사랑으로 대하라고 가르쳤다. 수많은 책들과 잡지 기사들이 오늘날까지 그러한 행동주의 심리학의 메시지를 전달해 왔다.

올바른 자녀 훈련에 대한 무지와 혼란과 더불어 자녀들의 잘못된 행동에 대한 관용을 기독교의 은혜나 사랑과 동일시하는, 사랑에 대한 그릇된 종교적인 가르침이 있어왔다. 우리는 자녀를 훈육할 때 사랑을 잘 적용하기 위해서 기독교의 사랑을 성경적 관점에서 다룰 필요가 있다. 먼저 무엇이 성경적인 **사랑이 아닌지** 살펴보자.

* 절제 훈련이 결여되어서, 방황하거나 건들거리거나 혹은 아무 것도 아닌 것을 얻으려고 찾아다니면서 다른 사람의 관심을 끌고, 먹고 마시며, 성, 놀이 등에 탐닉하도록 아이를 키우는 것이 사랑은 아니다. 이러한 탐욕 중 어떤 것이 당신 자신의 생활을 방해하였는가? 당신은 절제할 수 있도록 더 잘 훈련되어졌기를 바라지 않는가?

* 자신의 행동에 책임을 지지 않고 자신이 한 행동의 결과를 받아들이지 않는 아이로 키우는 것은 사랑이 아니다. 자신의 실수와 잘못에 대해 다른 사람을 비난하거나 자신을 정당화할 때 성인으로서 당신이 지불하는 대가는 무엇인가? 만일 당신이 한 아이로서 더 책임 있는 자가 되도록 양육되어졌다면 인생에서 더 멀리 그리고 더 빨리 진보하지 않았겠는가?

이 책의 유익 중 하나는 부모가 균형 있고 책임 있는 권위를 행사함으로써 자녀들에게 진실한 기독교적 사랑을 보여주는 방법을 제시하는 것이다. 자녀 양육시에 그릇된 행동을 용납하는 것은, 과도—허용적 접근이 되어 비극적 결과를 초래할 수 있다는 것을 보여줄 것이다. 사랑의 **태도**와 사랑의 **실천** 사이의 차이를 이해해야 하며 전체 연구를 통해 그것이 마음에 새겨져야 한다.

* 크리스천의 사랑의 태도는 고린도전서 13:4-7과 빌립보서 2:1-4에 나오는데, 그것은 크리스천 부모들도 배우기를 원하는 인내, 친절, 쉽게 분노하지 않는 것, 자비와 겸손 등이다. 그러나 이러한 특성들은 그것들과 동등하게 중요한 공평과 정의라는 태도를 결코 무력하게 만들지 않는다. 예를 들면 공의로운 정부는 범법자들에게 인내와 친절과 자비라는 태도를 취할 수 없다. 공의로운 정부라면 범죄 행위를 용서하는 것으로 정의를 보존할 수는 없을 것이다. 정부는 국가의 안정적인 환경을 유지하기 위해 정의로운 법률을 행사해야만 한다.

* 마찬가지로 부모들은 자녀들을 안락하게 보호하고 필요를 공급해야 할 뿐 아니라 바른 기준을 설정하고 집행해야 한다. 부모로서 크리스천의 사랑을 실천하는 것은 자녀들을 위해 합리적인 기준을 설정하는 공의와 불순종을 공정하게 처벌하는 정의를 동시에 수행하는 것이다. 자기 중심적인 본성을 이겨내는 절제력을 기르는 것과 잘못된 것으로부터 바른 것을 배우는 것은 아이들이 가장 흥미있어 하는 일이다. 그러므로 사랑하는 부모들은 자녀의 유익을 위해 아이를 훈련시켜야 한다. 이러한 훈련 과정은 부모 편에서도 개인적인 희생이 필요하고 그것은 참된 기독교적 사랑의 실천을 더 많이 보여주는 것이다.

요 15:13 "사람이 친구를 위하여 자기 목숨을 버리면 이에서 더 큰 사랑이 없나니"

자녀를 훈련할 때 하나님의 원리에 따라 공의와 정의를 실천하면 우리가 말한 사랑에 대한 균형을 잡을 수 있다. 그러면 바르지 않고 성공적이지 못한 극단을 피할 수 있다. 부모들은 전제적이거나 권위를 남용하는 자가 되지 않으면서도 올바른 기준을 세우고 집행하는 데 확고할 수 있다. 그들은 자녀들을 위해서 자신을 희생할 수 있으나 미성숙한 자녀의 요구에 굴복하지는 않게 된다.

경고 : 대부분의 부모들이 자녀들을 너무 '사랑' 하기 때문에 그들을 적절히 훈련시키지 않는다는 사실을 솔직히 인식하자. 그것은 훈련되지 않은 세대에 속한 부모인 우리들 자신이 자기 중심적이고 게으르며 자녀들의 갈등을 다룰 수 있는 성품이 결여되어 있기 때문이다. 우리는 자녀들을 위해 시간과 감정을 희생하기보다는 즉 사랑하기보다는 방관하면서 자녀들이 스스로 자라도록 내버려두기 쉽다. 아마도 이 책을 읽기 전에 당신의 자녀들을 진실로 사랑하는 데 헌신하는 것이 성공적인 자녀 훈련의 첫걸음이 될 것이다.

당신은 자녀들을 훈련하는 법을 아는 것이 왜 오늘날 하나의 도전인지를 알게 될 것이다. 우리는 낡아빠진 자녀 훈련의 유물들을 갖고 있다. 즉 신인본주의 행동 심리학 방법들, 만사에 미적지근한 관용이 그것이다. 이러한 입장들 외에도 우리는 자녀 양육에 대해 광범위한 영역에서 개인적인 충고와 의견을 개진하는 수많은 기독교 서적들을 갖고 있다. 그러한 책들은 성경적 원리에 근거하기보다는 행동주의

심리학 이론에 바탕을 둔 것이다. 다른 것들은 성경 구절이나 사랑에 대한 종교적 개념들을 심리학 요소들과 결합시켜서 혼돈을 가중시키고 있다. 심지어 어떤 책들은 자기의 입장을 정당화하기 위해서 특정 성경 구절을 공격하기도 한다.

자녀 훈련에 관하여 엄청난 혼란이 존재한다는 것은 놀랄 일이 아니다. 소위 '전문가들'이 유일하게 동의하고 있는 것은 "자녀 훈련에는 일정한 형식이 존재하지 않는다"는 것이다. 다른 말로 하면 그들은 부모에게 한 가지 올바른 방법은 없다고 말하고 있는 것이다. 이러한 수많은 전문가들은 부모가 자녀에게 어떤 신체적인 훈련을 하는 것을 아동학대라고 주장해 왔다. 이것은 양식 있는 부모들이 자녀들을 훈련시키는 자신들의 권리에 대해 의문을 갖게 하였다. 이와 같은 충고로 인해 과거 몇 세대의 부모들이 최선의 자녀 훈련에 대한 자신들의 생각을 의심하게 된 것은 당연한 일이다.

이러한 부모들은 혼돈된 정보로 가득한 자녀 훈련 체계를 개발한다. 그것은 아마도 약간의 행동 수정과 비성경적 사랑, 그리고 모든 다른 것들이 실패했을 때 강제력을 사용하는 것 등을 포함한다. 이 체계는 보상심리로 인해 부모가 한 극단에서 다른 극단으로 치닫기 때문에 자녀들과 부모들 모두에게 극심한 불안정을 초래할 것이다. 결과적으로 부모들은 비효과성과 죄책감 사이에서 방황할 것이고 자녀들은 좌절과 분노에 휩싸일 것이다.

분명한 체계가 없으면 부모들은 시행착오를 겪을 것이다.—둘째 아이는 첫째 아이 때의 실수를 겪지 않고 셋째 아이는 둘째 아이 때의 실수를 겪지 않으리라 소망하면서. 어떤 부모들은 자신들이 생각하기에 단지 자신들의 부모가 저지른 실수를 피하기만 하면 성공할 수 있다고 믿기도 한다. 자기 소견대로 자녀들을 양육하는 모든 부모들에게 다음과 같은 질문을 해본다. : 당신의 체계가 옳은 것인지 어떻게 알 수 있습니까?

부모로서 당신은 각 자녀에게 한 번의 기회만을 갖고 있다. 당신은 자녀를 키우는 데 삶의 많은 부분을 소비하며 만일 긍정적인 결과가 없다면 그 모든 노력들은 고통스럽게 낭비된 듯 보여질 수 있다. 각 자녀에게 주어지는 한 번의 기회를 다루는 법을 당신은 충분히 안다고 생각하는가? 그들을 적절히 훈련하지 못했을 때 당신과 자녀들이 지불해야 하는 대가를 고려해 보았는가? 이것들은 모든 부모들이 직면해야 하는 두려운 질문들이다.

무엇이 문제인가? 이러한 모든 혼동들을 불식시킬 만한 확실한 자녀양육 체계가 있는가? 확실히 옳다는 것을 알 수 있고 올바른 결과를 가져다 줄 수 있는 것이 있는가? 그렇다! 이 책은 자녀 훈련을 위해 성경이 제시한 유일한 체계를 설명하고 있다. 그것은 성공적인 부모가 되는 데 확신 있게 사용할 수 있는 체계인 것이다.

> 요일 5:14-15 "그를 향하여 우리의 가진 바 담대한 것이 이것이니 그의 뜻대로 무엇을 구하면 들으심이라 우리가 무엇이든지 구하는 바를 들으시는 줄을 안즉 우리가 그에게 구한 그것을 얻은 줄을 또한 아느니라"

격려

독자들은 이 책을 공부하면서 계속 하나님의 은혜를 생각할 것이다. 여러분은 이전에 알았었더라면 하고 바랬던 것을 배울 것이다.

혹은 지금까지 범한 실수를 발견할지도 모른다. 그러나 하나님은 과거에 대해서는 "뒤에 있는 것은 잊어버리고"라고 말씀하시며(빌 3:13b) 앞으로 여러분이 진리대로 행하는 것을 바탕으로 당신과 당신의 자녀를 다루실 것이다. 하나님은 또한 당신이 장래 자녀 훈련에서 실수하는 것을 은혜로 다루실 것이다. 우리 모두는 이해와 적용에 있어서 점진적으로 성장한다. 여러분 스스로 성경적인 자녀 훈련에 헌신하고 하나님의 뜻을 행할 수 있는 힘을 주시도록 하나님께 구하라.

2장
부모들에 대한 하나님의 약속

하나님은 자녀들을 훈련하기 위해서는 부모가 필요하다는 것을 성경을 통해 가르쳐주셨다. 또한 하나님의 말씀은 이러한 진리를 따르는 부모들은 축복을 받으며 그렇지 않으면 저주를 받을 것이라는 것도 약속하고 있다.

자녀 훈련이 주는 축복은 하나님의 진리를 믿음으로 적용하는 부모들이 경험하는 기쁨과 평화이다. 이러한 축복은 자녀들이 성인이 되어 생활하는 모습 속에서 그 훈련의 결과를 볼 때 더 실감할 수 있다. 부모들은 자녀들이 훈련되고 있는 동안에는 이러한 축복들의 대부분을 잘 인식하지 못한다. 잘 훈련된 자녀들이 십대가 되고 성인이 되면서 기쁨은 시작된다.

부모들이 십대의 자녀들에게서 정말 기쁨을 경험할 수 있을까? 할 수 있을 뿐 아니라 경험해야만 한다. 왜냐하면 자녀 훈련의 결과가 좋은지 나쁜지 증명할 수 있는 나이가 십대의 기간이기 때문이다. 자녀가 어려서 아직 외적 통제하에 있을 때는 부모가 요구하는 기준에 잘

맞추어 갈 것이다. 그러나 그들이 십대가 되어 스스로 옳고 그름을 선택하게 되었을 때에야 그들이 잘 훈련받았는지를 알 수 있게 된다. 좋은 양육의 결과를 나타내게 된다. 그들이 잘 훈련되어졌을 때 부모들은 하나님의 말씀을 받아들인 데서 오는 참 행복을 경험할 수 있다.

> 잠 10:1a "지혜로운 아들은 아비로 기쁘게 하거니와"
> 잠 23:24-25 "의인의 아비는 크게 즐거울[1] 것이요 지혜로운 자식을 낳은 자는 그를 인하여 즐거울[2] 것이니라 네 부모를 즐겁게[3] 하며 너 낳은 어미를 기쁘게[4] 하라"
> 잠 29:17 "네 자식을 경계하라 그리하면 그가 너를 평안하게[5] 하겠고 또 네 마음에 기쁨을 주리라"
> 잠 31:28 "그 자식들은 일어나 사례하며 그 남편은 칭찬하기를"

하나님의 말씀은 종종 지혜와 어리석음을 대조시킨다. 지혜로운 사람은 삶속에 진리를 적용하며, 어리석은 사람은 무지와 반역의 길을 행한다. 앞의 성경구절은 지혜로운 자녀로 키운 부모에게 주시는 큰 기쁨과 행복의 약속이다. 잠언 31:28에서 어머니는 자녀들이 자라서 그들로부터 축복을 받고 특별한 존귀를 받는 것으로 묘사된다. 어머니들이 자신의 역할로 존경받지 못하고, 가르쳐도 존중받지 못하는 오늘날 우리의 상황과 얼마나 대조가 되는가?

현재 우리 나라의 상황은 사람들이 얼마나 하나님의 말씀으로부터 벗어나 있는가를 보여준다. 성경은 시대에 뒤진 것이 아니며 우리는 여전히 하나님의 진리를 적용하지 않는 사람들이 받게 되는 실패의 저주를 쌓아가고 있다. 인간적 체계로 자녀 훈련을 해보려는 부모들은 하나님이 약속하신 축복을 잃을 것이고 진리를 무시하고 불순종함으로 인해 저주를 받을 것이다.

저주

잠 10:1b "미련한 아들은 어미의 근심[6]이니라"
잠 17:21 "미련한 자를 낳는 자는 근심[7]을 당하나니 미련한 자의 아비는 낙[8]이
 없느니라"
잠 29:15b "채찍과 꾸지람이 지혜를 주거늘 임의로 하게 버려두면 그 자식은
 어미를 욕되게 하느니라"

이 구절들은 부모들이 자녀 훈련에 실패했을 때 어떤 일이 벌어지는가를 알려준다. 어리석은 자녀를 키우는 어머니는 큰 근심과 슬픔에 눌리게 된다. 적절한 훈련을 받지 못하고 인생을 살아가도록 아이를 키우는 어머니는 부끄러움을 당할 것이다. (하나님과 하나님의 말씀 모두를 거절하는) 어리석은 자의 아비는 슬픔을 경험할 것이다.

이러한 저주의 사례들은 십대나 이십대의 자녀들이 반역을 하여 슬픔과 마음의 고통을 경험하는 부모들에게서 나타난다. 이러한 저주는 자녀가 이기적이고 멋대로 행함으로 스스로가 큰 고통을 겪는 것을 보면서 계속된다. 그들은 자녀의 교육, 경력, 결혼, 가정에 영향을 미치는—실제적으로 삶에 파괴적인—자기 중심적인 태도를 보게 된다. 결국 자녀들은 부모에게 저주의 수단이 되는 것이다.

오늘날 수많은 부모들이 가슴속에 이런 종류의 슬픔을 안고 성장한 자녀들의 실패를 바라보고 있다. 반항하는 자녀들을 보는 것보다 선하고 도덕적인 부모에게 더 큰 슬픔을 주는 것은 아마 없을 것이다.

이미 성장한 자녀들로 인해 이런 슬픔을 경험한 부모들에 대해서 우리도 함께 슬퍼한다. 이 책은 부모들이 그런 고통을 피할 수 있도록 하기 위해 쓰여졌다. 부록 B "실패한 부모를 위한 희망"은 당신에게 다소 위로가 될 것이다.

자녀 훈련은 부모들이 통제할 수 없는, 멋대로 되는 문제가 아니다. 어떤 사람에게는 효과적이지만 어떤 사람들에게는 적용되지 않는 그런 것도 아니다. "나쁜 씨"라는 것은 없다. 비록 적절히 훈련시키려는 시도를 자녀가 의도적으로 거절할 수 있지만, 그는 자신이 옳은 것을 거스려서 선택했다는 것을 분명히 알아야만 한다. 실제로 좋은 자녀 훈련에 반항했던 자녀는 반항의 시기가 지난 후에는 건강한 삶으로 되돌아오기가 쉽다.

하나님께서는 모든 부모들이 저주보다는 축복을 받을 수 있도록 진리를 제시하셨다. 그러나 이러한 진리를 찾고 자녀 훈련에 적용하는 것은 부모의 책임이다. 지금까지는 비참하게 실패하였다 할지라도 이제라도 하나님의 법도에 헌신한다면 자녀의 미래에 영향을 미칠 수 있을 것이다. 어리석거나 지혜로운 아이로 키우는 데는 보통 19년 전체의 시간이 걸린다. 그러나 12~13년 동안 어리석은 양육을 하였어도 남은 6~7년을 바른 길로 행하면 하나님의 은혜로 돌이키는 것이 가능하다. 이러한 목표를 성취하기 위해서는 자녀 훈련에 관한 하나님의 관점을 이해하고 실천하는 것이 필요하다.

자녀를 적절히 훈련하는 것은 부모가 아들이나 딸에게 줄 수 있는 진실한 사랑의 최대의 표현이다. 부모가 자녀에게 아무리 많은 물질을 준다고 해도 충분한 관심을 갖고 훈련하는 것을 대신할 수는 없다. 만일 당신이 진정으로 자녀를 사랑한다면 자녀를 훈련하라. 당신과 자녀 모두 하나님이 약속하신 축복을 받을 것이다.

우리 자녀들은 현재 37, 34, 32세(1996년 겨울)이다. 그들이 자신의 삶에 하나님의 말씀을 끊임없이 적용하며 자녀들을 훈련시키는 것을 보며 아내와 내가 경험하는 기쁨은 그밖의 어떤 인간적인 행복보다 큰 것이다. 성인이 된 그들도 자신만의 고난의 경험이 있다. 좋지 않은 건강, 사랑하는 사람의 죽음, 궁핍, 고통스런 관계, 깨어진 꿈. 그러나 그들은 모두 성숙하게 행동한다. 즉 자신의 행동에 책임을 지고, 자신이 초래한 결과를 받아들이고, 시련을 통과하여 자유로울 수 있도록 하나님께 의지한다. 우리 자녀 중 두 명이 잠깐 동안 자기의 길, 즉 자기의 뜻대로 살려고 했던 시간이 있었다. 그러나 결국 그들은 자신의 삶을 하나님께로 돌이켰다. 하나님께 찬양을!

우리 가정의 경우를 보면 하나님의 은혜는 그분의 약속을 능가한다. 우리 맏아이는 버지니아(아내)와 내가 구원받았을 때 이미 아홉 살이었다. 우리 집 아이 중에서 누구도 그들의 가장 중요한 시기에 성경적인 자녀 훈련이나 교회 교육 혹은 기독교 교육을 처음부터 받아 보지 못했다. 그러나 아내와 나는 구원받은 이후에는 하나님께 헌신하여 하나님의 말씀을 따르기로 하였고 그분은 우리 자녀들을 신실하고도 공의롭게 대하셨다.

수년 동안 나는 수천 명의 부모들에게 연설하였는데 한 가지 특정한 질문이 자주 제기되었다. "우리가 자녀들을 잘 훈련시킨다면 그들이 잘 된다는 것이 정말 하나님이 하신 약속입니까?" 어떤 크리스천 작가는 이러한 개념을 부인한다. 그러나 그것을 보증하는 것은 단지 잠언 22:6의 "마땅히 행할 길을 아이에게 가르치라 그리하면 늙어도 그것을 떠나지 아니하리라"라는 말씀뿐이 아니라는 것을 주의하라.

이 장에서 인용한 다른 모든 구절들은 성인들은 양육됨의 산물이라는 것을 우리에게 경고하고 있다. 자기 자녀를 어리석게 (살면서 하나님의 말씀을 거부하는 자) 만드는 부모들은 저주의 약속을 받을 것이라는 것은 분명하다. 또한 부모를 공경하는 지혜로운 자녀로 훈련시키는 것은 부모나 자녀에게 모두 축복이 될 것이라는 것이 하나님의 약속이다.

출 20:12 "네 부모를 공경하라 그리하면 너의 하나님 나 여호와가 네게 준 땅에서 네 생명이 길리라"

엡 6:2-3 "네 아버지와 어머니를 공경하라. 이것이 약속 있는 첫 계명이니 이는 네가 잘되고 땅에서 장수하리라"

나는 실천하는 크리스천 부모에 의해 양육된 아이가 "나쁘게 된" 사례를 알지 못한다. 즉 올바른 결혼(아버지의 지도력과 어머니의 지원, 사랑과 공의의 조화)과 올바른 자녀 훈련 원리(통제와 가르침의 적절한 균형)를 실천하는 부모에 의해 양육된 아이가 나쁘게 된 경우는 없다. 한편 부모가 크리스천임에도 적절히 훈련받지 못하여 혹독한 대가를 치른 수많은 젊은이들을 만났다. 그들 중 일부는 하나님의 은혜로 자유로워졌고 지금은 자신들의 문제의 원인이 무엇인지를 이해하고 있다. 이렇게 회복된 사람들은 지금은 모두 부모의 잘못을 반복하지 않으려고 애쓰고 있다.

나의 기도는 이 책을 읽는 부모들이 헌신하여 자녀들을 그들이 가야 할 길로 가도록 훈련시키는 것이다.

3장
부모의 의무

하나님은 자신이 창조하신 생명을 주심으로 부모로서의 당신을 신뢰하셨다. 하나님의 뜻이 아니라면 당신은 자녀를 갖지 못했을 것이다.

욥 33:4 "하나님의 신이 나를 지으셨고 전능자의 기운이 나를 살리시느니라"

하나님이 자신의 피조물을 당신에게 주심으로 당신을 신뢰하셨다는 사실은 당신으로 하여금 이러한 생명의 선물을 주신 하나님께 책임 있는 존재가 되게 한다. 하나님은 책임 있는 창조주로서 당신이 창조하신 모든 만물에 대해 목적과 계획을 갖고 계신다.

시 127:3 "자식은 여호와의 주신 기업이요 태의 열매는 그의 상급이로다"

"자식"과 "태의 열매"는 인간의 신체적 재생산을 말하는 것이다.⁹⁾ "여호와의 주신 기업"은 자녀의 영적 생명의 원천을 의미하는 것이다. 자녀들은 신체적으로는 부모의 산물이지만 그들 생명의 본질의 원천은 하나님이시다. 히브리어에서 "기업"으로 번역된 단어는 "세습적 권리에 따라 주어진 유산이 아니라 기부자의 자유의지에 따라 주어진 선물"[10]이라는 의미이다. 다시 말하면 자녀는 하나님이 주신 선물이라는 것이다.

우리는 자녀를 갖는 목적이 무엇인지 자문해 보아야만 한다. 가정을 꾸리며 세워가는 이유와 방법을 진지하게 생각해 보았는가? 대부분의 사람들은 자녀를 향한 뜻은 고사하고 자신의 존재 목적조차 발견하지 못하고 산다. 일반적으로 사람은 책임감 있는 존재가 아니며 자녀를 향한 계획이나 목적도 모르고 부모가 되곤 한다. 자녀를 둔 후에야 그들이 자라면 어떻게 될 것인지를 생각하기 시작한다. 그들은 자녀들이 잘 적응하고, 도덕적이고 교양 있는 성인이 되기를 희망한다. 하지만 그러한 결과를 얻기 위해서 무엇을 해야 하는지에 대해서는 거의 생각하지 않는다.

하나님은 각각의 자녀를 향한 계획과 목적을 갖고 계신다. 모든 자녀들은 그러한 계획의 일부로써 특정한 가정에 하나님이 보내신 생명이다. 하나님은 자녀들이 그들의 삶의 약 3분의 1이나 되는 시간 동안 부모들의 통제하에 살도록 놓아두신다. 새끼들을 단 몇 개월만을 키우는 동물과는 달리 자녀들은 상당히 긴 훈련기간을 부모에 의존한다. 동물들은 단지 생존을 위해서만 훈련을 받지만 어린아이는 그의 영혼을 위해 훈련받는다. 그러므로 부모들은 하나님의 기준에 따라 자녀들을 훈련시킬 책임이 있다.

자녀들은 부모들에 의해 훈련되어져야 한다.

신 6:6-7 "오늘날 내가 네게 명하는 이 말씀을 너는 마음에 새기고 네 자녀에게 부지런히 가르치며 집에 앉았을 때에든지 길에 행할 때에든지 누웠을 때에든지 일어날 때에든지 이 말씀을 강론할 것이며"
엡 6:4 "또 아비들아 너희 자녀를 노엽게 하지 말고 오직 주의 교양과 훈계로 양육하라"
잠 22:6 "마땅히 행할 길을 아이에게 가르치라 그리하면 늙어도 그것을 떠나지 아니하리라"

만일 부모가 자녀에게 제일 좋은 것을 해주고 싶다면 자녀를 훈련시키라는 명령에 주의를 기울일 것이다. 훈련은 가르치고 그 가르침이 수용되는 것을 요구한다. 그러나 자녀들이 교훈을 받아들이기 전에 그들은 먼저 부모의 지위를 존중해야만 한다.

자녀들은 아버지와 어머니를 공경해야 한다.

출 20:12 "네 부모를 공경하라[11] 그리하면 너의 하나님 나 여호와가 네게 준 땅에서 네 생명이 길리라"
엡 6:2 "네 아버지와 어머니를 공경하라[12] 이것이 약속 있는 첫 계명이니"

"공경"이라고 번역된 히브리어와 희랍어 모두 "어떤 사람을 공경하고 존경하고 매우 존중하는 것"이라는 의미이다. 자녀들은 자기 아버지와 어머니를 모두 공경해야만 한다. 부모는 그들의 지위 때문에 자녀들로부터 존경을 받아야만 한다. 많은 부모는 스스로 공경받을 가치가 있다고 생각하지 못할 수도 있지만 그래도 하나님이 주신 자녀를 다스리는 위치에 있는 것이다. 그들은 스스로 잘 교육받지도 못했고 생활의 모든 면에서 성공하지도 못했다고 느낄 수 있다. 그러나 부모로서 그들은 존경받아야만 한다.

아버지이든 어머니이든 그 위치가 무시되는 것을 허용하면 안 된다. 부모가 자녀들을 다스리는 권리는 부모가 얻어낸 것이거나 혹은 누릴 만한 자격이 있어서가 아니라 하나님이 주신 권리이기 때문이다. 당신은 부모로서 중요한 권위의 자리에 있는 것이다. 하나님은 모든 부모들이 그들에게 맡겨진 모든 자녀들을 훈련시키는 책임을 지게 하셨다. 그러므로 당신은 그러한 자리에서 성공적으로 역할을 감당할 수 있도록 권위의 원리를 철저히 이해해야만 한다.

공경을 가르치기

아이는 태어나자마자 엄마 아빠에 대해서 어떤 차이를 인식하기 시작한다. 부모는 거대하다! 아이가 걷기 시작하고 몇 걸음 뒤뚱거리기 시작할 때조차도 아빠 엄마의 얼굴은 아직도 높은 곳에 있다. 효과적인 훈련을 위해 자녀의 존경을 받아야 하는 부모에게는 얼마나 위대하고도 유리한 출발점인가. 아이는 이미 부모의 위치를 자기 위에 있는 것으로 받아들이고 있으며 배울 준비가 된 것이다.

부모는 자녀에게 부모나 다른 사람들에게 공손하게 말하라고 요구함으로써 공경(지위에 대한 존중)의 개념을 주입할 수 있다. '부탁합니다', '감사합니다', '예, 선생님', '아닙니다, 사모님', '실례합니다', '제가' 등등 가능한 한 일찍부터 이런 말들을 가르쳐야 하며 요구되어져야 한다. 자녀는 항상 당신이 말할 때 바라보고 들은 말에 대답하도록 가르쳐져야 한다. 가능한 한 자녀는 다른 방에서 당신에게 고함치지 않도록 배워야 하며 말하면서 방으로 들어가서도 안 되고 급한 일이 아니면 어른들이 대화하는 중간에 (전화중에도) 끼어들지 않도록 배워야 한다. 그가 가는 곳을 지켜보고, 어른을 앞질러 문을 박차고 들어가지 않도록 하며, 연장자나 작은 아이들을 존중해야 하며 동물들에게 친절하도록 배워야 한다. 자녀가 장난스럽게 당신을 때리거나 희롱하는 것을 허용하는 것과 "그래, 네가 해라"(아빠) "싫어! 나는 안 해"(자녀) "그래, 네가 해라" "싫어! 나는 안 해"와 같은 말꼬리 잡기 게임을 하도록 허용하는 것은 불경건을 가르치는 것이며 결과적으로 부모의 권위를 거부하는 데까지 이를 수 있다.

어린아이에게 존중을 요구하는 것은 부모에 대한 자녀의 공경으로 부모/자녀관계를 시작하는 것이다. 자녀의 아동기에 부모들이 얼마나 성숙하게 행동하느냐에 따라 그들은 그러한 존중을 받게 된다. 만일 부모들이 미성숙하게 행동한다면, 즉 그들이 자녀들에게 가르치는 기준을 부모 스스로 깨뜨리고, 약속을 어기고, 서로 싸우고, 타인의 잘못된 행동에 웃고(오락처럼), 훔치고, 거짓말하고, 저주하고, 이혼하면 그것은 자녀를 매우 혼동시키고 슬프게 한다. 결과적으로 그리고 고통스럽게도 그는 그렇게 쉽게 주입되었던 존경을 잃어버린다. 부모들이 어떻게 삶을 사는가 하는 것이 자녀들이 십대와 그 이후에 그들을 얼마나 존경하게 되는가 하는 것에 영향을 미친다. 그러나 모든 부모들은 심지어 자신의 인격에 대한 자녀들의 존경이 희미하게 되었을지라도 자신들의 지위에 대한 공경을 요구할 수 있는 하나님이 주신 권리를 갖고 있다.

4장
권위의 원리

권위! 그것은 반역자들이 제일 싫어하는 단어이다. 권위는 그 의미와 사용을 적절히 이해하지 못하는 사람들에게는 부정적인 반응을 일으키는 개념이다. 최근의 세대들은 마치 합법적인 권위의 사용에 대해서조차 반항하도록 프로그램된 것처럼 행동한다. 오늘날은 모든 통치자의 지위에 대한 불신과 불경이 일반적인 태도가 되었다. 권력을 남용한 권위주의자들을 경험한 것과 아울러 권위에 대한 하나님의 원리를 오해하여 많은 사람들이 그 개념을 거부하고 있다. 어떤 부모들은 자신들의 역할을 포기하고 심지어 권위를 적절히 사용하는 것조차 그만두었다.

하나님이 우리의 자유를 위해 세워놓으신 체계에 무조건적으로 대항하려는 태도를 갖지 않기 위해 우리는 권위의 원리를 연구할 필요가 있다. 먼저 우리는 권위에 대한 정의를 살펴보자. 그러한 정의로부터 우리는 하나님의 권위의 특성을 공부하고 인간 권위의 원리를 도출할 것이다.

권위는 "다스리는 권리, 즉 행동하고 결정하고, 명령하고, 심판하는 힘"[13]을 의미한다. 그것은 정책입안권, 복종을 명령하는 통치권, 명령에 불복종하는 사람들에겐 심판을 집행하고 순종하는 사람들에게는 상을 주는 힘을 의미한다.

얼핏 보면 권위는 아랫사람을 억누르는 데 사용될 수 있는 고삐 풀린 권력처럼 보일 수도 있다. 비록 권위의 힘을 남용하는 사람들이 항상 있어왔고 지금도 있지만 그러한 예외가 원리를 변화시키지는 않는다. 권위에 통제나 제한이 없는 것이 아니다. 하나님은 모든 권위의 사용을 조절하기 위한 규칙과 한계를 설정하셨다. 무엇보다 중요한 것은 하나님께서 항상 통치하신다는 것이다. 그분은 모든 권위 위에 당신의 의지를 행사하실 수 있는 지위와 능력을 갖고 계신 분이다.

하나님이 궁극적인 권위이시다.

시 47:2 "지존하신 여호와는 엄위하시고 온 땅에 큰 임군이 되심이로다"
시 83:18 "여호와로라 이름하신 주만 온 세계의 지존자로 알게 하소서"

"지존하신"이라고 번역된 단어는 성경에서는 유일하게 하나님께만 사용되었다.[14] "지존하신"이라는 칭호는 인간의 어떤 통치자에게도 결코 주어진 적이 없다. 그것은 하나님의 절대적인 주권을 나타내는 칭호이다. 그분은 가장 높으신 분이다. 그분 위에는 다른 어떤 것도 존재하지 않는다.

단 4:34b "내가 지극히 높으신 자에게 감사하며 영생하시는 자를 찬양하고 존경하였노니 그 권세는 영원한 권세요 그 나라는 대대에 이르리로다"

이 구절은 하나님의 통치의 범위를 보여준다. 하나님의 다스림이 미치지 않는 곳은 없다. 그분의 초시간성은 인간의 통치권이 시간의 구속을 받는 것과는 뚜렷이 대조된다. 하나님은 항상 통치하신다!

시 115:3 "오직 우리 하나님은 하늘에 계셔서 원하시는 모든 것을 행하셨나이다"

롬 9:20b-21 "지음을 받은 물건이 지은 자에게 어찌 나를 이같이 만들었느냐 말하겠느뇨? 토기장이가 진흙 한 덩이로 하나는 귀히 쓸 그릇을 하나는 천히 쓸 그릇을 만드는 권이 없느냐"

하나님은 창조주이시다. 그분은 모든 피조물을 다스릴 권리를 갖고 계신다. 다른 말로 하면 그분은 당신의 의지에 따라 당신의 피조물을 다스릴 전적인 권한을 갖고 계신다.

단 4:35 "땅의 모든 거민을 없는 것같이 여기시며 하늘의 군사에게든지 땅의 거민에게든지 그는 자기 뜻대로 행하시나니 누가 그의 손을 금하든지 혹시 이르기를 네가 무엇을 하느냐 할 자가 없도다"

"땅의 모든 거민을 없는 것같이 여기시며"는 상대적인 진술이다. 그것은 하나님의 절대주권과 인간권위 사이의 관계성을 설정한다. 이 구절에서 화자인 느부갓네살은 거대한 왕국의 왕이지만 그는 하나님께 "네가 무엇을 하느냐?"라고 물을 권한이 없다는 것을 말하고 있다.

이러한 구절과 이 주제에 대한 다른 많은 구절들로부터의 결론은 창조주 하나님은 당신 자신의 의지에 따라 모든 창조물을 다스릴 권리를 갖고 계시다는 것이다. 그분은 모든 피조물의 행동의 방향을 지시할 수 있는 최고 통치자의 위치에 계신다. 그분은 또한 정의를 집행하는 권리를 갖고 계시다. 다시 말해서 악을 벌하고 선을 상주시는 권한을 갖고 계시다. 궁극적인 권위는 하나님께 속해 있기 때문에 모든 합법적인 통치권은 하나님에 의해 위임되어야만 한다.

하나님이 인정하시지 않으면 어떤 권위도 존재하지 않는다.

롬 13:1 "각 사람은 위에 있는 권세들에게 굴복하라 권세는 하나님께로 나지 않음이 없나니 모든 권세는 다 하나님의 정하신 바라"

"권세"라고 번역된 희랍어는 "권위, 결정하거나 행동할 권리, 다스리는 공적인 힘"을 의미한다.[15] 하나님은 모든 개인들이 자기 위에 놓여진 통치권 아래서 기꺼이 순종하기를 명령하신다. 어떻게 그렇게 할 수 있는가? 이 구절이 하나님께로 나지 않는 권세는 존재하지 않는다고 말하고 있기 때문에 우리는 권위에 순복할 수 있다. 모든 권위는 하나님의 통치 아래 있다. 그 구절은 모든 현존하는 통치권이 하나님에 의해 세워졌다는 것을 말하고 있다. "정해진"이라고 번역된 단어는 "어떤 사람을 다른 사람들을 다스리는 공적인 위치에 세우고 지명하는 것"[16]을 의미한다. 그것은 "제정"이라는 신학적 용어에서 파생된 희랍어이다. 하나님은 당신의 뜻을 수행하고 권세 아래에 있는 것들에 대해 공의를 행하시기 위하여 피조물에 대한 현존의 모든 권세를 제정하셨다.

🌀 권위의 원리

1. 하나님은 궁극적인 권위이시다. 창조주로서, 그분은 당신의 의지에 따라 피조물을 다스릴 권리를 갖고 계시다. 하나님은 또한 모든 피조물들에 공의를 행하실 절대주권을 갖고 계신다.
2. 하나님은 계획을 질서 있게 이루시기 위해서 정부, 결혼, 부모와 같은 제도를 세우셨다.
3. 하나님이 제정하신 모든 제도는 질서 있게 움직여지도록 한정된 권위체계를 갖고 있다. 모든 제도는 서로 독립적이며 하나님께 직접 책임이 있다. 정부는 결혼이나 부모보다 더 높은 제도가 아니다. 가정의 머리는 정부의 지도자가 그러하듯이 하나님께 직접 책임을 진다. 한 나라의 왕과 한 가정의 아버지는 모두 동일하고도 독립적으로 하나님께 책임을 진다.
4. 한 제도 안에서 권위적 위치에 있는 사람은 그 제도에 속한 자들을 다스릴 권리가 있다. 이 다스리는 권리는 **오직** 그 제도 안에 속한 개별적 실재들에 대해서만 행사될 수 있다. 만일 당신이 아버지라면 당신은 자기 가정에 대해서만 권위를 지닌다. 당신은 다른 가정에 권위를 행사할 수 없고 다른 아버지는 당신의 가정에 권위를 행사할 수 없다. 모든 특정 기관들은 다른 기관과 서로 독립적이다.
5. 각 개인은 항상 하나 이상의 이러한 제도들에 종속된다. 예를 들면 모든 개인들은 정부에 종속되지만 한 아내는 또한 가정에서

남편에게 종속된다.

6. 하나님의 말씀은 모든 제도의 권한에 대해 특정한 한계를 긋고 있다. 모든 권세는 그 권위의 범위에 있어 한계가 규정되어 있다. 그 한계는 그들이 복종해야만 하는 범위뿐 아니라 권위에 종속되는 사람들도 포함하고 있다. 예를 들면 정부는 국가의 경계 안에 있는 사람들만 통치할 권한이 있다. 정부는 (방어할 때를 제외하고) 다른 나라를 심판하거나 부모나 결혼 같은 다른 독립적인 제도에 권위를 행사할 권리가 없다(도덕법이 분명히 붕괴된 경우를 제외하고). 다른 예를 들면 아버지가 자기 가정을 다스릴 권한이 있다 할지라도 그 권위는 하나님이 세우신 어떤 한계를 갖는다는 것이다. 아버지는 자식이 도적질하도록 시킬 권리는 갖고 있지 않다.

하나님은 항상 그 경계를 넘어가는 어떤 자들도 통제할 수 있으시지만 종종 사람들을 훈련하시고 통치하에 있는 사람들을 시험하시기 위해서 권력을 행사하는 사람을 남겨두신다. 악한 왕들과 악한 남편들, 악한 아버지들의 존재는 하나님의 실수 때문이 아닌 것이다. 모든 악은 사탄이 만든 것이거나 인간의 죄의 결과이다. 그러나 "우리는 하나님을 사랑하는 자들에게는 모든 것이 합력하여 선을 이룬다"는 것을 안다(롬 8:28a).

인간의 모든 제도는 그 제도 안에 사는 사람들을 보호하고 축복하기 위하여 하나님이 세우신 것이다. 그것들이 잘 기능하게 되면 한 국가의 질서가 유지된다. 여러 가지 제도들은 악한 지도자들이 절대 권력을 갖지 못하도록 권력의 분산을 가져온다. 역사적으로 모든 악한 지도자들은 항상 독립된 제도들을 파괴하려 해왔고 자기 자신이 절대권위의 하나님의 자리에 앉으려고 했다. 전지전능 무소부재하신 하나님만이 모든 제도를 다스리실 수 있다.

권위와 관련된 어떤 문제도 하나님의 원리들이 잘못 되어서가 아니라 하나님의 말씀에 따라 적절히 행하지 않는 인간의 잘못 때문이다. 당신은 부모로서 이러한 권위 중 하나에 속해 있기 때문에 권위의 문제를 철저히 이해해야만 한다. 그러므로 당신은 책임의 영역과 통치의 범위, 책임을 적절히 수행하는 법에 대해서 알아야 할 필요가 있다.

◎ 권위를 거부하는 문제

당신은 권위라는 개념에 분개하는가? 당신은 자녀에게 무엇을 할 것인지를 말하기 싫어하는, 특히 불순종하는 자녀를 처벌하기 싫어하는 부모인가? 만일 당신이 어렸을 때 부모가 욕설을 퍼붓는 (부당하고 과격한) 행동을 하였다면 당신이 성경적인 역할을 피하고 싶어하는 것은 이해할 만하다. 당신은 부모가 당신에게 했던 동일한 분노를 자녀에게 표현하기를 두려워할 수도 있다. 이 때문에 당신은 아마도 극단적으로 지나친 관용으로 당신의 자녀를 황폐화시킬 수 있다. 부모가 자녀에게 지시하고 명령할 때 자녀들은 부모의 성숙한 지도력을 필요로 한다. 그것이 얼마나 절실한 것인지를 알려면 아동에 대한 다음 장을 공부하길 바란다. 하나님은 일단 당신이 부모를 용서하면 분노의 죄를 다룰 수 있게 도와주실 것이며 그래서 오늘날 당신에게 영향을 미치지 못하게 하실 것이다.

권위자 밑에 있지 않는 사람들이 참 권위의 개념에 분개한다. 그런 사람들은 좋은 권위자가 될 수 없다. 자신의 반항죄는 다른 사람들에게 적절한 권위를 행사하지 못하게 한다. 만일 아내가 남편의 권위를 거부하면 아내는 자녀들에게 독재적이 되거나 허용적이 된다. 당신은 아마도 자녀 훈련에 대한 남편의 태도를 반대되는 행위로 보상하려고 하게 될 것이다. 남편이 더 엄격해질수록 당신은 더 허용적이 되거나 혹은 그 반대가 된다. 만일 남자들이 자신의 견해를 하나님의 말씀보다 높이 둔다면(하나님의 인도를 거부하고) 그들은 아내에게나 자녀에게 부적절한 권위자가 될 것이다. 사람들이 결혼생활과 부모 역할에서 실패하는 이유가 자신의 반항에서 온다는 것을 알지 못하는 것은 놀라운 일이다.

잠 16:18 "교만은 패망의 선봉이요 거만한 마음은 넘어짐의 앞잡이니라"
잠 29:23a "사람이 교만하면 낮아지게 되겠고"

나는 적절한 권위들—정부, 부모, 남편, 상사, 코치—에 자신을 순복하지 않는 사람이 균형 있게 지도자의 역할을 수행할 수 있었던 사람을 본적이 없다. 그런 사람은 지도력에서 교만하거나 혹은 권위를 사용하는 것을 두려워한다.

이유가 어떻든지간에 권위에 반항하는 태도에 대해서 하나님은 교만죄에 상응하는 해결책을 갖고 계신다. 부모들이 자녀를 효과적으로 훈련하려면 이 문제를 정직하게 직면하고 다루어야 한다.

5장
부모의 권위

하나님은 부모라는 제도를 당신의 통치권위 중의 하나로 지상에 세워놓으셨다. 이 지위에는 하나님의 계획에 따라 자녀를 다스리고 훈련시키는 데 필요한 모든 힘이 위임되어 있다. 자녀들은 아동기 동안 직접 그것을 통해 다스림을 받아야 한다. 즉 모든 자녀들이 보호, 지시, 교육을 받는 것은 이 지위를 통해서인 것이다.

누구든지 부모가 된 사람은 하나님께 직접적인 책임을 져야 한다. 이 지위는 자연적인 부모나 편부모 혹은 그밖에 친척, 후견인, 입양자, 양부모 등과 같이 하나님께서 지위를 주신 사람들에 의해서만 획득될 수 있는 것이다. 그 지위에 있는 사람은 누구든지 자연적인 부모와 마찬가지로 하나님께 책임 있는 사람이 된다. 편부모가 된 사람과 결혼하는 사람도 하나님 앞에서 부모로서의 완전한 책임을 받아들인다는 점을 인식하는 것이 중요하다. 하나님이 보증하신 부모의 권위 때문에 부모들은 자신들의 의지를 자녀들의 의지 위에 두어 자녀들이 부모의 다스림을 따르도록 명령할 권한이 있다. 그들은 또한 공의를 행하고 불순종을 처벌하며 순종할 때 상을 주는 권한을 갖고 있다. 그렇다면 부모가 자녀들에 대해 의지를 행사하는 범위는 어느 정도 일까?

자녀들은 아버지와 어머니 모두에게 순종해야만 한다.

골 3:20a "자녀들아 모든 일에 부모에게 순종하라"

희랍어에서 온 "순종하라"고 번역된 단어는 명령형이며 "듣고 순복하라"[17]는 의미이다. 다른 말로 하면 자녀들은 들은 것을 행해야 한다는 것이다. 이것은 부모의 말은 자녀들에게는 법이라는 의미이다. 당신은 자신을 법을 만들 권리를 갖고 있는 사람으로 결코 생각해 보지 않았을지도 모르지만 당신의 자녀가 관계된 이상 **당신의 말은 법이다.** 만일 자녀가 당신의 말에 불순종한다면 그는 당신이 세운 법을 어기는 것이다. 당신의 자녀들은 당신이 하는 말을 그대로 행해야만 한다.

이러한 명령이 자녀들에게 주어졌다 할지라도 그것을 성취하도록 할 책임은 부모에게 있다. 왜냐하면 자녀들은 부모의 통제하에 있기 때문이다. 하나님은 항상 그들의 다스림하에 있는 사람들의 행동에 책임질 수 있는 사람들을 권위로 세우신다. 부모들은 자녀들의 순종에 대해 하나님께 책임져야 한다. 이러한 원리에 병행해서 하나님은 살인을 하도록 명하시지 않지만 정부에 책임을 주어 사형 선고를 내리는 판정을 수행하는 권한을 주신다. 동일한 방식으로 하나님은 자녀들이 **"모든 일에"** 부모에 순종하도록 자녀의 순종을 강제할 수 있는 권한을 부모에게 주셨다.

부모의 권위의 한계는 다른 제도의 한계보다 더 광범위하다. 이것은 부모의 다스리는 권리가 모든 일을 부모의 의지에 순종시키는 권한을 포함하기 때문이다. 어떤 다른 제도들에도 그만한 권한이 주어지지는 않는다. 다른 제도들의 피지배자들은 권위에 복종하는 것이지만 자녀들은 자기 부모에게 순종하도록 되어있다. "복종"과 "순종"으로 번역된 희랍어의 기본적인 차이는 전자가 권위에 대한 자발적인 수용이라는 태도에 호소하는 반면 순종은 피지배자가 원하든 원하지 않든 권위에 순종해야만 하는 것이다.[18] 부모들은 모든 것을 다스릴 권한이 있을 뿐 아니라 자녀들이 기꺼워하지 않을지라도 부모의 명령에 강제로라도 순종시킬 권한이 있는 것이다.

부모의 권위는 통제하에 있는 자녀들을 다스릴 권리를 부모에게 부여한다. 어떤 다른 제도나 사람도 아이들을 다스릴 권한을 갖고 있지 않다. 사회도, 학교 직원도, 참견하기 좋아하는 사람들도 그런 권한이 없다. 심지어 다른 제도들조차 자녀들에 대해서는 어떠한 권위도 갖고 있지 않다. 자기 자녀들에 대한 부모의 권한은 근친상간, 상해, 살인과 관련된 하나님의 법에 의해서만 정부의 제한을 받는다. 부모들이 권위를 오용하는 경우에는 직접 하나님으로부터 책임을 묻게 된다. 하나님의 말씀으로 인가된 "아동의 권리" 같은 것은 존재하지 않는다. 자녀는 어떤 다른 제도의 간섭 없이 하나님이 부모에게만 주신 권리로 양육되어야 한다.

정부가 권위를 오용하기 시작하면 그 경계를 넘어서 부모의 권위를 침해하기 시작한다. 그러한 경향은 자녀들을 부모보다는 정부가 책임을 져야 하는 자로 만드는 것이다. 역사적으로 이러한 일들은 수 없이 발생하여 비극적인 결과를 초래하였다. 스파르타와 히틀러의 독일, 공산주의 러시아와 같은 나라의 정부는 모두 부모의 역할을 침탈하였다. 최근에 미국에서 부모의 권위는 의무 공교육, 아동 보호 대행, 아동학대법을 통해 침해되고 있다. 부모들은 하나님이 부모에게만 책임지도록 한 자신들의 권위를 정부에 빼앗기면 안 된다. 예를 들면 성경에서 부모들은 자녀들에게 하나님의 말씀과 일치하는 지식을 가르치라는 교훈을 받고 있다. 정부의 기구는 그런 교훈들이 없으며 따라서 아이들에게 반대되는 지식을 가르치도록 부모에게 권한을 행사할 수 없다. 부모의 권위를 지지하는 것 외에 정부가 자녀들에게 권위를 행사하는 것을 당연히 여기는 어떠한 교훈도 성경에서는 발견할 수 없다.

하나님은 부모의 권위의 가치를 매우 귀하게 여기시기에 자녀들이 반항하는 것으로부터 정부가 부모의 권위를 보호하도록 하는 법을 제정하셨다. 정부가 부모의 역할을 대신하게 되기보다는 실제로 부모의 지위를 강화시키는 대행자가 되도록 한 것이다. 가정에 침범하여 자녀들에 대한 부모의 책임을 거두어 가는 대신에 정부는 부모들이 자신들의 역할과 권한을 빼앗기지 않도록 막아주어야 하는 것이다. 자녀들이 부모에 반항하는 것이 허용되어져서는 안 된다.

◎ 하나님이 정부를 통해 부모의 권위를 보호

마 15:4 "하나님이 이르셨으되 네 부모를 공경하라 하시고 또 아비나 어미를 훼방하는 자는 반드시 죽으리라 하셨거늘"
출 21:15 "자기 아비나 어미를 치는 자는 반드시 죽일지니라"

출 21:17 "그 아비나 어미를 저주하는 자는 반드시 죽일지니라"
신 27:16a "그 부모를 경홀히 여기는 자는 저주를 받을 것이라"
잠 30:17 "아비를 조롱하며 어미를 순종하기를 싫어하는 자의 눈은 골짜기의 까마귀에게 쪼이고 독수리 새끼에게 먹히리라"

세 가지 중요한 원리들이 이 구절들에 계시되어 있다.

1. 아버지와 어머니는 부모로서의 역할에 있어서 동일하다고 생각된다.

2. 하나님은 자녀들이 부모의 권위를 사악하게 경멸하는 것을 용납하지 않으신다. 부모를 때리거나 심지어 저주함으로써 명백한 불경을 행한 자녀에게는 죽음이라는 벌이 가해졌다. 물론 부모들은 자녀의 생명을 취할 권리는 없다. 정부만이 그러한 권한을 갖는다. 그러나 부모들에게는 그런 자녀를 시험해 보도록 요구된다.

> 신 21:18-21 "사람에게 완악하고 패역한 아들이 있어 그 아비의 말이나 그 어미의 말을 순종치 아니하고 부모가 징책하여도 듣지 아니하거든 그 부모가 그를 잡아가지고 성문에 이르러 그 성읍 장로들에게 나아가서 그 성읍 장로들에게 말하기를 우리의 이 자식은 완악하고 패역하여 우리 말을 순종치 아니하고 방탕하여 술에 잠긴 자라 하거든 그 성읍의 모든 사람들이 그를 돌로 쳐 죽일지니 이같이 네가 너의 중에 악을 제하라 그리하면 온 이스라엘이 듣고 두려워하리라"

당신이 알 수 있듯이 하나님은 자녀들이 순종하는 것을 매우 중요하게 생각하신다. 이 구절들은 이스라엘 국가에 주어진 것이지만 그 원리는 하나님께서는 불경건하고 불순종하는 자녀들을 용납하지 않으실 것이라는 것을 함축한다. 하나님께서 아이들에게 사형선고를 제정하신 것이 지나친 듯이 보이지만 그것은 국가의 보호와 유익을 위한 것이다. 만일 아이들이 부모를 무시하고 불순종하는 어른으로 자란다면 그는 국법이나 심지어는 하나님도 존경하지 않게 될 것이다. 그런 법이 있다는 것만으로도 억제효과가 있을 수 있다. 자녀들이 순종하지 않으면 사형을 받아야 하는지 테스트 해보아야 한다는 것을 알면서도 그렇게 훈련시키지 않는 부모는 거의 없을 것이다. 마찬가지로 어떤 형벌이 있다는 것을 알면서도 부모에게 노골적으로 반항하는 자녀들은 거의 없을 것이다.

3. 만일 부모나 정부 기구가 자신들의 책임을 다하지 못하여 반역자가 사형을 면한다면 하나님의 말씀은 아이들과 부모들과 그리고 그러한 국가에 직접적인 심판을 경고한다. (삼상 3:13은 삼상 4:10-18과 잠 30:11-17과 비교된다.) 미국은 지난 몇 세대간 이런 종류의 저주를 경험해 왔다. 전쟁, 약물, 폭력적인 죽음이 수년동안 이 나라의 젊은이들의 삶의 방식이 되어왔다. 이러한 대학살의 대부분의 직접적인 원인은 훈련되지 않은 젊은이들 때문이다.

결론적으로 훈련되지 않은 반항적인 아이들에게 따르는 결과는 저주이다. 순종을 배우고 부모를 공경하는 자녀들에게 하나님은 평강과 번영의 축복을 약속하셨다.

◎ 자녀에 대한 하나님의 축복의 약속

엡 6:2-3 "네 아버지와 어머니를 공경하라 이것이 약속 있는 첫 계명이니 이는 네가 잘되고 땅에서 장수하리라"
출 20:12 "네 부모를 공경하라 그리하면 너의 하나님 나 여호와가 네게 준 땅에서 네 생명이 길리라"

장수에 대한 약속은 그 말씀을 하나님께서 사람에게 주신 당시에는 많은 축복의 측면을 갖고 있었다. 장수는 전쟁과 질병, 기근과 야생동물로부터 폭력적인 죽음을 당하지 않는다는 의미였다. 그것은 정하신 때에 죽는다는 약속이었다. 장수는 또한 가축과 땅과 자녀들을 소유할 더 많은 시간을 갖는다는 것이기에 물질적인 번영에 대한 약속이었다. 구약성경의 약속은 이러한 장수가 "너의 하나님 여호와가 너에게 주신 땅에서" 살 것이라는 선언이었다. 그 땅은 물질적 번영을 의미하는 젖과 꿀이 흐르는 약속의 땅이었다.

부모를 공경하는 자녀들은 하나님의 약속에 따라 그의 일생동안 보호를 받을 것이다. 뿐만 아니라 자녀가 부모의 훈계를 따르면 점점 더 번성해진다.

잠 3:1-2 "내 아들아 나의 법을 잊어버리지 말고 네 마음으로 나의 명령을 지키라 그리하면 그것이 너로 장수하여 많은 해를 누리게 하며 평강을 더하리라"

우리는 다시 한번 자녀가 부모를 순종하고 공경하는 진리가 적용되는 원리를 볼 수 있다. 이러한 진리가 지켜지는 곳에는 축복이 따른다. 그렇지 않을 때 그 결과는 저주이다. 자기 자녀를 진정으로 사랑하는 부모들은 자녀를 위한 최선의 것을 찾을 것이다. 그런 부모들은 자녀들이 부모를 공경해서 하나님이 약속하신 축복을 받는 것을 보게 될 것이다.

부모의 권위에도 한계는 있다. 하나님은 당신의 성품에 일치하는 방식으로 모든 자녀들을 대하시는 공의와 정의와 사랑의 하나님이시다. 우리는 하나님이 부모의 권위라는 제도를 제정하셨기에 이러한 제도하에 있는 모든 자녀들에 대해 공정하고 정의로우시리라는 것을 전적으로 신뢰할 수 있다.

정부에 악한 지도자가 있듯이 부모의 권위를 악하게 행사하는 사람들이 있어왔고 또 있을 것이다. 자신의 권위를 오용하는 부모들은 하나님의 직접적인 심판 아래 떨어진다. 하나님은 인생을 위한 계획, 이 세상의 불공정조차 합력시키시는 계획을 갖고 계신다. 아마도 부모의 손에서 부당한 대우를 받는 자녀들은 바로 그러한 압력 때문에 하나님에 의해 사용될 것이다. (요셉의 이야기를 보라.)

우리가 생각하기에 그런 부모로부터 부당한 대우를 받는 아이를 보면 하나님께서 그 상황을 알고 계시고 그 상황은 완전히 그분의 통제하에 있다는 것을 기억해야만 한다. 우리는 단지 유한한 생각으로 한 순간만을 알 수 있을 뿐이다. 그러므로 우리는 아이가 해를 받고 있거나 위험 속에 있다는 것이 확실하지 않으면 간섭하는 데 신중해야만 한다.

권위자로서 당신은 비록 바르고 정의로워지려고 해도 많은 실수를 범할 것이다. 이러한 실수들은 자녀들을 다루는 법에 무지하기 때문일 수도 있고 죄의 결과일 수도 있다. 어떤 권위자도 통치하기 위해 완전해야 할 필요는 없다. 통치권에 순종하는 태도는 종종 부당하고 무능력하게 보이는 지도자를 통해 배우게 된다. 부모들은 그들이 옳을 때든지 틀렸을 때든지 권위를 갖고 있다. 그러나 인간적 생각으로는 자녀들을 잘못 대하는 죄를 스스로 용납하지 못하기도 한다. 한편 우리는 인간일 뿐이며 잘못을 범하는 존재라는 사실을 구실로 책임을 다하지 못하는 일이 없도록 해야한다. 하나님께서 당신에게 자녀를 주셨을 때에는 당신이 불완전한 존재라는 것을 알고 계셨다. 이러한 사실을 인식하는 것은 당신이 책임을 회피하게 하는 것이 아니라 그분을 의지하게 하는 것이다.

의붓부모

내가 현장 세미나에서 받는 가장 일반적인 질문 중의 하나는 의붓부모로부터 받는 것이다. 그들은 친부모가 아니기에 어떻게 부모노릇을 할 수 있는지 알고 싶어한다. 혹은 그들은 배우자가 자녀를 훈육하는 것을 막기 때문에 이것을 어떻게 다루어야 하는지 알고 싶어한다. 오늘날 이것은 시츄에이션 코미디가 아니다. 이것은 불행한 현실이다.

재혼으로 초래된 문제를 다루는 것은 30층 빌딩에서 뛰어내리면서 속도를 줄이는 법을 알기 원하는 사람에게 충고하려는 것과 같다. 재혼의 시기에 자녀가 나이를 먹었을수록 그들은 더 오랫동안 한 부모하고만 살아온 것이고 그래서 새로 들어온 사람이 이전의 부모의 역할을 대신하기는 더 어려울 것이다. 이러한 요인은 결혼에 앞서 허심탄회한 토론의 주제가 되어야 한다(양편에서 모두 이 책을 읽은 후에). 엄마는 귀한 아들에게 새아빠가 신체적인 체벌을 하는 것을 허용할 것인가? 아빠가 질투심 많은 딸에게 새엄마를 잘 공경하라고 주장해야 할 것인가? 만일 양자가 모두 완전히 동의할 것이라고 믿는다면 그들은 자녀들을 만나 앞으로 생활이 어떻게 될 것인지 말해주어야 한다. 비록 자녀들이 재혼이나 성경적 원리에 따른 훈련을 하기로 한 것에 대해 아무 말도 안 할지라도 그들은 예상되는 것을 알 권리가 있다. 너무 늦는 것보다 결혼 전에 어떤 것이 문제가 되는지를 아는 것이 더 낫다.

나는 과부가 되었거나 배우자에 의해 이혼을 당하고 또 그 배우자가 재혼을 했기에 지금 화해하는 것이 불가능한 사람을 제외하고는 재혼을 권장하지 않는다. 만일 당신이 배우자와 이혼하거나 당신과 이혼한 사람이 재혼하지 않았다면 당신은 재혼을 위한 성경적인 정당성을 확보하지 못한 것이다. 하나님의 말씀은 당신이 교제와 안락, 안전과 소망에 대해 하나님을 신뢰하면서, 당신의 역할을 계속하기를 요구한다. 하나님은 아버지가 없는 사람에게 아버지가 되어 주신다고 약속하시며 그래서 나는 그분이 홀로 된 여성들에게, 만일 그녀가 전적으로 하나님께 헌신한다면, 아빠 없이 자녀를 훈련시킬 수 있는 영적인 능력을 주신다고 믿는다.

하나가 된 부모

마 12:25b "스스로 분쟁하는 나라마다 황폐하여질 것이요 스스로 분쟁하는 동네나 집마다 서지 못하리라"

　정상적으로는 남편과 아내는 양육의 역할을 분담한다. 부모가 서로간에 일치하지 않을지라도 자녀 앞에서는 일치된 모습을 보여주어야 한다. 그들은 개인적으로 불일치를 토론할 수 있지만 서로의 결정을 무시해서는 안 된다. 자녀들은 부모들이 서로를 돕고 지지해 주는 것을 알아야 한다.

6장
부모의 책임

　부모로서 당신은 자녀들에 대한 통치권자이며 그런 권리를 갖고 있다는 것을 처음으로 알게 되었을지도 모르겠다. 하나님이 당신에게 그러한 지위를 주셨기 때문에 당신은 통치할 권리를 가진 사람답게 행동해야 한다. 다른 말로 하면 당신의 자녀들은 당신이 그런 책임이 있다는 것을 알아야만 한다. 그것은 결정권자는 자녀들이 아니라 당신이라는 것을 의미한다. 당신은 언제 잘지, 무엇을 먹을지, 언제 먹을지, 어떤 활동들을 할 수 있는지 결정해야만 한다. 이러한 결정들은 자녀들이 훈련되어서 스스로 올바른 결정을 할 수 있을 때까지 부모에게 속한 것이다. 부모들은 심지어 언제 어떤 영역에서 자녀들이 스스로 결정하도록 해야 하는지도 결정해야 한다.
　자녀들은 권위 있는 인물을 필요로 한다. 만일 부모(특히 아버지)가 필요한 지도력을 제공하지 못하면 자녀들은 그것을 다른 곳에서 찾는다. 자녀들은 자기들이 추종하고 충성을 보여줄 어떤 인물을 필사적으로 구한다. 하나님은 자녀들의 영혼을 권위에 반응하도록 만드셨다. 그러므로 만일 부모들이 그 지위를 포기하면 자녀들은 대체물을 찾을 것이다.

가정 안에 확고한 지도력이 없으면 자녀들은 자기들에게 무엇을 해야 할지 말해주는 사람을 집 밖에서 찾을 것이다. 지도자 없는 자녀들이 통일교나 마약 집단, 불량배, 혁명운동과 같은 사교 종파에 끌리는 것은 놀랄 만한 일이 아니다. 그러한 반문화 집단들은 모두 한 가지 공통점을 갖고 있다. 즉 그것들은 추종을 **요구한다**. 그것들은 모두 강력한 지도력과 가르침을 제공하며 규칙을 강력히 주장하며 추종자들의 인생에 목적을 세워놓는다. 우리가 부모로서 그것들만 못해서야 되겠는가?

아동심리학에서 보편적으로 받아들여지는 가르침과는 반대로 당신의 자녀는 또래나, 친구, 큰누나 혹은 큰형이 아니라 지도자가 필요한 것이다. 부모들은 권위 있는 인물이고 따라서 그의 다스림에 복종해야만 하는 자녀들의 친구나 동료가 될 수는 없다. 만일 자녀들이 성장하는 기간에 부모들이 그들을 잘 다스린다면 부모들과 성장한 자녀들 사이에는 평생 지속되는 우정이 생길 것이다. 그러나 그것은 자녀들이 부모의 기준에 맞추도록 먼저 훈련받은 후에야 가능한 일이다.

자녀들을 적절히 훈련시키지 못한 부모들은 종종 자녀들에게 부정적인 영향을 미친다는 비난에 잘 속는다. 교사들과 다른 자녀들, TV와 심지어 교회도 종종 이런 비난을 받는다. 그러나 하나님은 단지 부모에게만 자녀 훈련에 대한 책임을 물으신다. 그러므로 자녀들에게 영향을 미치는 것을 통제하는 것은 부모의 책임이다.

자녀들은 학교에서 부모가 가르치는 것과 상반되는 것을 배울 수도 있지만 자녀들을 어떤 학교에 보내서 어떤 것을 배우게 할 것인지를 결정하는 것은 부모의 책임인 것이다. 자녀들은 또래집단에 의해 영향을 받지만 자녀들이 누구와 사귀는지를 통제하는 것은 부모들의 책임이다. 자녀들은 텔레비전이나 다른 매체를 통해 심각하게 영향을 받지만 자녀들이 어디에 노출되도록 하는가를 선택하는 것은 궁극적으로 여전히 부모의 책임인 것이다. 자녀들은 교회에서 배운 것을 무시할 수 있지만 하나님의 말씀 가운데 자녀 교육에 책임을 부여받은 사람은 바로 부모들인 것이다.

부모들은 반항하는 아이들 문제를 하나님 탓으로 책임을 회피하려는 여러 가지 시도들을 한다. 순종하지 않는 자녀에게 하나님께서 불순종을 처벌하실 것이라고 말하는 것도 그 중의 한 가지이다. 부모들은 자녀들에게 정의를 가르치고 행하게 하도록 하나님이 택하신 권위의 대표자들이다. 부모들은 그 책임을 다시 하나님께 되돌릴 수 없다. 부모는 자녀들이 해야 할 것을 말해주어야 할 뿐 아니라 부모의 교훈에 순종할 것을 강제해야 한다고 하나님은 말씀하신다. 그것은 부모의 일이지 하나님의 일이 아니다. 자녀는 하나님께 순종하는 것을 준비하는 단계로 부모에게 순종하는 것을 배우는 것이다.

부모는 자녀에 대한 하나님의 권위의 상징이자 대표자들이다. 부모가 통치권을 다루는 방식은 자녀가 하나님과 하나님 아래 있는 다른 모든 권위들에 대해서 생각하는 기준이 된다. 부모는 자녀의 인생에 결정적인 위치에 있다. 자녀들이 어떻게 생각하는지를 보자. 만일 부모가 공정하게 행하는 것을 보면 자녀는 하나님도 틀림없이 공정한 분이실 것이라고 생각한다. 만일 부모들이 잘못을 처벌하면 하나님도 잘못을 처벌하실 것이며, 만일 부모가 자녀를 돌보면 하나님도 분명히 자녀를 돌볼 것이라고 생각한다. 만일 부모가 하나님의 말씀을 존중하고 복종하면 자녀들도 하나님을 존중히 여기고 순종할 것이다. 부모들이 신실하다면 하나님도 신실하심에 틀림없다고 생각한다.

부모로서 당신은 하나님과 정부와 결혼관계에 대한 자녀들의 견해를 형성해주는 기회를 갖는 것이다. 부모에게 순종하도록 배우는 자녀는 권위를 존중하게 될 것이고 하나님의 말씀을 포함해서 다른 권위들에도 순종할 것이다.

부모가 되는 것—요약

우리는 성경이 부모와 자녀의 입장을 분명히 규정하고 있는 것을 보았다. 그것은 또한 하나님의 기준을 만족시키는지의 여부에 따른 결과도 규정하고 있다. 이제 부모에 대한 주요 원리들의 일부를 정리해 보자.

* 자녀들을 잘 훈련시키는 부모는 둘 다 큰 기쁨과 만족의 축복을 받지만 그렇지 못한 자들에게는 큰 슬픔의 저주가 있다.
* 모든 자녀의 생명은 하나님의 창조이며 하나님은 당신이 창조하신 모든 만물에 계획과 목적을 갖고 계신다.
* 하나님은 자녀들이 하나님의 기준에 따라서 부모들에 의해 훈련되기를 의도하신다.
* 자녀 훈련은 자녀들이 부모의 권위적인 지위를 존중하는 데 의존한다.

* 권위의 원리는 인간을 향한 하나님의 계획이 질서 있게 수행되도록 하나님에 의해 고안된 것이며 전적으로 그분의 통제하에 있다.
* 부모의 권위는 모든 제도 중에서 가장 광범위한 것이며 자녀에게 순종을 요구할 권리를 포함한다.
* 부모의 말씀은 자녀들에게는 법이다.
* 부모들은 자녀들을 순종적이고 공손하게 키울 책임이 있다.
* 부모들은 자신의 통치권에 대해 오직 하나님께만 책임이 있다.
* 부모를 공경하는 자녀들은 물질적 번영의 축복을 받고 명백한 불경함으로 반항하는 자녀들은 사형이나 폭력적인 종말의 저주를 받는다.
* 부모들은 자녀들에게 강력한 지도력을 행사해야만 하며 외부의 영향력에 책임 있게 대해야 한다.
* 부모들은 자녀들에 대한 하나님의 권위의 상징이자 대표자들이다.

이 시점에서 당신은 어떻게 자녀로부터 순종과 존경을 받을 수 있을지 혹은 그들에게 정확히 무엇을 가르쳐야 할지 모를 수도 있다. 그러나 당신은 자녀를 다스릴 책임이 있다는 것과 그 책임이 다루어지는 방식과 관련해서 하나님께 대한 당신의 의무를 이해해야만 한다. 당신은 또한 자녀가 얼마나 당신의 통치권을 필요로 하는지를 알게 되었을 것이다. 부모들은 부모의 책임을 수행하는 것이 자녀들에 대한 사랑의 표현이라는 것을 이해해야만 한다. 다시 말해서 만일 당신이 자녀들을 진정으로 사랑한다면 그들을 다스리라는 것이다.

하나님의 관점에서 부모의 권위에 대한 이러한 방향감을 갖고 우리는 다음에 우리가 훈련시켜야 할 자녀에 대해서 하나님의 말씀이 계시하시는 것이 무엇인지를 살펴볼 것이다.

친밀함

"부모들은 권위 있는 인물이고 따라서 부모의 다스림에 복종해야만 하는 자녀들과는 친구나 동료가 될 수 없다." 부모들은 자신의 권위를 훼손하지 않도록 조심해야만 한다. 부모들이 자녀들과 너무 친하게 되면(자녀들을 성인들과 동등하게 함께 의사결정 하도록 한다든가, 주소에 부모의 이름을 사용하게 한다든가, 어른들의 대화에 끼어드는 것을 방치한다든가 하면) 어른들에 대한 적절한 존경심을 잃게 될 것이다. "친숙함은 업신여김을 낳는다"는 말은 미숙한 자녀들에게 적용될 때는 진리이다. 훈련되지 않은 자녀들은 가정에서 심지어 자기들의 생활과 관련된 결정을 할 경우에도 부모와 동등한 목소리를 내도록 해서는 안 된다. 부모들은 실제로 적절한 섭생과 의복, 교회 참석, 태도, 친구, 오락 등 수많은 문제들에 대해서 자녀들보다 더 많이 알고 있다고 생각된다. 우리는 군대식으로 "대원들과 친하게 지내지 말라"는 정도까지 강조할 필요는 없다. 부모들이 자녀들과 얘기하고 함께 놀아주고 안아주는 것은 분명코 매우 유익한 것이다. 자녀들은 부모 양쪽으로부터 친밀함이 필요하지만 부모들은 놀이와 지나친 친밀함 사이의 경계선이 교차하는 때를 인식할 필요가 있다. 자녀가 부모에게 이것저것 주문을 하기 시작하고 과도한 관심을 요구하며 말을 되받을 때는 뒤로 돌아가서 부모로서의 지위를 회복할 시간인 것이다.

자녀들을 책임 있는 참여자로보다는 가정의 초점의 대상으로 만드는 부모들은 그들에게 큰 불의를 행하는 것이다. 그렇게 하면 자녀들은 다른 사람들보다도 자기가 더 중요하다고 생각하면서 자라게 된다. 그들은 자기의 의견과 성공과 꿈이 가장 중요하며, 중간에 끼어들어서라도 어른들의 시간을 독점해야만 한다고 믿게 되는 것이다. 그들은 자기 자신과 자신의 성공—그것이 아무리 사소하더라도—을 자랑하도록 배운다. 이러한 자기 중심적인 아이들은 확실히 "각각 자기보다 남을 낫게 여기라"(빌 2:3)는 말씀으로 훈련되어지지 않은 것이다. 그런 아이들은 "내가 최고"라는 식의 지난 몇 세대가 가져왔던 의식을 갖고 자랄 것이다.

당신이 권위적인 위치를 유지한다는 것이 당신이 어떤 결정, 특히 아이들이 관계된 결정들을 할 때 아이들을 토론에 참여시켜서는 안 된다는 것을 의미하는 것은 아니다. 예를 들면 조부모들이 방문해서 잠자리를 정할 때 그리고 누가 구질구질한 일을 할 것인지를 결정할 때에는 계획과 협동을 가르치는 좋은 시간이라고 할 수 있다. 그런 일에 대해서 버지니아와 나는 자녀들이 명령계통을 잘 배울 수 있도록 투표제를 도입했다. 가족모임을 소집하고 나는 결정해야 할 것들을 제시했다. 각각의 아이들이 의견을 제시할 수 있게 한 후에 투표를 하였다. 당연히 투표하는 것이 동등하지는 않았다. 세 아이들은 각각 한 표의 권한이 있었고 어머니는 네 표의 권한을 아버지는 여덟 표(재치있게 가정의 질서를 지키면서)를 가졌다. 그러나 모든 아이들이 참여해서 제안하고 도움을 주었다. 아이들은 이러한 방식을 즐겼고 심지어 그들이 투표하지 않을 때에도 자기들의 생각이 무시되었다고 생각하지 않았다. 투표는 항상 무기명이어서 그 중 한 사람이 침실을 조부모님에게 양보해야 할 때 혹은 각자가 특별한 일을 해야 할 때에도 화를 내지 않았다. 지금은 엄마가 두 표를 갖고 세 아이들이 각각 한 표, 그리고 아빠는 최종적으로 그 결정을 따르는 것이 좋은지를 묻는다.

책임전가

얼마나 많은 크리스천 부모들이 하나님이 감시하고 계시며 잘못에 대해 직접 처벌하실 것이라는 협박으로 어린 자녀들을 위협하는지 모른다. 그렇게 하는 것은 부모들이 양육의 책임을 피하려고 하는 것이다. 그들은 자녀들을 훈련시키고 불순종에 대해 처벌하기를 원치 않는다. 부모들은 자녀들의 행동을 통제하기 위해서 차라리 불신자처럼 산타클로스 협박을 사용하는 편이 더 낫다. 하나님을 협박용으로 사용하는 것은 더 나쁜 것이다. 절대로 하나님을 분노한 도깨비로 만들지 말라!

통제하기 위해서 아이의 두려움을 이용하는 것

어떤 부모들은 잔인하게도 자녀의 불안이나 두려움을 이용한다. "오늘밤 침대에 있거라. 그렇지 않으면 침대 밑에 있는 괴물이 잡아먹을 것이다." "지금 당장 오지 않으면 가게에 버려 두고 갈 거야." "바르게 행동하지 않으면 경찰이 와서 너를 잡아갈 거야." "똑바로 하지 않으면 소년원에 보낼 거야." 성숙하게 자라기 위해서는 부모의 든든한 팔이 필요한 아주 미숙한 자녀들에게 행하는 이러한 협박을 상상해 보라. 이런 식으로 협박을 받은 자녀들은 자신이 부모가 되려고 하고 혼자 힘으로 성숙해지려고 하게 된다. 이것은 어리석은 짓이다!

자녀들이 부모들을 두려워해야 하는가? 물론 그들은 부모의 권위에 대해서 건전한 두려움을 가져야만 한다. 그들은 또한 체벌이 바르게 사용된다면 그것도 두려워할 것이다. 건전한 두려움은 위험(위험한 길, 높은 장소, 위험한 사람, 곤충, 나쁜 지역)으로부터 보호해 준다. 그리고 당신이 잘못했을 때 권위자들(하나님, 부모, 경찰, 교장선생님, 코치, 상사)이 필요하다. 자녀들이 권위에 대한 적절한 두려움 없이 자라면 야만적인 강제력 외에는 어떤 사람이나 존재도 무시해 버리는 거리의 깡패처럼 된다.

아버지와 어머니의 역할

양육은 아버지 어머니 공동의 책임이다.

엡 6:2a "네 아버지와 **어머니를 공경하라**"
골 3:20 "자녀들아 모든 일에 **부모에게 순종하라**"

아버지는 기준을 세우고, 벌칙에 대해 자녀들에게 경고하고, 어머니에게 약간의 실행을 위임함으로써 가정의 지도력을 행사하는 사람이다. 남자는 일반적으로 가정에서 지도자의 역할을 하는데, 특히 아버지 역할을 하는 데 약하다. 이것은 지난 몇 세대에 나쁜 영향을 끼쳐왔다. 지난 50년 동안 남성다움과 지도자, 공급자, 가정의 보호자, 아내를 품는 자의 역할을 상실한 아버지로 인해 소년, 소녀의 발달이 매우 왜곡되어왔다. 결과적으로 과거 3,4세대의 남성들은 여자처럼 나약하게 자랐거나 혹은 여성에 대해 완전히 무감각한 자가 되었다.

나의 책 〈성경이 남성에 대해서 말하는 것〉은 사탄이 어떻게 남성다움을 파괴시켜왔으며 결과적으로 가정을 파괴시켜왔는지를 설명하기 위해 쓰여진 것이다. 그리고 남성들로 하여금 너무 늦기 전에 자신들의 지도적인 자리로 돌아갈 것을 촉구하기 위해 쓰여졌다.

어머니도 자녀를 잘 훈련시키는 데 중요한 역할을 한다. 어머니는 아버지가 부재시에도 기준이 지켜지도록 책임을 진다. 즉 어머니는 평화를 유지하고 자기 앞에서 잘못한 것에 대해서 처벌한다. 어머니도 직접 규율을 세우지만(잠 1:8) 아버지의 뜻과 모순되지 않는다. 그리고 자신이 세운 규율을 집행한다. 불행하게도 만일 아버지가 가정을 인도하지 않고 규율을 정하거나 집행하지 않으면 어머니가 자녀들을 위해 (남편 면전에서는 아니고) 규율을 세우고 집행해야만 한다. 어머니는 남편을 조르거나 잔소리하거나 창피를 주면서 책임을 지라고 해서는 안 된다.

벧전 3:1 "아내된 자들아 이와 같이 자기 남편에게 순복하라 이는 혹 도를 순종치 않는 자라도 말로 말미암지 않고 그 아내의 행위로 말미암아 구원을 얻게 하려 함이니"

어머니는 하나님께서 남편으로 하여금 자신의 역할을 깨닫고 자녀를 위해 자신의 책임을 다하게 해달라고 계속 기도해야만 한다. 나는 자신의 역할에 태만한 남편을 놓고 조용하고도 신실하게 기도해 온 많은 아내들을 알고 있다. 그 중 일부는 지금 자신의 "새로운" 남편과 아이 아빠에게 일어난 기적을 말하고 있다. 하나님 안에서 소망을 잃지 말라.

주

1) 히브리어 gil, "rejoice"는 "기뻐 떤다"는 즐거움에 대한 분명한 표현에 주로 사용된다(잠 21:1 ; 31:8, 시 35:9 등). 여기서는 강조를 위해 동사가 두 번 사용되었고 "크게 기뻐하다"를 의미한다.(Foundation for Biblical Research, "Child Training", Austin, Texas. 1979)
2) 히브리어 sameach, "rejoice, glad"는 내적 행복이나 기쁨을 의미하는 데 사용된다(시 16:9, 잠 13:9 ; 23:15 등).(Ibid)
3) 주 2를 보라.
4) 주 1을 보라. 그러나 여기서 동사는 강조 위한 반복없이 정상적으로 사용되고 있다.
5) 히브리어 nuach는 "휴식을 취하다, 조용한 휴식"(정신적인)을 의미한다.(Ibid)
6) 히브리어 tugah는 "슬픔, 중압, 근심, 눌림"(시 119:28, 잠 10:1 ; 14:13).(Ibid)
7) 주 6을 보라.
8) 주 2를 보라.
9) 히브리어 ben(복수) "아들들"과 peri(단수) "열매, 자손"(집단적으로 사용된 단수).(FBR," Child Training")
10) 히브리어 nachalah "소유, 재산, 유업"은 시편 127:3의 하나님이 주신 "분깃"과 연관된다. 그것은 상속권에 따르지 않고 기부자의 자유의지(즉, 주님의 뜻)에 따르는 유산을 의미한다.
11) 히브리어 kabed "무거운", 여기서는 사람을 존경하는 것을 의미하는 piel형으로 사용되었다(삿 13:17, 삼하 10:3, 출 20:12, 신 5:16).(Ibid)
12) 그리스어 timao "고정된 가치를 평가하라" 그리고 "공경하다, 존경하다"는 의미로 사용되었다.(Ibid)
13) 옥스퍼드 영어사전(1971)
14) 히브리어 elyon "높은, 최상의"는 "오르다, 상승하다"라는 동사 'alach'에서 왔다.(FBR, "Child Training")
15) 그리스어 exousia "권위"는 권위 있는 지위에 있는 사람들 즉 "공무원, 정부"를 의미한다(롬 13:2, 눅 12:11, 딛 3:1).(Ibid)

16) 그리스어 tasso "배열하다, 제자리에 놓다" 여기서는 하나님이 "제정하신"(혹은 배열하신) 권위들을 지칭한다.
17) "순종"이라는 그리스어 hupakouo는 "아래"라는 전치사 hupo와 "듣다"는 okouo로 구성된 합성어이며 문자적으로 아래에서 듣는다는 뜻이다. 즉 들은 것을 순종한다는 것이다(엡 6:1,5, 골 3:20,22, 살후 1:8 ; 3:14).(Ibid)
18) "순복하다, 복종하다"의 그리스어 hupotasso는 "아래"라는 전치사 hupo와 "위치에 놓다"는 tasso의 합성어로 문자적으로는 "아래에 놓다"이며 어떤 위치에 복종한다는 뜻이다(롬 13:1, 5, 엡 5:22,24, 딛 2:9, 3:1, 막 4:7, 벧전 2:13). hupakouo와 hupotasso의 차이는 전자가 개인 의사와 상관없이 언어적 명령을 엄격히 따르는 것을 강조하는 반면, 후자는 자발적인 태도를 강조한다는 데 있다.(Ibid)

제멋대로인 요즘 아이, 말씀으로 양육하라
What the Bible Says About Child Training

제2부
아동

THE
CHILD

7장
아동의 본성

우리는 하나님의 기준에 따라 자녀들을 훈련시켜야 하는 부모의 책임과 다스리는 지위, 그리고 하나님의 선물인 자녀에 대한 의무에 대해서 성경이 말하고 있는 것을 살펴보았다. 그렇다면 우리가 훈련시켜야 하는 자녀는 정확히 어떤 존재인가? 그러한 광범위한 훈련을 필요로 하는 아동의 특성은 무엇인가? 그들에게 왜 부모의 권위적인 지배력이 필요한가?

이러한 문제에 답하기 위하여 우리는 소위 아동이라는 피조물에 대해 성경이 가르치는 바를 공부해 볼 것이다. 아동을 이해하기 위해서는 먼저 인간의 기원을 이해해야 한다.

 인간은 본래 "하나님의 형상"을 따라 창조되었다.

창 1:26a "하나님이 가라사대 우리의 형상을 따라 우리의 모양대로 우리가 사람을 만들고"

하나님은 완전하시고 그의 모든 피조물도 본래는 완전하였다. 사탄조차도 지음을 받던 때에는 완전하였다(겔 28:13b-15). 하나님이 사람을 창조하신 때에도 인간은 그의 속성상 완전하였다. 인간은 축복의 상태로 존재하였으나 (사탄처럼) 하나님의 뜻에 거스려 행동하기를 선택하였다. 하나님은 사람에게 말씀으로 명백하게 당신의 뜻을 표현하셨다.

창 2:17 "그러나 선악을 알게 하는 나무의 실과는 먹지 말라 네가 먹는 날에는 정녕 죽으리라"

하나님이 알려주신 기준을 침범할 때에 인간의 의지적인 죄악 된 행동은 인간의 본성에 변화를 야기시켰다. 죄가 세상에 들어오자 인간은 하나님의 본래의 창조에서 타락하게 되었다. 사람은 하나님과 분리되어 죽을 수밖에 없게 되었고 공의의 하나님의 법적인 심판 아래 놓이게 되었다. 인간은 "본성에 따라" 그 모습을 재생산하기 시작했다.

인간은 지금 "아담의 형상"을 따라 재생산되고 있다.

창 5:3 "아담이 일백 삼십 세에 자기 모양 곧 자기 형상과 같은 아들을 낳아"

인간은 더 이상 원창조의 상태로 존재하지 않게 되었고 부패한 성품의 형상을 따라 변질되었다. 이 상태는 출생을 통해 영속되어왔다.

롬 5:12 " 이러므로 한 사람으로 말미암아 죄가 세상에 들어오고 죄로 말미암아 사망이 왔나니 이와 같이 모든 사람이 죄를 지었으므로 사망이 모든 사람에게 이르렀느니라"

롬 5:18a "그런즉 한 범죄로 많은 사람이 정죄에 이른 것 같이"

엡 2:1 "너희의 허물과 죄로 죽었던 너희를 살리셨도다"

이러한 타락의 상태의 결과는 세 가지 국면으로 나타난다.

1. 죽어감. 모든 인간은 죽어야 할 운명의 신체를 갖고 태어난다. (신체적 죽음에 종속)
2. 죽음. 모든 인간은 하나님과의 교제로부터 분리된 영혼을 갖고 태어난다. (영적 죽음의 상태)
3. 저주받음. 모든 인간은 죄의 형벌(영원한 정죄)을 받아야만 하는 영혼을 갖고 태어난다. 이것이 한 아이가 세상에 들어올 때의 조건인 것이다. 아이가 죄와 의와 심판을 깨닫게 되기까지 그는 하나님의 책무법에 의해 보호를 받는다. 일단 한 아이가 정신적으로 책임질 수 있게 되면 그의 개인적 죄악은 하나님의 심판의 공의성을 입증하게 된다. (책무성의 교리를 전개하는 것은 이 책의 범위를 벗어나는 것이다.)

◎ **모든 아동들은 이렇게 죄 된 인간성을 갖고 태어난다.**

시 51:5 "내가 죄악 중에 출생하였음이여 모친이 죄 중에 나를 잉태하였나이다"

시 58:3 "악인은 모태에서부터 멀어졌음이여 나면서부터 곁길로 나아가 거짓을 말하는도다"

아이는 거짓말하는 법과 이기적이 되는 법, 혹은 잘못을 저지르는 법을 배울 필요가 없다. 그런 것들은 자연스러운 것들이다. 귀엽고 순진하고 안아주고 싶은 아기들도 죄에 대한 강력한 욕구를 충족시키려는 끊임없는 유혹을 그 육체 안에 갖고 있다. 죄의 지배 아래서 아이들은 완전히 자기 중심적이다. 즉 아이들은 아무 때나 원하는 것을 하려고 한다. 아이들은 원하는 때 원하는 것을 먹고, 다른 사람들의 관심을 끌고 싶어하며, 다른 사람들은 고려하지 않고 자기의 모든 욕망을 채우려고 한다.

아이들이 이러한 죄성을 소유하고 있다는 것을 의심하는 사람이 있다면 훈련되지 않은 아이들이 행하는 모습을 관찰할 필요가 있다. 서로 똑같은 흥미를 갖게 하는 장난감 하나를 두고 두 아이를 한 방에 놓은 상황을 상상해 보라. 혹은 방안에 사탕봉지를 열어놓고 아이만 홀로 남겨져 있는 모습을 그려 보라. 마지막으로 취침시간이나 하고 싶지 않은 일(목욕, 일, 공 같은)에 대해 스스로 결정하도록 내버려진 아이를 생각해 보라. 이러한 예들은 아동들의 자기 만족 욕구의 실체를 보여준다.

아이들이 용납할 만한 행동을 할 때에도 관심을 얻거나 보상을 위한, 즉 자기유익을 위한 행동일 수 있다. 영리한 아이 혹은 강한 의지를 가진 아이는 부모로 하여금 자기가 원래 착하며 단지 어쩌다가 잘못한다고 생각하도록 속일 수 있다. 자연히 부모들은 자녀의 실재보다는 항상 자녀들이 그렇게 되었으면 좋겠다는 쪽으로 자녀들을 보고 싶어한다. 죄의 본성은 아이로 하여금 아무리 나쁜 것이라도 혹은 심지어 좋은 것이라도 자신에게 유익이 될 것 같다고 생각하면 하게 한다는 점을 알고 있어야 이러한 속임수를 피할 수 있을 것이다.

자녀들의 일반적이고 자연적인 성향은 자신의 죄성을 만족시키는 것이라는 점을 알아야 성공적인 부모가 될 준비가 되는 것이다. 아이들은 순진하며, 천성적으로 선한 귀여운 천사라고 생각하는 한 자녀 훈련에 성공할 수는 없을 것이다. "애들은 애들처럼 자란다"는 주장은 진리이다. 만일 아이들이 자신의 본성대로 방치된다면 그들은 그렇게 될 것이다. 아이의 선을 위하여 아이는 죄성의 지배 아래서 활동하도록 허용되어서는 안 되는 것이다.

ⓘ 자녀들은 부모에 의하여 억제되어야 한다.

잠 29:15 "채찍과 꾸지람이 지혜를 주거늘 임의로 하게 버려두면 그 자식은 어미를 욕되게 하느니라"

"임의로 하게 버려둔다"고 번역된 히브리어는 때때로 울타리 없이 혹은 아무런 제재 없이 동물을 방목하는 데 사용되는 말이다. 이 단어는 "보낸다"는 일반적인 의미로도 사용된다.[19] 부모에 의해 통제되는 아이와는 대조적으로 훈련되지 않은 채로 성인으로 내보내진 아이를 묘사하고 있다. 이 구절이 가르쳐주는 원리는 아이가 부모에 의해 억제되지 않으면 자신의 죄성에 따라 자랄 것이라는 것이다. 다른 구절에서도 하나님은 경고하신다.

삼상 3:13 "내가 그 집을 영영토록 심판하겠다고 그에게 이른 것은 그의 아는 죄악을 인함이니 이는 그가 자기 아들들이 저주를 자청하되 금하지 아니하였음이니라"

이 구절에서 하나님은 두 명의 악한 아들을 키운 제사장인 엘리에 대해 말씀하고 계시다. 그의 아들들은 지금 어른이지만 엘리는 부모로서 그들의 죄성을 억제하지 않았기 때문에 심판받고 있다. 여기서 "금하지"로 번역된 히브리 단어는 "약하고 무력하게 만들다"는 의미이다.[20] 다른 말로 하면 엘리는 아들들의 죄성이 미약한 영향력만을 미치도록 부모로서의 권위를 행사했어야만 했다. 엘리는 아들들을 악하게 만들지는 않았다. 즉 "그들 스스로 악하게 되었다" 그러나 엘리는 그것을 금하지 않았다. 이 구절은 부모가 자녀의 악한 경향성을 통제할 책임이 있다는 것을 의미한다.

홀로 내버려지거나 부모에 의해 억제되지 않은 아이는 자신의 죄성의 지배를 받게 된다. 그는 무엇이 옳으며 자기에게 최선의 것이 무엇인지도 모르고 죄에 대한 끊임없는 유혹을 정복할 수 있는 내적인 통제력도 없이 태어난다. 아이가 억제되지 않고 자라는 시간이 길수록 그는 더욱 자기 탐닉이라는 욕망의 노예가 된다. 자신을 통제할 수 있도록 돕지 못하는 것은 잔인한 것이다.

부모의 주된 역할은 자녀의 본성에 외적인 통제를 하는 것이다. 이것은 부모의 권위가 거의 무제한한 지배력을 갖는 이유를 설명하는 데 도움이 된다. 자녀의 본성을 억제하는 것이 자녀 훈련의 전부는 아니다. 그러나 자녀의 본성이 통제되기까지는 긍정적인 훈련은 거의 없을 것이다. 부모는 자녀가 내적인 통제를 배울 수 있을 때까지는 외적 통제자로서의 역할을 해야 한다. 아이는 자기를 노예로 만드는 죄성을 통제하도록 돕는 부모의 역할에 의해 결정된다.

성인이 된 당신에게도 힘을 발휘하는 죄성의 영향력을 깨닫는다면 자녀의 본성을 통제하는 것의 중요성을 인식하는 데 도움이 될 것이다. 성인으로서 당신은 아마도 삶의 어떤 영역에서는 죄성이 여전히 남아서 그 힘이 미치는 것을 볼 수 있을 것이다. 보통의 식욕도 죄성으로 인해 탐식—탐닉으로 왜곡될 수 있다. 마찬가지로 정상적인 성욕도 포르노나 이성을 향한 비도덕적 행위와 같은 부적절한 음란으로 왜곡될 수 있다. 심지어 타인에게는 용납되는 미묘한 욕망이 어떤 사람에게는 올바른 원리를 정욕과 타협하는 방식으로 본성상 왜곡될 수도 있다. 당신은 아마도 매우 강력한 부모의 통제력이 당신에게 도움이 되리라는 것을 알 수 있을 것이다. 당신은 지금 자녀가 어릴 때 죄성을 통제하는 것을 배우게 함으로써 성숙한 어른이 되도록 돕는 기회를 갖고 있는 것이다.

아래의 보고서는 수년 전 미네소타에 있는 센터에서 수천 명의 어린이들을 연구한 후에 작성된 것이다.

미네소타 범죄 위원회

"모든 아기들은 다소 야만적인 상태로 삶을 시작한다. 그들은 철저히 이기적이며 자기 중심적이다. 아기들은 젖병, 엄마의 관심, 짝꿍의 장난감, 삼촌의 시계 등 아무 때나 무엇이든지 요구한다. 그것들을 거부하면 아기들은 참을 수 없는 살인적인 공격성을 보인다. 사실 아기는 더럽다. 그에게는 도덕도 지식도 기술도 없다. 이것은 단지 일부 아이들이 아니라 모든 아이들이 범죄자로 태어난다는 것을 의미한다. 만일 이런 유아들의 자기 중심적 세계가 계속 허용되고 유아들의 욕구를 만족시키도록 충동적인 행동들을 허용하는 자유가 주어진다면 모든 아이들은 범죄자—도적, 살인자, 강간범이 될 것이다."

자제력을 가르치기

부모들은 자녀들이 생의 초기에 자기훈련을 개발하도록 도울 수 있다. 부모들이 자녀들을 가르쳐서 자녀가 (행동이나 소음으로) 남을 방해하지 않도록, 과식하지 않도록, 하던 일을 중지할 수 있도록, (이제 장난감을 치우자, 목욕 시간이다는) 명령에 순종하도록 한다면, 즉 적절한 태도를 갖게 한다면 그것이 자기 통제를 가르치는 것이다. 그것이 아기에게 '**안 돼**'라는 말의 의미를 가르치는 것 대신에 아이들이 아무리 장난쳐도 망가지지 않는 집을 만들지 않는 이유이다. 통제만 하려는 사람들은 자녀를 훈련하기보다는 과도하게 보호하기를 선호한다. 그들은 자녀가 어떠한 잘못도 할 수 없도록 혹은 어떠한 나쁜 일도 발생할 수 없도록 환경을 다루려고 한다. 자녀가 성숙해서 스스로 위험을 인식하고 피하도록 가르치는 것이 훨씬 더 낫다. 비극적이게도 일부 과보호 부모들은 자녀가 완전히 무기력해져서 성인기에 들어갈 수 없을 정도로 혹은 스스로 장애를 깨치고 벗어날 수 없을 정도로 과도한 통제를 계속한다.

자기 통제를 가르치는 첫번째 명령어는 **안 돼! 기다려! 만지지 마!** 이다. "교정"이라는 심리학적 조작은 자녀를 훈련시키지 못한다. 그것은 단지 (불필요한 갈등을 피하는 것이 최선이라고 생각하는 사람들에게) 훈련기회를 피하는 법을 가르쳐줄 뿐이다. 허용되지 않는 목표물을 잡으려는 유아의 의지와 죄성을 다루기에 **앞서** 유아의 관심을 재조정하려는 것이 잘못된 것은 아니지만 그 후에는 너무 늦는다. 그렇게 되면 유아는 순종과 권위에 대한 훈련을 받아야만 한다.

부모들은 자녀들의 동기나 행동을 의심하는 것이 잘못이라고 느낄 필요가 없다. 몇 살까지? 자녀가 성숙해서 스스로 자기 행동에 책임과 의무를 지고 (당신을 포함하여) 타인을 배려하며 자기 확신을 갖고 남들에 의해 쉽게 흔들리지 않을 때까지. 열 아홉 살 된 자녀라도 이러한 성숙의 기준에 도달하지 못했다면 계속 의심하라. 부모들은 어린 자녀들의 대부분의 시간에 대해 의심하여야 한다. 아이에게 행동하는 법과 보는 법을 가르쳐 줄 때까지 나는 3~4세짜리 아이가 영아나 작은 동물과 함께 있게 내버려두지 않았다. 그것이 양육이다. 일단 당신의 자녀가 성숙한 결정을 내릴 수 있는 능력이 있음을 보여주면 당신은 그들을 신뢰하기 시작할 수 있다. 우리 아이가 십대가 되자 그들은 내가 아는 대부분의 성인들보다 더 성숙했다. 그들은 집의 자동차 중 하나를 마음대로 사용하며 오고 갈 수 있었다. (그들은 누구와 함께 어디에 가고 언제 돌아오는지를 알려주어야만 했다. 물론 그들은 연료비와 보험금도 지불했다.) 우리는 보통 8:30내지 9:00에 잠을 자는데 우리 세 자녀들은 10시나 11시까지 자지 않았다. 우리가 자녀들을 신뢰할 수 있었던 것은 우리에게는 큰 기쁨이고 자녀들에게도 유쾌한 일이었다.

사람은 그에게 기대하는 것만큼 행동할 것(다시 말해서 신뢰를 받기 위해서는 신뢰를 주어야만 한다.)이라는 심리학적 개념은 **아마도** 타당할지 모르지만 그것은 그 사람이 믿을 만한 사람이 될 수 있을 때 뿐이다. 미숙한 아이에게 성숙한 행동을 기대하는 것은 어리석은 것이다. 아이는 훈련되기 전까지는 단지 자기의 의지와 죄성을 따라 행동할 것이라고 기대할 수 있을 뿐이다. 파수꾼이나 경찰처럼 될까봐 걱정하거나 죄책감을 느끼지 말라. 자녀들로 하여금 그들이 성숙하게 행동하면 즐겁게 그렇게 대우할 것이라는 것을 알게 하라. 신뢰는 은사가 아니다. 그것은 획득되어져야만 하는 특권이다.

8장
아동기의 여러 단계들

아이들은 성인이 되기까지 여러 가지 다소 구분되는 단계를 거치게 된다. 성경의 희랍어와 히브리어는 이와 같은 다양한 단계들의 각각에 대해 특정한 단어를 사용하고 있다. 우리는 그러한 성경적 용어에 대해 유아, 아동, 청소년, 성인이라는 용어를 사용할 것이다. (부록 C를 보라.) 그 각 단계들의 특성들을 이해하는 것은 자녀 훈련법을 아는 데 중요하다. (이 용어들을 심리학적 발달단계에서 쓰는 용어와 혼돈하지 말라.)

"유아"라는 용어는 아동기의 첫단계를 기술하는 데 사용된다. 이 시기는 부모 특히 엄마에게 전적으로 의존하는 시기이다. 유아는 방어력이 없고 신체적으로 계속 돌보아져야 한다. 유아는 필요로 하는 모든 것이 즉각적으로 충족되어야 한다. 이 기간에 유아는 자신이 받는 돌봄을 통해 안전감이 발달한다. 이러한 돌봄은 아기를 안아주거나 필요를 채워주거나 반응을 자극하거나 따뜻하게 해주거나 그리고 배고픔, 축축함, 고통이나 다른 불편함을 제하여 주는 것이다.

유아는 힘을 기르면서 이러한 첫단계를 매우 빠르게 거쳐간다. 유아는 자기의 욕구를 채우는 데 다른 사람들에게 점점 덜 의존하면서 자립심이 자라기 시작한다. 스스로 돌아다니면서 자신의 독립성을 표현할 수 있게 되면 더 이상 유아라고 생각할 수 없다.

"아동"이라는 용어는 십대의 청소년에 비해서 약간 작은 아이를 가리킬 때 사용된다. 아이들이 자기의 유일한 통치자로서 자신의 의지를 세우려고 시도하는 때가 바로 이 시기이다. 그들은 자신들의 자유를 제한하는 것을 거절하고 대항하여 싸우려고도 한다. 그들이 자신만을 즐겁게 하려고 할 때 욕구가 행동을 지배하게 될 것이다.

한 아이가 인정을 받고자 할 때 그는 잠시동안 다른 사람들이 자기에게 요구하는 것을 할 수도 있다. 관심을 원할 때 주의를 끌기 위해 의도적으로 문제를 일으킬 수도 있다. 자신의 뜻을 표현하고 싶을 때 그는 어떤 다른 사람의 뜻을 표현하는 것에 도전할 수도 있다. 거의 모든 부모들이 아이가 자기 뜻이나 독립성을 행사하기 위해서 사탕이나 그밖에 자기가 좋아하는 것을 거절하는 것을 경험하고 본적이 있다.

아동기는 인생의 대부분의 행동양식이 형성되는 시기이다. 권위를 존중하는 것, 순종, 타인의 권리를 존중하는 것, 정직, 인내, 절제, 공부하고 일하는 습관, 타인에 대한 배려, 개인적 만족이 모두 이 기간 동안 발달한다. 이 기간에 아이의 정신이 형성되기 때문에 부모들은 용납할 수 있는 행동과 용납될 수 없는 행동에 대한 모든 규칙을 세워주고 강화시켜주어야 한다.

아동기는 유아기와 다소 겹치기도 한다. 유아가 자기 의지를 행사하기 시작하면 그는 아동이라고 생각될 수 있다. 아이가 12세 혹은

13세에 이르면 바로 다음 발달단계인 청소년으로 넘어간다.

"청소년(youth)이란 용어는 12,3세에서 20세 사이의 기간에 해당한다. 이 기간 동안 개인의 인성이 발달한다. 자기의 정체성을 찾으려고 노력하면서 개인의 관심과 선호하는 것이 드러난다. 성적으로 성숙함에 따라 남성성 혹은 여성성이 두드러지게 된다. 그가 순종해야만 하는 규칙들의 이유를 알고 싶은 욕구가 가장 강력해지는 때가 이 시기이다.

청소년은 더 많은 특권을 누리게 됨과 동시에 책임도 계속 증가한다. 그는 한 개인으로 받아들여지고 인정받기를 원한다. 그는 자기가 존경할 만하고 동일시하고 싶은, 그래서 그 지도력에 따를 수 있는 사람을 찾을 것이다. 부모가 그의 사고에 가장 영향력 있는 사람이 될 수 있는 것도 이 시기이다.

부모가 아동기를 다루는 방식에 따라서 청소년은 부모의 가르침을 받아들이게 되거나 혹은 부모의 충고나 삶의 방식에 반항하고, 심지어 부모를 개인적으로 거부하게 될 수도 있다. 잘 훈련된 아이는 자신의 책임과 의무가 증가하는 것을 받아들이면서 스스로 절제를 하려 할 것이다. 아동기 때 부모의 통제하에 들어오지 않은 청소년은 부모나 학교 혹은 어떤 다른 강제력이 자신의 자유를 제한하려고 하면 더욱 격렬하게 반항할 것이다. 부모 위에 자신의 통제력을 세워놓은 청소년은 자기 중심성을 만족시키기 위하여 부모에게 더 큰 지배력을 행사하려고 할 것이다.

"성인"이라는 용어는 20세 이상의 남녀에게 적용되는 단어이다. 성경적으로 성인 남성은 20세에 병역, 납세 의무를 포함하여 하나님과 국가에 전적인 의무를 갖게 된다. 성인 여성은 결혼 때까지 아버지의 보호와 지도하에 있게 된다. 자녀 훈련이 끝나는 지점은 청소년기가 아니라 성인기인 것이다. 잘 훈련되어서 이제 성인이 된 청년은 계속 부모를 공경할 것이며 그 아내도 잘 훈련받은 태도를 보여줄 것이고 그럼으로 그들은 큰 기쁨을 누릴 것이다. 만일 자녀들이 부모의 성품과 지혜를 존경한다면 충고를 받기 위해 계속 부모를 찾아볼 것이다.

인생의 다양한 단계를 묘사하기 위해 사용된 성경적인 단어들로부터 연대기적인 도표를 그려볼 수 있다.

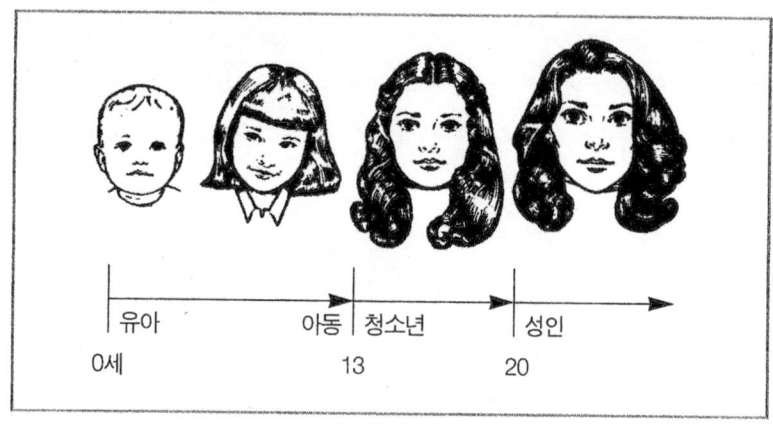

그림 8.1 성경적인 아동발달 단계

부모가 자녀의 발달 단계를 인식하는 것, 특히 "아동"과 "청소년" 단계를 인식하는 것은 다음에 기술한 "통제"와 "가르침"의 기능을 이해하는 데 도움이 될 것이다.

이 장에서 우리는 아이들이 순진무구하고 전적으로 환경에 의해 주조되는 백지가 아니라는 것을 알았다. 오히려 그들은 자신 안에 있는 매우 강력한 힘에 종속된 피조물이라는 것을 알며 따라서 우리는 자녀를 양육하는 데 확실한 원리를 세울 수 있다.

* 죄 때문에 인간은 현재 하나님이 원래 창조로부터 부패된 상태로 재생산되고 있다.
* 모든 아이들은 자율을 추구하는 독립의지를 갖고 태어난다.
* 모든 아이들은 그를 지배하고 전적으로 자기 중심적인 인간이 되게 하는 죄성을 소유하고 있다.
* 아이의 자연적 경향성이 죄성에 의해 통제되는 것을 억제하는 것은 부모의 책임이다.
* 아이들은 성경적으로 다양한 발달단계에 따라 설명된다. 각 단계들은 개별적인 특성을 갖는다.

아동의 본성을 이해하는 것은 부모가 권위의 중요성을 인식하는 데 도움이 된다. 그것은 또한 부모가 자녀를 훈련할 필요성을 이해하는 데 도움이 된다. 즉 처음엔 외적 통제를 하고 최종적으로는 스스로 절제하도록 가르치는 것이다.

성인기의 연령

많은 사람들이 법정 성인 연령이 왜 20세인지를 알고 싶어한다. 여기에 그 구절이 있다. 출애굽기 30:14, 민수기 1:3, 30, 그리고 14:29. 이 구절들은 국가의 인구 조사 시에 포함된 청소년은 군복무의 의무를 갖게 되고 세금을 내기 시작한다고 되어있다.

발달 단계와 관련된 훈련

아이가 "유아" 단계에 있는 동안에는 **안 돼! 만지지 마! 그만 해!** 라는 제한이 꼭 필요하다. 유아가 해로운 음식이나 위험한 환경(수영장, 길거리, 전기기구, 다리미판 등등)에 접근하지 못하게 하는 것은 적절한 자녀 훈련이라고 할 수 있다. 그러나 유아가 "아동" 단계에 접어들면 간단한 제한들은 가르침을 통해 이루어져야 한다. 즉 아이에게 하지 말라고 하는 이유를 설명해주면서 명령해야 한다. 경고 : 부모들은 순종을 훈련시키기 전에 가르치는 일을 해서는 안 된다.

모든 가르침은 일반적으로 아이의 순종이 이루어진 **후에** 이어져야만 한다. 특히 어린아이 때(2세에서 4세)에는 더 그렇다. 마지막으로 아이가 "청소년" 단계로 넘어갈 때에는 청소년의 지혜로는 해결할 수 없는 위험과 관련된 경우(잘못된 친구관계를 허용하지 않는 것, 이성과의 친밀한 상황, 기본적인 교육을 거절할 때 등과 같은)에만 제한이 필요하다. 청소년은 정상적으로 아동기 때 받은 훈육에 따라 행동할 것이 기대되어야만 한다. 이때는 성숙한 성인으로서 개인적인 책무성을 발달시키는 시간이다. 다음에 효과적으로 훈련하는 방법과 시기에 대해서 얘기할 것이다.

3가지 부정적인 특성들

자녀들은 세 가지 기본적인 죄성 중의 하나를 갖거나 혹은 이 세 가지가 조합된 특성을 갖고 태어난다. 지난 수년 동안 많은 부모들에게 강연한 후에 나는 만일 이러한 특성들이 자기 자녀들에게 해당되지 않으면 말해보라고 부모들에게 요청했었다. 해당되지 않는다고 말한 부모는 한 사람도 없었다. 심지어 아이(혹은 어른)들은 거짓말하고 (속이거나 조작하고), 훔치고, 속이고, 불순종하고, 잔인하기까지 하다. 나는 이 모든 죄들이 세 가지 특성에서 온다고 믿고 있다. 사실 죄의 대부분은 자기의 게으름을 감추거나 자기의 자존심을 보호하는 등 세 가지 큰 특성들을 숨기기 위해 발생한다.

다음의 내용들은 자녀들의 지배적이고 부정적인 특성들을 인식하는 데 도움이 될 것이다. 자녀들의 주요 약점을 극복하는 것을 도울 수 있도록 몇 가지 제안들이 주어졌다. 경고 : 이러한 특성들은 아이가 육체노동이나 공부 같은 하기 싫어하는 것을 하도록 도전할 나이인 약 6~8세 이전에는 일반적으로 인식할 수 없는 것들이다. 두 살짜리 아이는 이 세 가지 부정적인 특성을 모두 갖고 있는 것 같다.

Ⅰ. 나태함(게으름)

A. 증상들

일관된 기초 위에 자신의 능력을 제대로 사용하지 못하는 아이, 즉 할당된 임무를 완성하지 못하거나(반만 마치거나 어리숙한), 할 일을 잊어버렸다고 하며 변명하거나, 백일몽을 꾸고, 숨기기 위해 거짓말하거나 지적당하는 것을 피하기 위해 당신이나 개를 비난하는 아이.

주: 이러한 증후군을 보이는 아이들이 모두 게으른 것은 아니다. 강도 높은 훈련을 하기 전에 먼저 당신은 아이가 시각장애나 청각장애 혹은 영양문제나 수면문제(오늘날 많은 부모들이 자녀들을 밤 8시 30

분이나 9시가 지나서까지 재우지 않으면서도 정상적인 활동을 하기를 기대한다는 것은 놀라울 따름이다)가 있는지 아니면 자녀의 능력 이상으로 학교 숙제나 과업을 수행하도록 요구받고 있는지 검사해 보아야 한다. 예를 들면 만일 아이가 단지 3학년 수준의 읽기 능력이 있는데 숙제는 5학년 수준을 요구한다면 불합리한 것이다.

B. 처방

만일 당신의 자녀가 정말 게으르다는 것을 확인했으면 아이는 그러한 행동의 대가를 받을 것이다. 게으른 사람은 일하기 싫어한다. 그는 게으름이 결과적으로 더 많은 일을 하는 대가를 치르게 된다는 것을 배워야만 한다. 만일 당신의 아이가 잡초 깎는 일을 하는데 꾸물거린다면 보이는 부분은 다 깎으라는 식으로 처치할 수 있다. 만일 자녀가 뭐든지 적당히 하면서 잔 불평을 하고, 숙제도 반쯤 하다가 재미없다고 하면서 그만 두는 아이라면 깔끔하게 끝내보라고 요구할 수 있다. 아니면 더 많은 양의 쓰기 숙제를 추가할 수도 있다. 결과적으로 당신의 자녀는 게으름은 대가를 지불해야 한다는 것을 알게 될 것이다. 아니면 그는 당신의 권위에 노골적으로 대항할 것이다. 그때는 당신은 그 문제를 치유하기 위해서 적절한 압력을 행사할 수 있다. (반항과 체벌에 대한 장을 보라.) 물론 당신은 자녀가 자기 행동의 책임을 받아들인 후에는 게으름에 대한 하나님의 말씀을 가르쳐야만 한다.

II. 교만

정의: 자신의 중요성에 대해 갖고 있는 자기 기만·교만은 자신이 실제보다 더 낫고 중요한 사람이라고 생각하거나 아니면 실제보다 못하다고 생각하는 것이다. (거짓 겸손도 허세와 마찬가지로 교만이다.)

A. 증상들

외적—(자신이 하고 있는 일에 대한 개인적인 흥미나 자기만족을 위해서가 아니라 다른 사람들의 칭찬을 받기 위해서) 탁월성을 추구하는 과도 성취자. 이러한 아이는 다른 사람으로부터의 인정과 칭찬을 갈망한다. 완벽주의적인 아이는 강박적인 성취욕으로 인해 높은 지력을 갖는다. 여자아이들은 특히 (친척들이나 손님들, 전화 등) 다른 사람들이나 엄마의 일을 간섭하면서 관심을 끌려고 한다. 아버지들은 이러한 꼬마 여자들이 당신을 조작할 수도 있다는 것을 인식해야만 한다. 질투, 허영심, 내가 최고, 오직 나만, 자랑하기, 다른 사람을 조절하려는 욕망 등은 외적으로 드러나는 교만의 모습들이다.

잠재적—너무 쉽게 포기하는 미성취자는 평균 혹은 낮은 지력을 갖고 있으며, 경쟁하려고도 하지 않고, 자신에게 관심이 모아지는 것을 피하고, 시도하기도 전에 성공할 수 없다고 판단하며, 종종 게으른 아이처럼 보이기도 하지만 그렇지는 않다. 그는 자기보다 멋있게 보이는 다른 아이들이나 형제 자매들과 자신을 비교하면서 패배감을 갖는다. 푸념하며, 다른 사람들을 피하고, 집단 게임에 참여하려 하지 않고, 자신을 감추려는 것은 미성취자가 보이는 모습들이다.

B. 처방

과도 성취자나 미성취자나 모두 하나님의 계획과 능력 그리고 우리 각자를 받아주시는 하나님의 용납하심에 대한 가르침을 필요로 한다.

주: 심리학은 긍정적인 자기 이미지가 자신에 대한 초라한 태도를 치유하는 방법이라고 가르친다. 그러나 성경은 그리스도인의 목표는 그리스도의 모습을 닮아가는 것이어야 한다고 가르친다. (그 차이를 이해하기 위해서는 J. E. Adams가 쓴 자존감, 자기애, 자기 이미지에 대한 성경적 관점을 읽어보라.)

과도 성취자—아이가 칭찬을 요구할 때는 칭찬해주지 말아야 한다. 그런 아이가 당신에게 자기가 그린 그림을 보여 줄 때는 색깔이나 그림의 주제에 대해 코멘트할 수 있지만 아이의 멋진 기술을 칭찬하는 것은 피해야 한다. (완벽주의자가 되고 싶어하는 욕망을 부추기지 말아라.) 아이가 당신에게 잘 보이는 장소에 그림을 걸어달라고 요구할 때는 자기 방에 갖다 걸으라고 제안할 수 있다. 그런 아이가 어른들의 대화에 끼어들어 관심을 끌려고 하는 행동을 **절대로** 허용하지 말라. 그에게 예의와 절제를 가르치라. 아이가 형제자매들이나 다른 사람들에게 좋은 태도를 보였을 때 칭찬하라. 아이의 성취나 외모 같은 신체적인 것을 칭찬하지 말고 인내와 같은 태도에 대해 칭찬하라. 아이가 칭찬을 기대하지 않았을 때는 칭찬하려고 하라. 자만심을 키우지 말라. 그것은 만족시킬 수 없는 것이다.

주: 자기 중심성을 치유하는 훌륭한 요법은 다른 사람들을 섬기도

록 하는 것이다. 편안한 가정을 만드는 데 자원해서 돕는 것, 즉 형제자매의 잠자리를 만들어 준다든가 그들을 씻겨주는 일은 이러한 태도를 바꾸는 데 도움이 될 수 있다.

미성취자—이러한 아이는 과도 성취자가 요구하는 칭찬과 관심이 모두 필요하지만 자신은 결코 그것들을 요구하지 않는다. 이러한 아이들의 노력, 결과가 아닌 노력을 인정하고 상을 주는 방법을 찾아보라. 그를 정직한 관심으로 세워주라. 그의 노력들은 작은 성공일지라도 개별적으로 칭찬을 받아야 한다. 당신은 그의 특별한 관심 영역을 찾아서 그로 하여금 그 일을 하면서 자주 성공을 경험하도록 할 수 있다. 그는 자기의 성실한 태도와 자발성과 겸손이 받아들여질 것이라는 것을 배워야 한다. 즉 자기의 성공이 다른 사람들과 비교되지 않으면서 받아들여진다는 것을 배워야 한다. 그는 있는 모습 그대로의 자신이 받아들여진다는 것을 배울 필요가 있다.

III. 고집

정의: 자율적이 되려는 충동, 그리고 할 일과 할 시기와 할 장소에 대해 다른 사람들이 지시하는 것을 거부하는 것.

A. 증상들

외적—고집은 권위자 혹은 권위적인 통치에 대해 오만하고 건방진 태도와 끊임없는 도전으로 나타난다. 그의 목표는 자신을 높이는 것이며 당신은 그것을 견뎌야 하는 것이다. 주된 표시는 반항하는 태도이다.

잠재적—(수동적 반항)—고집은 명령자의 의도를 살짝 지나치게 행동하거나 권위의 혼동과 파괴를 야기시키기 위해 부모를 조작하는 등의 순종의 대체물을 주는 것(쓰레기를 치우라고 했는데 꽃을 갖다주는 것)으로 감추어진다. 자기의 그릇된 행동이 지적되면 이러한 아이는 매우 논쟁적이 되어서 개인적인 어떤 의무로 받아들이지 않으려고 한다. (표시: 발각이 되면 논쟁적이 되고 자기의 불순종에 대해 당신을 비난하려 하거나 다른 사람들을 비난하려고 하며 뾰루퉁해진다.)

B. 처방

1. 자세한 교훈을 주어라. (당신은 그것을 적어서 붙이고 필요하다면 아이들이 읽고 사인하도록 할 수 있다.) 결과에 대해 경고하는 것은 황소 앞에서 깃발을 흔드는 것과 같다. 아이가 당신의 성격을 테스트하기를 고대하라. 그는 그렇게 할 것이다. (갈등은 올바른 자녀 훈련을 할 때 자연스럽게 발생한다.)

2. 고집 센 아이가 불순종하면 그를 꾸짖고(그가 잘못했다고 말하라.) 만일 바로 책망을 받아들이지 않으면 신체적인 체벌을 하라. (반항과 체벌에 관한 장을 보라.)

본서는 이러한 어려운 아이들을 훈련시키는 방법도 다룰 것이다.

주

19) 히브리어 shalach는 "발송하다, 몰다, 쫓다"인데 여기서는 피엘형으로 "보낸다"는 의미이다. 이 단어는 또한 둥지에서 "내몰리거나 쫓겨난" 어린 새를 묘사하는 데 쓰인다(사 16:2).(Ibid)
20) 히브리어 kahah는 "희미한, 가냘픈, 억제하다"인데 여기서는 부정진행 피엘형으로 "억제하지 않았다"는 뜻이다.(Ibid)

제멋대로인 요즘 아이, 말씀으로 양육하라
What the Bible Says About Child Training

제3부
훈련하기
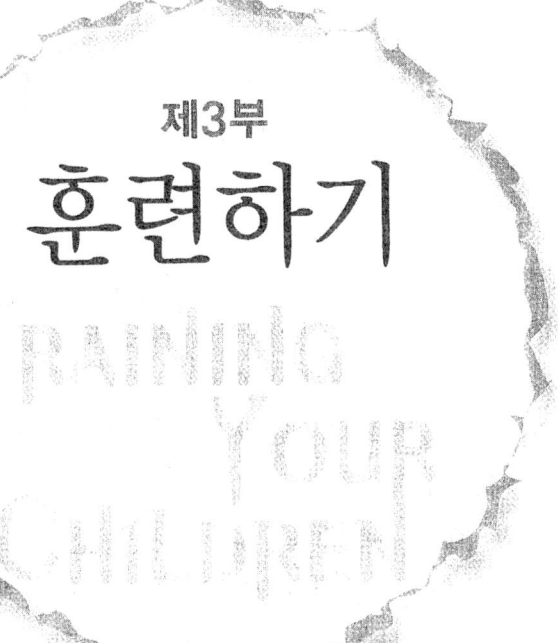
Training Your Children

훈련이란 무엇인가?

부모는 자녀를 효과적으로 훈련시키기 전에 훈련이 의미하는 것을 정확히 알아야만 한다. 훈련이란 "훈련받는 사람이 그 훈련의 결과를 보여주도록 의도된 과정"을 의미한다.[21]

따라서 자녀 훈련은 아이로 하여금 훈련받은 목표에 도달하도록 부모가 사용하는 과정이다.

식물의 성장을 훈련한다는 것은 마치 격자틀처럼 예정된 길을 따라 자라도록 하는 것을 의미한다. 운동선수를 훈련하는 것은 그가 운동시합에 적합한 선수가 되게 하는 것, 특히 우승자가 되게 하는 것을 의미한다. 동물을 훈련하는 것은 경주나 일과 같은 어떤 기능을 성취하도록 하는 것이다. 어떤 기술로 사람을 훈련하는 것은 그런 기술의 숙달자가 되도록 하는 것이다.

각각의 경우에 그 주체가 훈련과정이 의도한 결과를 실제로 얻지 못했다면 훈련은 이루어지지 않은 것이다. 훈련은 단지 가르침의 과정이 아니다. 긍정적인 결과가 나오지 않았으면 훈련은 이루어진 것이 아니다. 만일 식물이 격자틀을 따라 자라지 않았으면, 선수가 잘하지 못한다면, 동물이 행동을 하지 않는다면, 피훈련자가 과업을 행할 수 없다면 훈련은 성취된 것이 아니다.

부모는 기대하는 것을 자녀에게 단지 말하는 것만으로 훈련하지 못한다. 만일 자녀가 배운 것에 따라 스스로 할 수 있는 지점에 실제로 도달하지 않았다면 그는 훈련된 것이 아니다. 부모들은 "나는 왜 그가 그렇게 돼버렸는지 이해하지 못하겠어. 나는 늘 옳은 것을 말해주었는데."라고 편하게 말할 수는 없을 것이다. 말하는 것은 훈련하는 것이 아니다.

단순히 좋은 가정환경에 노출시키는 것 또한 훈련이 아니다. 도덕적 분위기 가운데 자라는 것도 자녀가 부모의 기준을 따를 수 있다는 보장이 되지 못한다. 수많은 사역자들을 포함하여 수많은 도덕적인 부모들도 이것을 증명할 수 있을 정도로 비도덕적이고 반도덕적인 자녀들을 키워왔다. 자녀가 자기들의 기준에 따르기를 기대했지만 훈련시키지 않은 부모들은 종종 자녀가 부모의 잘못을 지적하고 좋다고 생각한 부모의 생활방식을 거절하는 상황에 직면하여 충격을 받는다.

크리스천 부모들은 자녀들을 단지 교회나 크리스천 학교에 보내면 따로 훈련할 필요가 없을 것이라고 잘못 생각할 수 있다. 성경을 가르치는 교회나 좋은 기독교 학교가 부모를 도와줄 수는 있으나 그것들이 부모의 역할을 대신하여 자녀를 훈련시킬 수는 없다. 교회나 학교가 진짜 효과적일 수 있기 전에 부모가 자녀를 권위에 순종하고 존중하도록 훈련시키는 것이 필수적이다.

자녀를 기르는 것이 훈련은 아니다. 식물이나 동물은 길러진다. 어떤 것을 기르는 것은 자라게 하는 것이다. 자녀를 기르는 것은 단지 그가 신체적으로 성장할 때까지 먹이고, 입히고, 보호하는 것일 수 있다. 오늘날 대부분의 부모들이 단지 자녀들을 '기르기만 한다'는 것이 사실이지만 기르는 것은 하나님이 의도하신 영혼을 훈련하는 것과는 다르다.

만일 당신의 자녀가 순종적이 되어 하나님의 기준을 기꺼이 받아들이기를 바란다면 당신은 그러한 결과를 얻도록 하나님이 마련하신 과정을 사용해야만 한다. 성경적인 자녀 훈련은 자녀가 자기의 본성에 따라 자라도록 홀로 내버려졌을 때 자연적으로 발달하는 것과는 질적으로 매우 다른 특성을 갖게 한다. 하나님의 말씀은 부모들이 자녀의 본성을 변화시킬 것을 명령한다.

부모들은 자기 자녀들을 훈련해야만 한다.

잠 22:6 "마땅히 행할 길을 아이에게 가르치라 그리하면 늙어도 그것을 떠나지 아니하리라"

여기서 '가르치다' (우리말 번역은 '가르치라'로 되어있지만 영어 번역은 '훈련하라'로 되어있음: 역자주)라고 번역된 히브리 단어는 그것이 나오는 모든 문장에서 '바친다, 봉헌한다'로 번역되었다. 봉헌한다는 것은 '새롭게 하다, 개시하다, 시작하다'를 의미한다.[22] 부모들은 자녀를 어떤 방향으로 출발시키고 시작하도록 하나님의 명령을 받고 있다. 자녀들은 죄성이 끄는 데로 이끌려서는 안 되며 새로운 길로 나아가야만 한다. 봉헌은 단 한 번으로 끝나는 것이 아니고 훈련의 전과정을 통해 이루어진다. 이러한 훈련의 결과 새로운 길이 아이의 삶의 길이 되어야 한다. 이러한 훈련이 몸에 스며들면 자녀는 자라서 성인이 되더라도 그 길을 떠나지 않을 것이다.

훈련에 해당하는 히브리어의 고대 어원은 '좁게 만들다', 그리고 심지어는 '억압하다, 질식시키다'는 의미이다.[23] 다른 말로 하면 부모들은 자녀들이 가야 할 길을 제한해야만 한다. 이 구절에서 기술한 아이는 발달 단계 중 13세 이하의 '아동기'에 해당한다. 부모들은 아이가 자신의 생활방식을 선택하도록 기다려서는 안 되며 이른 시기부터 바른 길로 가도록 해야 한다. 이러한 방향제시는 아이의 조건이나 개인적 선호를 강제하는 것을 의미하는 것이 아니라 하나님의 기준에 맞는 삶의 방식을 지시해 주는 것이다.

아이의 본성을 제한하는 것이 자녀 훈련의 모든 것이 아니다. 그러나 본성이 통제되기까지는 긍정적인 훈련이 있다고 해도 미미할 것이다. 부모들은 자녀들의 내적인 통제력이 발달될 때까지 자녀에 대한 외적 통제자의 역할을 해야만 한다. 부모의 역할은 자녀의 일생을 통제하는 것이 아니고 오히려 가능한 한 빨리 그것을 넘어야 한다.

부모에게 순종하도록 훈련된 아이는 부모의 권위적인 지위를 존경할 것이며 따라서 부모의 교훈을 잘 받아들일 것이다. 그러면 부모는 아이에게 정신적 성숙도에 맞는 지적 교육뿐 아니라 도덕적 가치와 좋은 태도를 가르칠 수 있다. 순종하는 자녀들의 부모들은 그들이 소유하고 있는 좋은 것은 무엇이든지 심지어 나쁜 것조차도 가르칠 수 있는 위치에 서게 된다. 그러므로 교사로서 부모는 가르치는 것에 대한 두려운 책임을 지고 있는 것이다(약 3:1).

위험이 존재한다 : 사실로 실증될 수 없는 어떠한 가르침도 진리와

이성을 탐구하는 청년기의 아이에 의해 거부될 수 있다. 그러므로 증명할 수 없는 가르침뿐 아니라 증명할 수 있는 가르침도 거부될 수 있다는 위험이 있다. 이것이 청년들이 성경적 실체에 확고히 기초하지 않은 독선적이고, 종교적인 가르침을 거절하는 주된 이유 중의 하나이다.

부모는 바르고 참된 것만을 알고 가르쳐야 한다는 것이 중요하다. 물론 성경은 모든 영적, 혼적 지식의 궁극적인 원천이다. 그래서 자녀에게 삶의 바른 길을 가르치려는 부모는 하나님이 인간에게 주신 기준을 가르쳐야 할 것이다.

부모는 자녀들에게 하나님의 말씀을 가르쳐야 한다.

> 신 6:6-7 "오늘날 내가 네게 명하는 이 말씀을 너는 마음에 새기고 네 자녀에게 부지런히 가르치며 집에 앉았을 때에든지 길에 행할 때에든지 누웠을 때에든지 일어날 때에든지 이 말씀을 강론할 것이며"

부모는 자녀에게 하나님이 인간에게 계시하신 모든 것을 가르칠 것을 명령받고 있다. 여기서 '가르치며'라고 번역된 히브리 단어는 '되풀이하여 가르쳐서 주입하는 것'을 의미한다.[24] 그것은 하나님의 기준을 아이에게 반복해서 철저하게 가르치는 것을 말한다. 이러한 가르침은 일관성 있는 기초 위에서 매순간 이루어진다는 것을 인식하라. 훈련은 바라는 결과가 이루어질 때까지 지속되는 과정이다. 적극적인 가르침은 그것이 아이의 본성적인 경향성과 반대되기 때문에 계속 반복되어야만 한다. 이 구절들은 또한 부모들이 자녀들을 적절히 가르치기 위해 하나님의 말씀을 알아야 한다는 것을 보여준다. 만일 당신이 자녀에게 올바른 생활방식을 가르치려면 당신은 먼저 그것이 무엇인지 알아야만 한다.

7절에서 '자녀'라고 번역된 단어는 특정 연령을 지시하는 것이라기보다는 가족관계를 강조하는 것이다.[25] 다른 말로 하면 부모는 자기 자녀를 가르칠 책임이 있다는 것이다. 교회나 학교가 할 수 있는 것은 자녀를 하나님의 말씀으로 가르치는 것의 중요성을 부모에게 알려주는 것이다.

하나님은 방금 배운 것과 유사한 단락에서 가르침에 대해 다른 단어를 사용하신다(신 4:10; 11:19). 이 구절에 사용된 히브리 단어는 '강력한 기술로 가르치는 것'을 의미한다.[26] 그것은 전쟁을 위해 군사를 훈련시키는 것을 묘사할 때 사용하는 단어와 동일한 것이다. 이 단어는 가축이나 황소를 자극하는 데 사용되고, 동물의 가죽을 관통시킬 정도로 딱딱하고 날카로운 곤봉을 뜻하는 단어에서 파생되었다. '자극하다'는 단어가 자녀 훈련에 관련된다는 것을 암시한다. 부모는 자녀의 주의를 집중시키고 가야 할 방향으로 가도록 하기 위해 때때로 날카롭게 꾸짖어서 자녀를 자극해야 할 필요가 있다.

결론적으로 자녀 훈련은 자녀가 훈련 목표에 도달하도록 부모가 사용하는 과정이다. 그 과정은 자녀가 자연적인 죄성을 따르지 않도록 하고 그에게 바른 삶의 길을 가르치는 것을 포함한다. 바라는 목표는 자녀가 하나님의 말씀을 배우고 그 말씀이 평생토록 자녀를 인도할 수 있게 되는 것이다.

적절한 자녀 훈련의 반대는 무엇인가? 부모들이 하나님의 목표에 도달하도록 자녀를 훈련시키지 않을 때 그들은 어떤 함정에 빠지게 되는가? 다음 장에서 부정적인 훈련의 문제를 다룰 것이다.

잠언 22:6에 대한 주석

성경학자들은 최근 몇 년 동안 이 구절에 대한 여러 가지 해석을 제시하였다. 어떤 이는 그것이 부모에 대한 실제적인 약속이 아니라 단지 부모가 최선을 다하면 자녀들은 잘될 것이라는 가능성을 의미한다고 한다. 나는 이렇게 해석을 하는 이유가, 선하고 도덕적인 크리스천 부모 아래서도 가끔 타락한 아이들이 있다는 사실 때문이라고 생각한다. 그러나 개인적인 경험은 건전한 교리의 근거가 되지 못한다. 성경만이 성경을 해석하며, 우리는 잠언 22:6이외에도 그것을 분명히 하는 다른 많은 구절들을 가지고 있다. 좋은 부모가 되면 좋은 결과를 가져온다(잠 29:17; 31:28). 반면에 좋지 않은 부모가 되면 좋지 않은 결과를 가져온다(잠 17:21; 29:15b; 삼상 3:13). 이러한 구절을 변경시키려는 시도가 이미 고집스럽게 자란 자녀를 둔 사람들을 위로하려는 진지한 열망 때문에 이루어진 것 같다.

이 구절에 대한 다른 해석은 : "활이 굽은 방식으로 자녀를 훈련하라"(혹은 자녀의 개인적인 재능을 살려주라)이다. 이러한 해석은 더 나아가 부모들은 자녀의 나이와 기질(인성과 정서적 태도)과 유전적 특성에 따라 훈련을 조정할 필요가 있다는 것을 의미한다. 이러한 해석은 성경적 실체가 없으며 상식적으로도 우리는 자녀들의 독특한 차이를 이해해야 한다는 것을 안다. 의심할 여지없이 자녀들은 그들의 정신적, 정서적 성숙도(연대기적 나이는 부정확한 지표이다)에 따라 적절하게 배워야만 한다. 그러나 모든 아이들은 억제되어야만 하는 죄성을 가지고 있다. 그리고 모든 아이들은 삶에 대한 하나님의 기준과 원리인 그 도를 따르도록 지시되어야 한다. 비록 각각의 아이들은 죄성(7장의 저자주를 보라)이 표현되는 방식에 있어서 다양하지만 모든 연령대에서 모든 아이들은 그들의 기질이 어떠하든지간에 이 책이 가르치는 동일한 원리에 의해 훈련되어야만 한다.

이 난해구절에 대해 성경 연구 재단(FBR)이 한 가장 정확한 번역은 "당신이 어린아이를 그의 길에 따라 봉헌하면(그에게 삶의 바른 길을 소개하고 참여시키는 것) 진실로(강조적으로) 그가 어른이 되었을 때 그 길에서 일탈하지 않을 것이다" 이다. 이 구절은 분명한 약속이다. 부모들은 자녀를 그의 기질이나 재능에 따른 길이 아니라 하나님이 기뻐하시는 삶-성경적 자녀 교육의 목적인-의 특정한 길로 자녀를 인도해야만 한다.

간증

론(십대인 나의 아들)과 나는 완전히 반대였다. 나는 운동선수이자 대중 강연가이며 사업 지도자이고 개성이 매우 강한 사람인 반면, 론은 비활동적이고 조용하고 광범위한 호기심을 가진 학구적인 아이였으나 인생의 분명한 목표가 없었다. 그는 나중에 자기 엄마와 나에게 아이로서 "진짜" 사나이에 대한 자신의 관점은 아빠와 같이 되는 것이었다고 말했다. 그러나 자신이 아빠를 조금도 닮지 않은 것을 알았다. 그러면 그가 어떻게 엄마의 사랑을 얻고(왜냐하면 엄마는 아빠를 무척 사랑했다) 아빠의 존경과 인정을 얻을 수 있었을까? 우리는 그 당시에 이 책에 있는 내용을 배우지 못했었다. 특히 어린 성인에 대해서. 그래서 우리는 아들이 겪고 있는 충격에 대해 너무도 무지하였다. 이러한 무지로 인해 우리는 아들이 열 일곱 살 때 마침내 더 이상 아빠를 닮고 싶지 않다고 말했을 때 마음에 큰 고통을 겪었다. 아들은 집을 떠났고 (배운 것이 아니라) 훈련받은 기준을 거절하기로 했다. 그의 세상 친구들은 지금도 그를 깔끔씨라고 부르지만 그는 자기 양심에 거스르는 많은 일들을 했다. 마침내 스물 다섯 살 때에 하나님은 그가 카—라디오에서 흘러나오는 돈 프란시스코의 노래를 듣고 있을 때 그의 의지를 꺾으셨다. 주님께 찬양을!

론이 훈련받은 생활방식으로 돌아왔을 때 그는 이전에는 생각할 수 없었던 태도로 하나님께 헌신하였다. 그가 후에 우리에게 남긴 가장 의미 있는 말 중의 하나는 "나는 당신(엄마와 아빠)께 반항하고 있다고 생각했는데 실제로는 하나님께 반항하고 있는 것이었다"는 것이다. 론은 내가 아는 가장 성숙한 크리스천 남자 중의 하나가 되었다. 그는 원리를 매우 존중하고, 열심히 일하는, 능력 있는 남자이다. 그는 컴퓨터 프로그래머이며 부서 관리자이며 자기 아들을 홀로 키우는 아버지이다. (론의 아내는 전에 자기 아버지에게 한 것처럼 자기 남편을 버렸다.) 그는 강한 남성이며 우리는 지금 우리 중 누구도 생각할 수 없었던 만큼 그가 나를 닮았다고 농담한다. 그는 한 남자이고 나는 그를 내 아들이라고 부르는 것이 매우 자랑스럽다. 잠언 22:6은 하나님의 약속인가? 내 아내와 나에게는 분명히 그렇다!

10장
부정적인 훈련

비록 당신이 하나님의 기준에 따라서 가르치고 있지는 않더라도 부모로서 당신은 항상 자녀를 훈련하고 있는 것이다. 당신이 다스리는 자리에 있다는 것만으로도 자녀들은 옳든 그르든 간에 당신으로부터 지시를 받을 것이다. 부모가 허용하거나(태만에 의한 훈련) 무의식적으로 가르치는 것(분명히 소극적인 훈련)만으로도 자녀의 행동에 대한 기준을 세우는 것이다.

만일 아이가 무례하고 남을 배려할 줄 모르며 이기적이라면 그는 그런 식으로 훈련되어 온 것이다. 만일 아이가 게으르고 나태하고 불손한 말썽꾸러기라면 그는 그런 식으로 훈련된 것이다. 이런 부정적인 특성들을 자녀들에게 의도적으로 훈련시키는 부모는 없을 것이다. 그러나 부모들의 방임은 자녀의 자연적인 성향을 강화시키기 때문에 결국 이러한 바람직하지 못한 행동을 하는 자녀로 훈련시킨 것이라고 할 수 있다.

부모가 아무 것도 하지 않으면 자녀는 자기가 하고 싶은 것은 무엇이든지 해도 좋다는 식으로 훈련되는 것이다. 이것은 태만에 의한 부정적인 훈련인 것이다.

태만에 의한 부정적인 훈련

부모가 자녀의 부정적인 행동 특성들을 모른 척하고 지나갈 때 그들은 자녀를 훈련시키고 있는 것이다. 모든 부모들이 어느 정도는 그렇게 한다. 우리는 모두 우리 삶의 어떤 부분의 결점은 잘 보지 못하는 맹점을 갖고 있다. 이러한 영역은 자녀에게 나타나는 동일한 문제를 훈련시키지 못하는 장애가 될 수 있다. 식탁 예절이 좋지 못한 부모는 자녀의 나쁜 식사 습관을 인식하고 바로 잡아주기가 쉽지 않을 것이다. 다른 사람들을 험담하는 부모는 자녀의 그러한 기질을 깨닫고 교정하기가 어렵다. 자녀들의 부정적인 기질들을 교정하는 것이 부모인 자기 자신을 정죄하는 것이 되어버리는 그런 행동을 하기는 쉽지 않다. 부모는 바른 행동의 원리들을 가르칠 수 있지만 그 가르침이 자신의 실제 모습과 반대된다면 그러한 기준을 집행할 수 없을 것이다.

반대로 맹점의 영역에서 지나치게 비판적이 될 수도 있다. 자녀는 이러한 위선적인 태도를 거부할 것이고 부정적인 훈련을 초래할 것이다. 당신은 결국 자신의 삶의 모습과 일치하는 기준들만을 훈련시킬 수 있을 것이다.

부모가 자기의 삶의 기준조차 자녀들에게 강제하지 않을 때 태만에 의한 훈련이 이루어진다. 이러한 실패는 부모가 자기 자신의 문제에 바빠서 자녀들을 계속해서 교정해 주는 일에 짜증을 내거나 단순한 게으름 때문일 수도 있다. 정상적으로 교정시켜주어야 하는 자녀의 잘못된 행동들을 그냥 지나치는 경우가 얼마나 자주 있는가? 훈련은 일관성이 있어야 한다. 당신이 더 일관성이 있을수록 자녀는 더 빨리 훈련될 것이고 그를 교정시켜야 할 필요성은 점점 줄어들 것이다.

교정을 다른 사람에게 떠맡길 때도 태만에 의한 훈련이 이루어진다. 아버지가 직접 자기 앞에서 교정이 필요한데도 어머니에게 훈련을 전가할 때 이런 일이 일어난다. 아버지가 자녀를 교정시키려고 하는데 어머니가 못하게 하기도 한다. 부모가 함께 서로 강화하는 것이 자녀에게는 매우 유익하다. 어떤 경우에도 양 부모 모두 자녀를 일관성 있게 훈련시켜야 한다. 만일 부모 중 한 명만 자녀를 훈련하려고 한다면 한 명만 그렇게 해야 한다.

부모들은 교사나 보모 혹은 특히 큰아이에게 훈련의 책임을 맡기어 의존하지 않도록 조심해야 한다. 큰아이는 많은 어려운 집안 일을 잘 도와줄 수 있지만 그에게 작은아이를 교정시키는 일이나 훈련하는 책임을 맡기면 안 된다. 큰아이에게 부모의 책임을 위임하면 아이들간에 긴장이 생길 뿐 아니라 역할의 혼동과 반항이 생길 수 있다. 하나님이 특별하게 권위를 위임한 한 사람만이 그 위치에서 권한을 행사해야만 한다. 하나님은 자녀 훈련의 책임을 **오직 부모에게만** 맡기셨다.

◎ 명백한 부정적 훈련

태만에 의한 부정적 훈련보다 더 끔찍한 것은 명백한 부정적 훈련이다. 이러한 형태의 훈련은 부모가 부정적인 행동 유형을 자녀들에게 실제로 훈련시킬 때 발생한다. 이러한 부정적인 특성들은 부모로 하여금 긍정적인 훈련을 성취하지 못하게 한다. 그것들은 자녀가 학교나 교회, 직장 등 집 밖에서 교육받는 능력에 영향을 준다.

명백한 부정적인 훈련은 자녀들이 부모의 훈련에 어떻게 반응하게 하느냐에 의해 이루어진다. 다음과 같은 예들이 부모가 자녀를 훈련할 때 허용해서는 안되는 상황들이다.

1. 아이는 순종하기까지 두세 번의 명령이 반복되어야 한다는 생각이 들도록 훈련될 수 있다. "죠니야, 장난감 좀 치웠으면 좋겠다." 죠니는 꼼짝하지 않고 그 명령을 무시하고 계속 놀고 있다. (그는 놀고 싶기에 부모의 명령대로 하고 싶지 않은 것이다.) 잠시 후 부모는 명령이 수행되지 않은 것을 알게 된다. "죠니야, 그만 놀고 장난감 치우라고 말했잖니. 듣고 있니?" 죠니는 훈련된 상태에 따라 대답을 할 수도 있고 안 할 수도 있다. (당신의 자녀는 명령을 듣고 이해하였다는 것을 당신이 알도록 당신의 명령을 깨닫는 훈련이 되어있어야 한다.) "네, 선생님" 혹은 "네, 엄마"와 같이 **올바른 태도로 대답하는** 반응은 자녀가 당신의 명령을 들었다는 것을 알려줄 뿐 아니라 자녀에게 적절한 존경심을 개발시키는 데도 도움이 될 것이다.

만일 죠니가 반복된 명령에만 반응하도록 배운다면, 그는 순종하기까지 적어도 한 번 이상 명령이 반복되기를 기다리는 훈련을 받고 있는 것이다. 부모가 오히려 자녀들에 의해 훈련되는 것이다. 만일 자녀가 첫번째 명령을 아무 탈 없이 무시할 수 있다면 그는 반복된 명령에 대해서도 무시하려고 할 것이다. 그는 아마도 명령이 반복되는 중간에 부모가 잊어버린다는 것을 경험했을 것이고 그래서 명령을 피하려고 할 것이다.

2. 자녀는 암시적이든(격앙된 목소리) 명백한 체벌이든 위협이 동반된 명령에만 순종하도록 훈련될 수 있다. "죠니야, 장난감을 치우라고 벌써 10분 전에 말했지." 부모는 아이가 이미 첫번째 명령을 무시한 후라서 목청을 높여 소리지를 수도 있다. 목소리가 높아지고 위협이 느껴질 때만 순종해야 한다고 죠니는 배우게 된다. 순종은 "들은 대로 하는 것"이다. 그것은 위협에 대한 반응을 의미하는 것이 아니다.

3. 자녀는 반복되거나 위협이 수반될지라도 명령을 무시하는 것이 훈련될 수 있다. 명령을 완전히 무시하는 것이 허용되는 것은 실제적으로는 불순종을 훈련하는 것이다. 이러한 일은 부모가 명령을 문제삼을 때 발생한다. 종종 자녀는 한 쪽 부모의 명령에는 즉각 반응하려고 하지만 다른 한편에서 주어진 명령은 무시하려고 한다. 이런 일은 자기의 명령을 강요하지 못하는 부모, 특히 아버지에게 모든 강요를 떠넘기는 어머니에 의해 발생한다. 또한 부모 중 한 명이 자녀를 편애할 때 이런 일이 발생한다. 부모는 각각 자녀들을 다스리는 자신의 권리를 개별적으로 세워야 한다.

부모가 "그것 좀 해라, 그렇지 않으면"이라고 자녀를 위협한 다음에, "그렇지 않으면"을 거의 행하지 않으면, 그 자녀는 부모의 말이 가치 없다고 생각하도록 훈련되는 것이다. 이런 식으로 훈련된 자녀는 다른 권위자들의 말도 의심할 것이다. 그는 어떤 사람의 말도 부모의 말보다 더 낫다고 생각하지 않을 것이다. 그가 "아들을 순종치 아니하는 자는 영생을 보지 못하고 도리어 하나님의 진노가 그 위에 머물러 있느니라"(요 3:36b)라는 하나님의 말씀을 들을 때 과연 그것이 단지 또 하나의 공허한 위협이라고 생각하지 않겠는가? 자녀가 처음으로 하나님을 인식하는 것은 그의 부모를 통해서이다. 부모는 자녀를 순종하고 존경하는 자로 훈련시키도록 하나님이 세우신 권위자들이다.

만일 실천에 일관성이 없으면 자녀는 불순종하는 게임을 하려고 할 것이다. 강요가 없는 최소한의 기회만 있으면 아이는 러시안 룰렛게임(요행을 바라는 위험한 놀이)을 하려고 할 것이다. 아무튼 아이들이 어떻게 해서든지 자기 뜻대로 하고, 자기 욕망을 채우려고 하는 것을 보면 놀라울 뿐이다. 주방에 들어가서 손에 과자통을 들고 있는 자녀를 잡고 물어본 적이 있는가? "죠니야, 무슨 과자를 가져가는 거니?" 아이는 한 웅큼을 잡고 있으면서도 "아니오"라고 대답한다.

4. 자녀는 모든 설명에 질문하고 논쟁하도록 훈련될 수 있다. 자녀는 처음부터 부모의 명령에 즉각적으로, 설명 없이도 바로 응답하도록 배워야만 한다. 부모가 자녀를 위험에서 즉시 구할 때 이런 형태의 반응이 그의 아이를 구할 수 있고 적어도 피해를 막을 수 있다.

부모는 자녀에게 명령에 대한 설명을 해줄 의무가 없다. 자녀들은 부모의 말에 동의하는 것은 말할 것도 없고 부모가 왜 그렇게 하길 원하는지를 알 필요가 없다. 부모는 자녀의 권위이며 자녀에게 명령할 권리가 있다. 자녀들이 부모에게 명령을 설명해 달라고 요구하게 되면 부모의 권위는 침해되고 자녀가 부모에게 응답하는 것이 아니라 부모가 자녀에게 응답하게 된다. 자녀가 의문 없이 순종하는 것을 배우기까지는 먼저 설명하지 않는 것이 더 좋다. 만일 이유를 설명할 필요가 있다고 생각하면 그가 순종한 **후에**만 그렇게 하라.

    부모의 명령에 질문하는 것이 허용된 영리한 아이들은 문제를 복잡하게 만들며 순종하지 않을 것이다. 그는 심지어 부모의 말을 되받아칠 것이다. "그러나 아빠(혹은 엄마)가 말하기를…" 부모가 권위를 사용할 때 실수할 수도 있지만 부모를 교정하는 것은 자녀의 책임이나 권리가 아니다. 자녀가 말을 되받아 하고 자기 주장을 하게 하면 부모는 그 대가를 지불해야 한다. 자녀들은 부모가 자기 삶에 끼어들지 못할 정도로 괴롭게 하여 부모는 결국 그를 그대로 내버려두게 된다. 자녀들이 자기 주장을 하도록 내버려둔 많은 부모들이 그렇게 되었다. 그들은 처음에 허용한 싸움에 지쳤기 때문에 자녀들을 맘대로 하도록 내버려두게 되었다.

5. 어떤 자녀는 자기가 순종할 시간을 결정할 때까지 기다리게 부모를 훈련시키기도 한다. 이런 행동은 순종이 아니라 어린 소녀들(그리고 이런 방법이 통한다는 것을 아는 큰 소녀들도)이 가장 자주 사용하는 교묘한 반항이다. 남자아이는 노골적으로 반항하는 경향이 있지만 여자아이는 소극적인 반항의 방법으로 자기의

의지를 표현한다.

  부모가 자녀에게 어떤 것을 하라고 했는데 그가 "잠깐만요"라고 대답하면 부모는 자녀의 시간을 기다리는 훈련을 받고 있는 것이다. 자녀는 "당신의 뜻이 나의 뜻이 될 때 당신의 뜻을 따르겠습니다"라고 말하는 것이다. 어머니가 딸에게 설거지하라고 하는데 "네, 엄마"라고 대답한 후 30분을 기다리게 하였다. 그 딸은 대답한 후에 실제로 그 일을 할 수도 있고 엄마가 다시 물어볼 때까지 기다리는 것일 수도 있지만 그러나 그 딸은 웃으면서 "나는 내 방식대로 해요"라고 말하는 것이다. 그 딸은 의도적으로 그 명령을 지체시킴으로써 그 상황을 조절하고 있는 것이다.

  '천막 안의 낙타머리'는 반항에 대해 다소 적절한 비유가 된다. 아이가 자신의 몫을 협상할 때 그런 문제가 생긴다. 예를 들면 부모가 아이를 잠자리에 내려놓고 아래층으로 내려간다. 아이는 곧바로 살금살금 기어내려온다. 부모는 부드럽게 웃으면서 껴안아 준다. 마음 약한 부모는 자녀에게 조용히 하면 함께 있어도 좋다고 말한다. 낙타는 조금씩 천막으로 들어온다. 처음엔 머리, 다음엔 어깨, 그리고 어느새 몸 전체가 천막 안으로 들어온다. 당신의 규율을 깨뜨림으로 인해 수동적인 반항이 당신의 천막을 휘젓는 일이 없도록 하라!

  수동적인 반항은 자녀가 순종하기 전에 부모에게 어떤 조건을 들어주도록 할 때 발생한다. 그러한 조건은 엄마가 "만일 장난감을 치우면 멋진 것을 주마"라고 말하는 것 같은 형태이다. 매우 빈번히 순종의 조건은 부모의 명령이 수행되는 것을 돕는다. "엄마가 네 장난감 치우는 것을 도와줄까" 이런 엄마는 자녀가 후에 선생님의 말을 듣지 않을 때 자녀의 숙제를 해줄 것이다. 부모는 자녀가 책임지고 해야 할 일을 절대로 대신 해주어서는 안 된다. 부모는 아이가 해야 할 것을 분명히 가르쳐야 하고 자녀는 스스로 그 명령을 따르는 책임을 감당해야 한다.

6. 자녀는 자신의 불순종과 잘못을 변명하도록 훈련될 수 있다. 변명은 행동에 대한 진정한 이유가 될 수 없다. 대신에 그것은 잘못을 정당화하거나 옳다고 하려는 시도이다. 만일 당신이 변명할 거리를 찾으면 찾을 수 있는 것이 인간성의 본질이다. 사실 당신이 변명을 찾든 찾지 않든 당신은 용서를 받을 것이다. 변명은 잘못에 대한 책임을 나누고 피하려는 시도이다.

자녀가 변명하는 것을 허용할 때 부모는 그에게 자신의 행동에 대한 책임을 받아들이지 않게 훈련시키는 것이다. 자녀는 자라면서 문제의 본질에 직면하기보다는 자신의 잘못에 대해서 다른 사람을 비난하려고 할 것이다. 자신의 생각과 말, 행동에 대한 모든 책임을 수용하는 것은 한 인격의 성숙도를 가늠하는 기초 중의 하나이다. 이러한 수용 없이는 개인의 결점과 잘못의 실체는 감추어진다. 그러면 개인의 변화와 개선에 대한 필요성은 없어진다.

자녀에게 불순종한 이유나 잘못한 이유를 물어보는 부모들은 그 이유를 이해하려는 것일 수도 있다. 그러나 이유는 실제로 행한 것보다 중요하지 않다. 정의의 집행은 범죄의 이유에 근거해서는 안되고 범죄사실에 근거해야만 한다.

자녀의 범죄가 분명한 사실로 성립된 후에만 부모는 그 이유를 분석해 보아야 한다. 이유는 장래의 훈련을 위해, 혹은 부모가 환경을 더 잘 통제(자녀에게 나쁜 영향을 미치는 사람과 놀지 못하게 하는 것과 같은)하기 위해 중요할 수도 있다. **이유**는 범**죄사실**을 변경시키지 못한다. 자녀는 외부환경이 자신의 잘못을 정당화하지 않는다는 것을 배워야만 한다.

종종 어느 한 아이가 잡혔을 때 여러 아이들이 함께 잘못한 경우가 많다. 형, 누나, 혹은 다른 아이들이 한 아이가 죄를 짓게 하는 상황을 선동하기도 한다. 두 가지 잘못이 상황을 바르게 만들지 못한다. 다른 아이들이 죄를 지은 것일 수도 있지만 모든 아이들이 자신의 행동에 책임을 져야 한다. 다른 사람의 죄가 자녀의 잘못에 대한 부모의 초점을 빗나가게 할 수 없다. 개입된 다른 사람들에 대한 적절한 조치는 나중에 취해져야겠지만 다른 사람들이 개입되었다는 것이 변명이나 문제회피의 구실이 되어서는 안 된다.

당신의 자녀들이 서로 이름을 부르지 못하도록 규칙이 세워진 후에 이런 전형적인 상황이 벌어질 수 있다. 자녀 중 하나가 "뚱보, 돼지"라는 말로 누나를 공격하는 것을 당신이 들었다. 당신은 잘못을 저지른 자녀 앞에서 "너 뭐라고 했지?"("너 왜 그렇게 말했지?"가 아니라) 묻는다. 자녀는 대답하지 않고 대신에 자신이 잘못한 것을 정당화하려고 변명하기 시작한다. 비록 누나가 그에게 얼굴을 찌푸리고 두꺼비라고 부른 것이 사실일지라도 그가 잘못한 사실이 바뀌지는 않는다. 당신은 적절하게 그 자녀를 훈계한 다음에 누나가 화낸 정도를 따지면 이 상황을 누나를 훈련하는 기회로도 이용할 수 있다.

부모들이 변명을 허용하는 한 가지 이유는 자녀가 변명거리를 갖기를 내심으로 원하기 때문이다. 부모들은 유쾌하지 못한 대립적 상황에 직면하기 싫어서 정당화할 일이 많이 있기를 바란다. 대립적인 상황을 피하고 싶은 것은 인지상정이다. (만일 당신의 죄성이 실제로 갈등을 즐기지 않는다면.) 그러나 갈등은 자녀를 훈련하는 데 필수불가결하다.

부모의 자존심 또한 진실을 알고 싶은 욕망을 부추긴다. 자녀의 불순종이나 잘못은 부모의 모습을 반영할 수 있다. 자녀의 잘못에 대한 구실을 찾는 부모들은 자신의 자존심을 보호하려는 것일 수 있다. 만일 자녀가 자기 행동을 변명할 수 있다면 부모 또한 자녀를 제대로 훈련시키지 못한 책임을 받아들이지 않는 방향으로 자신을 속일 수 있다.

자녀가 학교 시험에 떨어졌을 때 자녀가 실수한 것이 아니기를 바라는 부모의 마음은 자연스러운 것이다. 선생님의 잘못이라고 생각하는 것이 훨씬 쉬울 것이다. 부모들은 자녀가 이웃의 액자를 깨뜨렸을 때도 자녀의 책임이 아니기를 바란다. 자녀와 함께 장난한 다른 아이들이 잘못했을 수도 있다. 모든 사람들이 자신의 잘못에 대한 비난을 대신 받을 사람을 찾고 싶어한다. 당신의 자녀가 절대로 변명하지 않도록 하라. 그러면 그로 하여금 책임 있는 개인이 되도록 훈련할 수 있다.

당신의 자녀가 항상 옳은 일만 하길 바라는 대신에 그의 본성이 죄를 짓는 것이라는 점을 기억하라. 현실적으로 당신의 자녀가 잘 훈련될 때까지는 자기의 본성에 따라 행동한다는 것을 인정하라. 그를 공정하게 대하되 모든 불순종과 잘못을 하나님의 기준에 일치시키는 훈련을 하는 기회로 바라보라. 이런 관점을 갖는 것이 당신이 속지 않고, 훈련시키는 의무의 필요성을 인식하는 데 도움이 될 것이다.

결론적으로 부정적인 훈련은 자녀의 부정적인 행동을 부모가 허용하고 명령에 대해 반응하는 훈련을 시키지 않은 부모의 태만 때문이다. 첫번에 즉각적이고도 바르게 훈계를 따르도록 훈련되지 않은 아이는 권위자의 의지보다 자신의 의지를 행사하도록 허용되는 것이다. 이런 식으로 훈련시키는 부모는 변덕스럽게 행할 것이다. 때때로 그들은 자신들의 훈계가 완전히 무시되는 것도 허용할 것이고 그래서 자신들의 말의 가치를 상실하게 될 것이다. 또 어떤 때는 한 번 두 번 세 번 명령한 후에 일관성 없게 갑자기 고함을 칠 것이다. 그것은 권력을 부당하게 행사하는 것이다. 그것은 자녀들에게 권위자가 부당하다는 것을 가르치는 것이다.

결론은 단순하다. 자녀를 훈련하는 유일한 바른 방법은 당신의 훈계를 한 번에 즉시 일관성 있게 순종하도록 하는 것이다. 이것이 자녀에게 가장 좋을 뿐 아니라 부모에게도 좌절과 부당한 강요와 목소리의 격앙을 막아주기에 훨씬 쉬운 것이다. 이것은 또한 명령이 수행되었는지 확인하기 위해 자녀를 계속 점검할 필요가 없게 한다. 만일 자녀가 부모의 의지에 순종하길 원한다면 반복이나 위협, 혹은 말대답이나 변명 없이 부모의 명령을 따르도록 훈련해야 한다. 그것은 처음에는 하는 일마다 훈계, 경고, 처벌, "안 돼"라고 말하는 것처럼 보일 것이다. 절망하지 말라. 가치 있는 것은 대가를 지불해야만 한다. 당신의 자녀가 존경과 순종으로 훈련에 반응하기 시작하는 것을 보면 당신의 모든 노력은 훨씬 보람이 있을 것이다. 당신의 자녀가 행복하게 당신의 모든 훈계를 따르게 되면 당신은 매우 자랑스럽게 느낄 것이다. 갈등은 줄어들 것이고 당신은 자녀들과 더 좋은 관계를 갖기 시작할 것이다. 부모의 큰 기쁨과 자녀의 번영은 그 일을 잘 한 것에 대한 하나님의 약속이라는 것을 기억하라. 당신이 자녀를 적절하고 일관성 있게 훈련하게 되면 당신은 자신과 자녀 모두에게 유익을 주는 것이다.

자녀를 훈련하지 않는 방법을 아는 것은 중요하지만 더 중요한 것은 자녀를 적절하게 훈련하는 법을 아는 것이다. 통제와 가르침이라는 적극적 자녀 훈련의 두 가지 측면을 다음 장에서 보여줄 것이다.

부정적인 인성훈련

부모들은 자녀의 신체를 조롱함으로써 자녀들의 영혼에 부정적인 영향을 줄 수 있다.

"너는 너무 작아서 운동은 잘 못할 거야."
"너는 대중 앞에 나서기에는 너무 못생겼어."
"네 코, 귀, 엉덩이는 너무 커."

혹은 자녀들의 특성을 낮추어 본다.

"너같이 나쁜 아이는 커서 범죄자가 될 거야."
"너는 해보지도 않으니 아무 것도 될 수가 없을 거야."
"도대체 왜 그러는지 모르겠다."

아이들의 영혼은 이런 종류의 부정적인 훈련 때문에 뒤틀릴 수 있다. 아이들이 포기하고 거절감을 느끼든지 혹은 과도하게 보상하려하고 인정받기 위해 까불고 날뛰게 되는 것은 매우 해롭다. **당신의 자녀들에게 그렇게 하지 말아라.**

비행소년으로 키우는 12가지 원칙

1. 유아 때부터 그가 원하는 것은 뭐든지 다 주라. 이런 식으로 하면 그는 세상이 자기를 먹여 살릴 책임이 있다고 믿으며 자랄 것이다.
2. 그가 나쁜 말을 할 때 웃어주어라. 그러면 자기가 귀엽다고 생각하게 될 것이며, 나중에는 당신을 분통터지게 할 "더 귀여운" 말들을 하게 할 것이다.
3. 그에게 아무런 정신적인 훈련도 시키지 말라. 스물 한 살이 될 때까지 기다려서 "스스로 결정"하도록 하라.
4. "틀렸다"라는 말을 하지 말아라. 그 말은 정죄 컴플렉스를 야기시킬지 모른다. 그것은 그가 후에 자동차를 훔치다가 체포되었을 때 사회가 자기를 대적하며 핍박한다고 믿게 할지도 모른다.
5. 그가 주위에 어지럽혀 놓은 모든 것—책, 신발, 옷가지—을 정리하라. 그가 모든 책임을 다른 사람에게 떠넘기도록 그를 위해 모든 것을 하라.
6. 손에 잡히는 대로 어떤 인쇄물이라도 아무거나 읽게 하라. 은그릇과 잔은 소독하지만 그의 마음은 쓰레기를 즐기도록 하라.
7. 자녀 앞에서 자주 싸우라. 그렇게 하면 자녀들은 나중에 가정이 깨어져도 놀라지 않을 것이다.
8. 자녀에게 원하는 대로 돈을 주어라. 스스로 돈을 벌게 하지 말아

라. 왜 그가 당신처럼 초라해야 하는가?

9. 먹고 마시고 안락을 추구하는 그의 모든 욕망을 만족시켜 주라. 모든 감각적인 욕망이 만족되어지는 것을 보라. 거부는 해로운 좌절을 가져다 줄 수 있다.

10. 이웃, 교사, 경찰과 대립하게 하라. 그들은 당신의 자녀에 대해 매우 편견이 있다.

11. 그가 진짜 문제에 봉착했을 때 "나는 그와 함께 어떤 것도 결코 할 수 없었다"고 말함으로써 변명하라.

12. 슬픔의 인생을 준비하라. 당신은 그렇게 살게 될 것이다.

주 : 이 12가지 원칙은 원래 Paul Cates가 만든 것이며 1961년 Strictly for Parents에서 출판되었다.

11장
자녀 훈련의 두 가지 측면

    자녀 훈련의 두 가지 국면인 통제하기와 가르치기는 기본적으로 자녀의 구체적인 발달 단계와 병행한다. 훈련의 통제 국면은 "아동" 단계(13세까지)에 대응하고 가르침의 국면은 "청소년" 단계(십대)에 대응한다. 아이는 **무엇**을 할 것인지 알아야만 하고 청소년은 **왜** 그것을 해야 하는지 배워야 한다.

    아동기의 자녀들은 부모의 명령을 그대로 따르도록 해야만 한다. 이 단계에 있는 자녀는 미숙하기에 지속적인 제한이 필요하다. 이 시기는 부모가 최대한으로 외적인 통제를 해야 할 때이다. 자녀는 할 것과 하지 말아야 할 것에 대해 훈련받는 시간이다. 부모는 강한 압력을 통해 자녀가 이러한 법에 따르고 순종하는 것을 배우도록 해야 한다. 13세가 되면 부모를 존경하고 순종해야 한다. 아이는 존경의 태도를 보여야 한다. 절제가 길러져야 한다. 즉 자신의 욕망을 내적으로 통제하는 능력을 소유해야만 한다. 이 대립과 갈등은 이 단계에서 모두 끝나야만 한다.

"청소년" 단계에 있는 자녀들은 부모에게 순종해야 한다. 그러나 이제 순종은 강요되는 것이 아니라 자발적인 것이 되어야 한다. 이 기간은 자녀들이 의무적으로 행했던 율법의 이유를 배워야 하는 시기이다. 그것은 왜 어떤 것은 하고, 어떤 것은 하지 말아야 하는지에 대한 것이다.

청소년은 본성의 파괴적 욕망을 스스로 통제하면서 얻는 유익을 경험하기 시작한다. 예를 들면 달콤한 음식에 대한 욕망을 절제할 수 있는 소녀는 비만과 거친 피부를 피할 수 있다. 자기 통제는 더 강한 의지력과 더 나은 외모를 가져다 준다. 빈둥거리며 놀고 싶은 욕망을 절제할 수 있는 소년은 장래를 위해서 교육과 기술훈련에 몰두할 것이다. 소년의 자기통제는 사람들이 인정하는 남성적 자아로 성숙되면서 더 확신감이 생기게 된다.

자녀 훈련의 두 가지 측면은 다음과 같이 도표화할 수 있다.

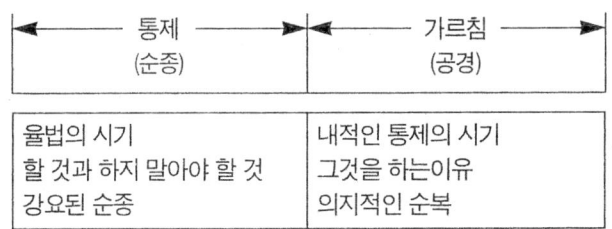

그림 11.1 자녀 훈련의 국면들

부모들은 최대의 효과를 얻기 위해서 각 단계에 맞는 훈련방법을 강조할 필요가 있다. 자녀가 순종할 때까지 부모들이 자녀를 통제하면 자녀가 청소년이 되었을 때는 잘 가르칠 수 있다. 그런 자녀는 부모의 권위적 지위와 가르치는 권리를 존경할 것이기 때문에 성공할 수 있다. 어느 누구도 자기가 존경하지 않는 사람으로부터 배울 수는 없다.

이런 과정을 반대순서로 하려는 부모들은 굉장한 어려움을 경험하게 될 것이다. 배우기는 하지만 통제되지 않은 아이는 가르치기가 점점 어렵게 될 것이다. 청소년이 되면 그를 통제하려는 어떤 시도에도 반항할 것이고 마침내 통제하는 것이 불가능해질 것이다. 어린아이의 불순종을 허용하면서 그를 이성적으로 대하려고 하면 분명히 통제를 상실하게 될 것이다.

부모가 자녀 훈련에 실패하는 또 다른 이유는 청소년기에 필요한 가르침을 주지 않고 통제를 확대하기 때문이다. 청소년기에 부모로부터 배우지 않으면 자라면서 부모의 기준을 저버리고 자기의 논리를 찾기 시작할 것이다. 부모가 세워놓은 기준을 왜 따라야 하는가에 대한 이유를 배우지 않으면 청소년은 그 기준을 자신의 것으로 내면화 할 방법이 없는 것이다. 배우지 않은 청소년이 스스로의 경험을 통해 배워 성인이 되려면 수많은 세월이 필요할 것이다. 경험이 최고의 교사일 수 있지만 그것이 유일한 배움의 길은 아니다. 처음엔 통제, 그리고 다음엔 가르침의 방법으로 자녀를 잘 훈련시킨 부모들은 자녀가 쓸데없이 인생의 많은 고통들을 겪지 않고 지나가도록 도울 수 있다.

자녀 훈련의 두 가지 측면에 대한 강조는 "아동"과 "청소년" 단계를 결정적으로 연결시킨다. 그러나 통제와 가르침 사이에 중복되는 부분이 있다. 순종하지 않는 청소년은 여전히 통제되어야 하고 순종하는 아이는 비록 어리다 할지라도 많은 기준을 배울 수 있다. 원리는 다음과 같다 : **아이는 그가 아이처럼 행동하는 한 아이로서 통제되어**

야 하며, 순종과 존경을 보이는 정도만큼 가르쳐져야 한다.

아이들은 성별, 개인별로 통제에 대한 필요와 배우려는 의지에 있어서 다양한 모습을 보인다. 일반적으로 대부분의 소년과 의지가 강한 소녀들은 대부분의 소녀와 수동적인 소년들보다 더 긴 기간의 더 강력한 통제가 필요하다. 아이들은 또한 엄격한 통제가 필요할 때가 있고 가르침을 더 잘 받아들이는 때가 있는 그런 주기를 겪을 것이다. 지혜로운 부모는 자녀들에게서 이런 차이를 인식하고 강조해야 할 점을 수정할 것이다.

그러므로 자녀 훈련의 두 측면에 대한 더 정확한 도표는 다음과 같다.

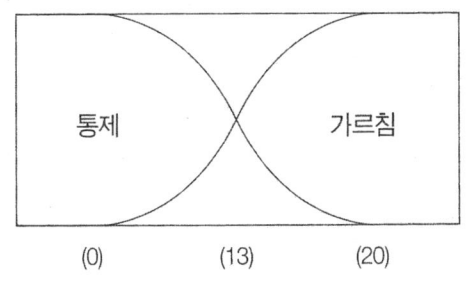

그림 11.2 가르침과 통제의 중첩

이 그래프는 아동기의 통제와 가르침이 겹치는 부분이 있음을 보여준다. 부모들은 자녀가 어릴 때 최대한의 통제를 행사할 수 있는 자연적인 능력이 있다. 자녀에게 힘, 운동성, 지식이 결여되어 있기 때문이다. 자녀가 성장할수록 부모들은 자녀에 대한 통제력을 점차 상실한다. 역으로 어린아이는 부모의 가르침을 이해할 수 있는 능력이 제한되어 있다. 그러나 부모는 잘 훈련된 청소년이 지식과 경험, 그리고 이해력이 증가할 때 가르치는 데 최대의 영향력을 미칠 수 있다.

아동기는 먼저 규칙을 반복적으로 수행하도록 한 후에 이해를 도와주는 시간이 추가될 수 있다. 예를 들면 교육에 대한 "신수학"적 접근이 실패한 이유 중의 하나는 학생들이 규칙자체를 숙달하기 전에 논리적으로 이해시키려고 했기 때문이다. 부모들이 자녀에게 훈계하는 이유를 일일이 설명해주게 되면 자녀는 오히려 혼돈되고 무엇을 할 것인지 기억할 수 없게 된다.

부모는 자녀를 훈련시키는 데 하나님이 주신 시간을 갖고 있다. 통제와 가르침의 두 가지 측면이 적절한 순서로 강조되고 자녀에게 지혜롭게 적용되면 부모들은 잘 훈련된 젊은이를 양육할 수 있다. 부모의 성공은 자녀와 자기 자신에게도 유익이 될 것이다. 그리고 더 중요하게는 하나님께 영광이 될 것이다.

다음에는 자녀를 통제하는 방법을 다룰 것이다. 통제는 성공적인 자녀 훈련의 핵심적인 부분이다. 그것은 또한 대부분의 부모들이 실패하는 영역이기도 하다. 상당수의 부모들이 자녀를 통제하는 것을 피하려고 다른 어떤 것을 하며, 일부는 너무 지나치게 통제하려고 한다. 이 부분은 자녀를 통제하는 데 균형을 유지하는 법을 다룰 것이다.

통제는 언제 시작하는가?

태어나는 첫날부터 아기는 자기 마음대로 행동하도록 허용되든지 아니면 부모에 의해 질서 있게 먹고, 자고, 노는 것들이 조절되든지 둘 중의 하나가 될 것이다. 부모들은 자녀들을 처음부터 통제하고 훈련시킬 책임이 있다. 확실히 자녀를 돌보는 것은 부모가 주도해야 할 일이다. 물론 이것은 자기 중심적인 삶을 살게 하는 아동중심적 철학과는 정반대되는 것이다. 만일 당신이 안전하고 행복한 아이로 키울 수 있는 자녀 훈련 철학에 대해 배우고 싶다면 다음의 것들을 추천한다.

* 부모됨의 준비, 카셋트시리즈
* 지혜로운 아이 1,2

부모들이 이런 훌륭한 자료를 공부한 후엔 스포크 박사의 충고가 필요 없을 것이다. 다음의 두 책들은 크리스천이 쓴 것은 아니지만 도움이 될 만한 지혜와 격려를 담고 있다.

* My First 300 Babies, by Glady Hendrix
  Windsor Publicstions
  010-358-7557

* Toilet Training In Less Than a Day, by Ph. D's Arrisn & Foxx
  Pockett Books
  1230 Avenue of the Americas New York, NY10020

전이

당신은 통제에서 가르침으로 넘어가는 시기를 어떻게 알게 되는가? 변기훈련을 예로 들어보자. 열 달 된 아기에게 "좋아 빌리, 나는 기저귀 빠는 데 질렸어. 이제 새 훈련 팬티를 입고 내가 사준 이 멋진

푸른색 변기를 사용해 봐라. 내가 이것을 어떻게 사용하는지 가르쳐 줄테니 지금부터는 혼자 화장실에 가기를 바란다."고 한다면 얼마나 어리석은 일인가.

통제(기저귀)를 제거하고 아이가 스스로 책임을 지도록 가르치는 일이 너무 일찍 이루어지고 있다. 그 대신에 가르치는 동안에도 기저귀는 차고 있어야 한다. 부모가 인격적으로 환경을 통제하고 있는 동안에도 아이는 직접 행동할 기회를 자주 갖는다. 훈련 팬티(시험을 통과했고 성장하고 있다는 것의 상징)는 단지 그의 성공에 대한 보상이다. 지식이 있고 자신이 하고 있는 것을 중단할 정도로 절제력이 있으며, 스스로 자기 일을 할 수 있을 정도가 된 후에야 책임이 요구된다.

이제 이해되었을 것이다. 잠자리 정돈에서 운전하는 것에 이르기까지 모든 것에는 동일한 요소가 있다. 부모가 완전히 통제하는 것이다. 즉 자녀들을 가르치고 부모의 감시하에 행하게 하라. 그들이 완전한 이해력과 성숙함을 보인 후에야 스스로 할 수 있게 하라. 만일 당신이 지혜롭다면 운전, 친구 선택, 유흥 시간과 형태, 일 등과 같은 실제로 중요한 영역에 대해서는 때때로 계속 검사를 할 것이다. 당신의 목표는 양육하는 일에서 벗어나는 것이라는 것을 기억하라. 그것은 당신이 자녀들을 독립적이고 책임질 줄 알고 사려 깊은 성인이 되도록 훈련시킬 때 성취되는 것이다. 대부분의 아이들에게 그것은 15,16세 때에야 이루어질 수 있는 것이다.

원리 : 아이는 자기를 가르치는 당신의 권리를 존중할 때는 언제든지 가르쳐질 수 있다. 아이가 자신이 책임을 지지 않는 영역에서는 통제를 받아야만 한다.

우리는 독립적인(자율적이고, 자신의 권리를 위해 싸우고, 한계를 잘 지키지 않고, 자기 중심적이고, 불안전하고 방어적인) 자녀를 기르려고 하지 않는다. 우리의 목표는 자립적인(합리적인 한계를 확신하고, 안정감 있고, 자신의 모든 행동에 인격적으로 책임을 지고, 자신의 행동의 의무를 받아들이는) 자녀를 키우는 것이다. 길거리 소년들(그리고 수많은 정치인들과 비즈니스맨들)은 독립적이다. 그들은 교활하고 물리적인 힘과 부 그리고 무자비함으로 생존하기 때문에 아무도 필요 없다고 교만하게 생각한다. 지금 세계가 필요로 하는 것은 더 많은 인물들이 아니라 도덕적인 성품을 **갖춘** 더 많은 성숙한 어른들인 것이다.

21) 옥스퍼드영어 사전
22) 히브리어 chanak "훈련하다, 봉헌하다, 좁게 하다, 좁게 되다". 이 단어는 신 20:5(2번) 왕상 8:63, 대하 7:5, 잠 22:6에만 나온다. 건물이나 사람을 봉헌하는 것은 목적이 있다는 것을 주의하라. 성전 봉헌은 자녀 봉헌과 유사하다. 전은 새 것일 때 봉헌되며 그래서 아이도 이른 시기에 봉헌(훈련)되어야 한다.(Ibid)
23) 주 22를 보라.
24) 히브리어 shanan "날카롭게 하다"는 여기서는 "반복해서 가르치다" 혹은 "되풀이 가르치다, 주입하다"는 의미이다.(Ibid)
25) 히브리어 ben "자녀들"이라는 단어는 그리스어 teknon "자녀들"과 대응한다. 성경적 의미는 "자손"이다.(부록 C를 보라)
26) 히브리어 lamad "연습하다, 배우다"는 여기서는 "가르치다"(강조적으로)를 의미하는 피엘형으로 쓰였다. lamad는 가축을 자극하거나(호 10:11), 군대에서 신병을 훈련시킨다(대상 5:18)는 의미로 타동사로 사용되기도 한다.(Ibid)

제멋대로인 요즘 아이, 말씀으로 양육하라
What the Bible Says About Child Training

제4부
통제하기

CONTROLLING YOUR CHILDREN

12장
통제가 의미하는 것은 무엇인가?

자녀 훈련에 있어서 통제는 성공적인 부모가 되는 데 결정적으로 중요한 것이다. 자녀가 통제 없이 자라게 될수록 부모가 자녀를 지속적으로 훈련할 기회는 더 적어질 것이다. 작은 아이들은 부모들이 쉽게 통제할 수 있으나 순종해 본 적이 없는 열 세 살 된 청소년을 통제하려면 엄청난 힘을 들여야만 한다. 이 장은 통제가 의미하는 것이 무엇인가를 정의하고 현실적으로 어떻게 통제해야만 부모의 사랑의 표시가 되는가를 보여줄 것이다.

통제의 정의

당신이 자녀를 성공적이고도 바르게 통제하려면 통제가 의미하는 바를 완전히 이해할 필요가 있다. 통제의 표준적인 정의는 '규제하다' '제지하다, 즉 억제하거나 재갈을 물리다' '하나의 경험을 하나의 기준과 비교해서 확인하다'[27]와 같은 수식어를 함축한다. 통제는 그것으로 부모의 다스리는 권리—자녀에게 행동을 지시하고 공의를 행사하는 기준을 설정하는 권리—를 행사하는 힘, 혹은 압력이다. 부모는 자녀에게 압력을 행사할 정당한 권리를 갖고 있다.

통제는 3가지 기능으로 나눌 수 있다. 첫째는 지시하는 힘이다. 자녀를 통제하는 것은 그로 하여금 당신의 지시를 따르도록 하는 데 필요한 힘의 사용을 의미한다. 둘째 기능은 억제하는 힘이다. 자녀를 통제한다는 것은 자녀의 의지와 욕망대로 내버려둘 때 그가 행하게 될 것을 억제하기 위해 압력을 사용한다는 의미이다. 통제의 셋째 기능은 자녀에게 주어지고 그것으로 검증되고 판단받는 규칙(기준)으로부터 오는 압력이다. 그러므로 우리는 자녀 통제를 자녀가 부모의 지시를 따르도록 하기에 충분한, 즉 부모가 원치 않는 것을 자녀가 하지 않도록 억제하고, 세워놓은 기준에 따라 자녀를 테스트하기에 충분한 능력과 힘과 압력을 사용하는 것이라고 정의할 수 있다.

때때로 압력은 자녀가 행동하기 전에 가해져야 하고 어떤 때는 자녀가 행동한 이후에 가해져야 한다. 부모가 자녀에게 규칙을 제시하고 불순종의 결과에 대해 경고를 하는 것은 지시와 제한이라는 압력을 사전에 사용하는 것이다. 자녀가 불순종할 때 징계하는 것은 행동이 이루어진 다음에 필요한 '사후' 강제력인 것이다.

자녀들은 통제 없이 태어난다. (기저귀가 필요하다는 것을 기억하라.) 자녀들은 내적인 통제력이 발달될 때까지(화장실 훈련) 외적인 통제(기저귀)가 있어야만 한다. 마찬가지로 자녀들은 그들의 삶의 모든 영역에서 외적인 제한과 내적인 통제력의 발달이 필요하다. 자녀들은 무엇을 언제 먹을지, 언제 잘지, 무슨 옷을 입을지, 어떻게 행동할지, 자신에게 영향을 주는 것들에 대해 통제할 수 있어야 한다.

부모들이 생활의 어떤 영역에서 자녀들을 통제하고 훈련하는 데 실패하는 것은 마치 기저귀도 사용하지 않고 화장실 훈련도 시키지 않는 것과 같다. 이러한 설명을 통해 통제의 결여가 의미하는 것이 무엇인지 이해할 수 있을 것이다. 어느 누구도 기저귀하지 않은 아이가 저지르는 상황에 직면하고 싶지 않을 것이다. 자녀를 외적으로 통제하고 그 다음에 스스로 통제하도록 가르치는 것은 부모와 자녀 모두에게 다 유익이 된다. 자녀 훈련은 통제의 결여로 인해서 발생하는 골치 아픈 문제들에 직면하는 것보다는 항상 더 쉬운 일이다.

통제는 경계선을 긋는 것과 같다. 그것은 보호되어지는 영역에서 위험한 곳에 울타리를 치는 것이다. 그 영역은 안전하고 평화롭다. 다른 말로 하면 그곳엔 제한 속의 자유가 있다. 울타리가 있는 놀이터에서 노는 아기는 위험에 빠지지 않고 혹은 집 기물을 부수지 않으면서 자유롭게 논다. 마찬가지로 나쁜 음식을 먹지 않고 제때에 잠자리에 들도록 제한된 아이는 건강을 즐기며 편안한 활동을 할 수 있다.

항상 멋대로 하지 못하고, 자기 주장만 하지 못하며, 짜증을 내지 못하고, 불순종하지 못하게 된 아이도 또한 자유스러운 것이다. 그는 가족과 평화롭게 공존하는 것을 자유롭게 즐기며, 자기의 인성을 개발하는 데 자유로운 것이다. 자녀의 외부 영향력들(놀이친구, 학교, 교회, 놀이)이 통제될 때 자녀는 모순된 정보로 말미암는 어떠한 혼돈 없이 수용 가능한 행동에 대한 기준을 부모로부터 자유롭게 배우게 된다.

자녀들에게는 이러한 경계선이 절대적으로 필요하다. 자녀들은 삶에 질서를 세워주고 미지의 것으로부터 자신들을 보호해 주는 확고한 지침과 지시가 없이는 불안전하고 불행하다. 새로운 직업에서 자기에게 기대되는 것을 정확히 알고 싶어하는 성인과 마찬가지로 자녀도 날마다 새로운 상황에 직면하며 수용 가능한 행동의 범위를 세우는 데 부모의 도움이 필요하다. 하나님의 말씀은 부모의 통제가 필수 불가피하다고 선언한다.

> 잠 29:15 "채찍과 꾸지람이 지혜를 주거늘 임의로 하게 버려두면 그 자식은 어미를 욕되게 하느니라"
> 삼상 3:13 "내가 그 집을 영영토록 심판하겠다고 그에게 이른 것은 그의 아는 죄악을 인함이니 이는 그가 자기 아들들이 저주를 자청하되 금하지 아니하였음이니라"

◎ 통제는 사랑이다.

자녀를 통제하는 것은 부모의 사랑의 표현―자녀의 유익을 위한 진실한 관심―이다. 진실한 사랑은 부모 편에서의 개인적 희생을 필요로 한다. 부모는 자녀의 행동을 가까이서 관찰하는 시간을 보내야만 한다. 부모는 자녀가 불순종할 때 발생하는 불가피한 갈등에 기꺼이 직면해야만 한다. 자녀를 통제하는 데 따르는 희생은 또한 계획하지 않은 돌발사태가 부모의 삶 속에 발생하여 처리해야만 하는 것도 포함한다. 이러한 방해물들은 종종 부모가 조치를 취해야 하는 것들이다. 따라서 부모 사랑은 부모에게 유익이 되는 일을 하는 것보다는 자녀에게 유익이 되는 것을 하는 것과 더 연관되어야만 한다.

부모들은 효과적으로 자녀를 통제할 수 있기 전에 강제력을 적용하는 데 방해가 되는 것들을 극복해야만 한다. 권위적인 위치에 있는 사람은 누구나 몇 가지 이유 때문에 부하들에게 강제력을 행사하기를 꺼린다. 한 가지 이유는 어느 누구도 항상 옳을 수는 없다는 것을 알기 때문이고, 또 다른 이유는 부모 자신이 하나님과 하나님의 말씀에 반항하는 죄를 짓고 있기 때문이다.

당신은 비록 불완전할지라도 자녀를 훈련시키는 책임을 하나님으로부터 위임받았다는 사실을 깨달음으로 불완전함의 장애를 극복할 수 있다. 하나님께서는 당신이 완전하지 못하며 따라서 당신이 하는 모든 결정이 항상 올바르거나 공정하지 않다는 것을 아신다. 하나님의 계획은 당신이 완벽해지는 것에 의존하지 않는다. 당신은 단지 자녀 훈련에 대한 하나님의 말씀을 배울 책임이 있고, 당신의 삶 속에 그 지식을 적용할 책임이 있는 것이다.

하나님께 반항하는 당신이 장애물을 극복하는 유일한 방법은 그분과 그분의 방법을 당신의 삶의 권위로 받아들이는 것이다. 하나님께 대한 순종은 당신 자신의 견해를 자발적으로 내려놓고 그분의 방법에 따라 일을 하는 것이다. 사람이 자신의 견해를 숭배하는 것은 자연스러운 일이며 이러한 교만은 자녀에 대한 효과적인 통제를 방해할 수 있다.

강제력을 적용하는 데 또 다른 장애물은 부모가 자녀에 의해 거절당하고 사랑을 잃게 될 것을 두려워하는 것이다. 자녀는 자기 외부의 사람들을 사랑하는 데 제한된 능력을 갖고 있다. 진실한 사랑은 사랑하는 사람에 대한 관심과 그 사람에게 가장 유익이 되는 일이 무엇인지에 대한 관심과 표현이다. 아이가 "당신을 사랑합니다" 혹은 "당신을 싫어합니다"라고 말할 때 그는 누군가가 자신의 즐거움을 위해 무언가를 했거나 혹은 자신에게 거슬리는 것을 했다는 것을 표현하고 있는 것이다. 그의 "사랑"은 다른 사람의 유익을 바라는 마음에서 표현된 것이 아니다.

아이는 자기 자신을 사랑하며 자신을 기쁘게 해주는 것을 향해 그 사랑을 표현한다. 그가 "나는 사탕을 좋아해요"라고 말하는 것은 그가 자기 자신을 사랑하고 사탕이 자기를 기쁘게 해준다는 것을 표현하는 것이다. 부모가 사탕을 못 먹게 할 때 아이는 부모를 싫어한다고 말할 수도 있다. 그 의미는 그는 자기에게 사탕을 주는 것을 원한다는 것이며, 부모의 제한은 자신을 기쁘게 하지 못하며 그래서 자신을 기쁘게 하지 못하는 것을 싫어한다는 것이다.

개인적인 욕구의 만족에서 나오는 사랑이라는 개념은 기만이다. 만일 부모가 이런 속임에 넘어간다면 자녀를 자기 중심적인 사람으로 기르게 될 것이다. 자녀의 만족할 수 없는 자기 중심적 본성을 엄격하게 통제하는 부모들은 실제로는 자녀로부터 진실한 인정과 사랑을 받게 될 것이다. 반대로 자녀에게 그들이 원하는 모든 것을 해주는 부모들은 실제로는 자신들이 피하려고 했던 거절과 미움을 받게 된다.

가출 소년들을 다루는 상담가들은 그런 아이들에게서 나타나는 일관성 있는 태도를 구별해냈다. 상담가들은 그러한 소년들이 부모가 자기들을 억제하지도 않고 지시하지도 않았기 때문에 부모가 자기들을 사랑하지 않는 것으로 믿고 있다는 것을 발견했다. 그들은 부모들이 자기들을 보호하기 위해 충분히 돌보지 않았기 때문에 거절감을 느꼈다. 그 부모들은 부모의 책임을 거부했고 그로 인해 소년들은 거절감을 느꼈다. 직무에 태만한 부모가 비행소년을 낳는 것이다.

아이는 부모의 압력과 부모의 사랑을 동일한 것으로 인식한다. 아이의 영혼은 하나님에 의해 이러한 압력을 사랑의 표현으로 인식하도록 그리고 심지어는 가족관계의 증거로 인식하도록 만들어졌다. 아이들은 자기들을 통제하는 데 필요한 압력을 사용하며 돌보는 부모에 의해 자신들이 사랑받고 수용되고 있다는 것을 안다. 다음의 논문은 이러한 점을 설명해 준다.

친애하는 앤 랜더스 : 거의 모든 십대들은 자기 가족이 자기를 여전히 어린아기처럼 대하는 것에 대해 불평합니다. 그들은 "너 어디 가니?" "누구랑 가니?" "언제 돌아오니?"라는 질문에 분개합니다.

자, 우리 식구들은 나에게 그런 질문을 절대 하지 않습니다. 나는 내가 하고 싶은 대로 자유롭게 오고 갑니다. 그런데 나는 그것이 썩 좋지 않습니다. 만일 식구들이 정말 나에게 관심이 있다면 규칙을 만들어 놓아야 하지 않을까 하는 생각이 듭니다. 그러나 규칙이 만들어지면 어떤 사람이 그것을 강제해야 하고 그것은 일이 되는 것입니다. 아이들을 멋대로 놔두는 것이 더 쉽습니다.

엄마가 "안 돼, 그런 애와 스케이트 타러 가면 안 돼"라고 말씀하시기를 나는 얼마나 바랬는지. 그러나 엄마는 결코 그렇게 하지 않으십니다. 엄마는 항상 "너 마음대로 해"라고 말씀하십니다. 나는 내가 너무 많은 결정들을 해야 하기 때문에 두려움과 고독함을 느낍니다.

나는 이런 아이들의 부모들이 자주 물어보고 감독하는 것이 얼마나 자녀를 행복하게 하는지 알기를 바랍니다. 그렇게 하는 것은 누군가가 그들을 사랑한다는 것입니다. —Bridgeport, Conn.[28]

여기에 통제의 필요성을 인식하는 한 젊은이가 있다. 부모가 통제하지 않는 것은 사랑과 관심이 없음을 의미한다.

통제하기에 너무 늦을 수도 있는가? 그렇다. 만일 자녀가 "법적"

연령에 도달해서 집을 떠나게 되면 부모는 기회를 잃어버린다. 그들은 단지 그러한 반역에 가해지는 세상의 자연적인 훈련을 기다리거나 그를 통제하시도록 하나님의 무거운 (그러나 사랑의) 손이 가해지기를 기도할 수 있을 뿐이다. 그러나 청년이 부모와 함께 살고 자기를 통제하는 강제력을 받아들이면 아직 희망이 있다. 만일 당신이 통제되지 않은 십대와 함께 절망적인 상황에 직면해 있다면 부록 B. "실패한 부모를 위한 희망"이 도움이 될 것이다.

대개는 아직 자녀를 통제할 수 있는 시간이 있다. 그러나 당신이 빨리 시작할수록 일은 더 쉬워질 것이다. 원리는 압력을 생산하는 어떤 실체를 통제하는 것과 유사하다. "전속력으로 달리는 것"을 막으려는 것보다는 시작할 때 막는 것이 훨씬 쉽다. 만일 당신이 이전에 통제되지 않았던 청년을 통제하려고 한다면 강렬한 갈등(압력)이 일어날 것이라는 점을 예상해야 한다. 이러한 갈등을 이겨내는 것이 얼마나 중요한지를 인식하고 있어야 한다. 자녀를 통제하지 않는 상태로 두었을 때 지불해야 하는 대가는 생각보다 훨씬 큰 것이다.

다음 장에서는 부모가 어떻게 초기에 자녀에 대한 통제력을 확립할 수 있는가와 자녀가 점점 자라면서는 통제하기 위해 싸울 필요가 없다는 것을 설명할 것이다.

자녀 훈련에 있어서 하나님의 말씀에서 점점 떠나면 두 극단 중의 하나로 빠지게 된다. 지나치게 관용적(허용적)이 되거나 아니면 엄격하게(편협하거나 과보호적인) 된다. 물론 하나님의 말씀을 정확하게 따르거나 혹은 이성이나 관찰을 통해 중요한 원리 중의 일부를 따르는 부모들도 있기는 하다.

오늘날에는 부모 중에 '엄격한' 부모보다는 '관대한' 부모들이 더 많으며 그들은 '엄격한' 부모들보다 자녀에게 더 큰 해를 끼치고 있다. '관대함'은 자기 만족을 향한 끊임없는 욕망을 가진 자기 중심적이고 이기적인 성인('X' 세대)을 양산한다. 또 다른 극단인 '엄격함'은 숫적으로는 적지만 대부분이 심각하게 손상된 영혼을 양산한다. 그들 중에는 형식적인 완벽주의자들도 있고 강박관념과 편집증적인 인격들도 있다. 심리학자들과 정신분석학자들이 자주 상담하는 사람들이 바로 이런 사람들이며 따라서 그들은 어떤 종류의 통제도, 특히 신체적 처벌이나 성경에서 언급한 통제는 악한 것이라고 결론을 내린다. 자녀 훈련에서 통제의 단계는 엄격할 수밖에 없지만 그것은 항상 자녀의 유익을 위해서 이루어지는 것이며 자녀가 점점 더 성숙하게 됨에 따라 감소되는 것이다. 문제는 '엄격함'이 제대로 이루어지지 않는 것이다.

균형을 상실한 이 두 가지 극단의 동기와 전략을 살펴보고 자녀 훈련시 어떻게 그것을 피할 수 있는지 보도록 하자.

너무 적은 통제

허용적인 부모들은 일반적으로 자녀가 변덕을 부릴 때마다 비위를 맞추어 준다. (그들은 예전의 자기의 부모의 엄격함을 보상하려고 할지도 모른다.) 그들은 자녀들 안에 죄성이 없다고 생각한다. 자녀가 잘못을 저지르면 "아기라서 아직 아무 것도 몰라서 그래" 혹은 "애들은 애들이지 뭐"라고 하면서 두둔한다. 그들은 자녀 훈련시 발생하는 갈등을 피하기 위해 너무 많은 부분을 허용한다. 엄마는 자녀가 단정히 먹는 것을 훈련시키기보다는 오히려 자녀가 먹고 난 후 치우려고 할 것이다. 이것은 자녀가 만지지 않도록 훈련하기보다는 울타리가 쳐진 놀이터에 크리스마스 트리를 갖다 놓은 (그래서 아이가 그것을 만질 수 없게 한) 부모와 같다.

허용적인 부모의 자녀들은 일반적으로 제멋대로 자라고, 무례하고, 타인을 고려하지 못하고, 자신의 죄성의 노예가 되며, 자기 중심적으로 자란다. 이러한 자녀들이 성인이 되면 자신의 행동에 대한 개인적인 책임과 의무를 받아들이지 못하기 쉽다. 사내아이들은 엄마와 아빠가 해준 것처럼 종종 세상이 자기의 변덕에 비위를 맞추어 주기를 기대한다. 그들은 직장생활을 지속하는 데 어려움을 겪으며 법을 지키는 데도 문제를 일으킨다. 여자아이들은 버릇이 없고 허영을 부리며 자기 중심적인 사람이 된다. 그들은 문제 있는 아내와 엄마가 된다. 이렇게 훈련되지 않은 자녀들에게는 아무런 희망도 없는가? 하나님의 은혜로 이런 사람들 중 일부는 인생의 가혹한 고통을 한번 경험하고 나면 성숙하기 시작한다. 큰 충격을 주기도 하는 인생이라는 학교는 개인의 삶을 딱딱하게 굳게 하든지 아니면 깨뜨려 버리는 경향이 있다. 그것은 가혹한 교훈이다. 사랑스런 부모에 의해 훈련되는 것이 훨씬 더 좋다.

허용적인 부모들은 종종 권위를 사용하지 않고 자신의 뜻을 이루기 위해 교묘히 다루려고 한다. 이런 부모들은 종종 자녀들에게 바라는 것을 하도록 구슬리거나 설득하거나 간청한다. 그들은 불순종을 처벌한다고 위협할 수도 있지만 대개는 위협을 관철시키지 못한다. 이러한 부모들은 권위를 농담같은 것으로 만들어 버린다. 자녀의 불순종과 죄성의 기질을 간과함으로써 자녀의 잘못된 행동들을 격려한다. 어떤 엄마는 두 살짜리 아이에게 "아가야 네가 저 예쁜 꽃병을 건드리면 깨지고 다치게 된단다."라고 말할지도 모른다. 이 엄마는 바보스럽게도 (혹은 순진하게도) 그런 말들이 자녀를 설득할 것이라고 예상하지만 그 말은 실제로 두 살짜리 아기에게는 아무런 의미도 없는 것이다. 아기가 다시 꽃병을 만지면 엄마는 "제발 아가야, 꽃병에서 물러서기를 원한다. 엄마가 꽃병을 치우기를 원하지 않겠지, 그렇지?"라고 말할 것이다. 그리고 마침내 꽃병이 깨질 때까지. 이 때 권위가 없던 엄마는 때때로 화가 나서 자녀를 처벌할 것이다. 이러한 학습은 자녀에게 그가 꽃병을 깨뜨렸기 때문에 심한 벌을 받는다는 것을 가르쳐 줄지도 모르지만 그러나 절대로 자녀를 엄마의 훈계에 순종하도록 가르칠 수는 없다. 그 불쌍한 아이는 엄마가 단지 "안 돼"라고 말하는 것을 한 번도 들어보지 못했다.

부모의 훈계가 말해지자마자 순종되어야 함을 강조하지 않는 부모들은 그 말을 마치 게임처럼 되게 만드는 것이다. 그 게임의 이름은 '기지의 전쟁(익살의 전쟁)'이며 참가자는 부모에게 반항하는 자녀들인 것이다. 게임의 승자는 가장 우아하고 더 교활하게 확신하는 사람이다. 대부분의 아이들은 권위 없는 부모들보다 훨씬 더 교활하기 때문에 부모들이 패하게 마련이다. 아이들은 자기들이 어디에 서있는지 알 수 있도록 의존할 만한 경계선이 필요하다. 아무런 정해진 규칙이 없으면 아이들은 무엇이 옳고 그른지 확신하지 못한다. 권위가 없는 부모들은 자녀들에게 불확실한 세계를 보여주기 때문에 어떤 자녀들은 두려워하고 신경질적이 된다. 더 영리한 아이들은 부모보다 더 조작적이고 더 설득적이며 속일 수 있는 방법을 배운다. 이런 것들이 십대의 엄마들이 "나는 아무 것도 할 수 없어, 그 아이는 내 말을 들은 적이 없어"라고 말하게 되는 이유인 것이다.

많은 부모들이 자녀를 통제할 때 발생하는 문제가 무엇인지 인식하지 못하고 있다. 당신이 다섯 살 된 딸에게 2층에 올라가서 이를 닦으면 좋겠다고 말한다고 해보자. 당신은 딸에게 몇 번 닦는 법을 보여주었고 다섯 살짜리 아이에게 기대할 수 있는 정도로 딸이 그것을 잘 하는 것을 보여줄 동안 옆에서 지켜보기도 했다. 대부분의 부모들은 바로 그 지점에서 훈련을 멈추고 순진하게도 자기 딸이 그 후로도 계속 양심적으로 행동을 개선하면서 이를 잘 닦으리라고 기대한다.

만일 아이들이 단순하게 프로그램화된 로봇이라면 그렇게 하는 것이 좋을 것이지만 그들은 로봇이 아니다. 지혜로운 부모는 "아이"와 자기의 아이를 안다. 엄마는 "아이"가 자기 의지를 갖고 있고 범죄하기 쉬운 죄성을 갖고 있다는 것을 안다. 엄마는 자기 아이는 활동적이고 고집이 센 경향이 있다는 것을 알 수도 있다. 그러므로 부모의 통제 책임은 자기 아이가 일관성 있게 자기 통제와 의지적인 순종을 보일 때까지—즉 스스로 책임 있고 성숙하게 행동할 때까지는 끝난 것이 아니다. **통제는 시험되고 검증되어야 한다.**

그러나 신뢰에 대해 어떻게 생각하는가? 내가 검사를 하면 나의 작은 딸아이가 자기를 신뢰하지 않는다고 생각하지는 않겠는가? 아이들은 그들이 신뢰할 만한 사람이 되기 전에 그들의 죄성과 의지가 통제되도록 훈련되어져야만 한다. 신뢰는 거저 주어지는 것이 아니라 한 단계 한 단계 쌓여가야만 한다. "잘 하였도다 충성된 종아 네가 작은 일에 충성하였으매 내가 많은 것으로 네게 맡기리니 네 주인의 즐거움에 참예할지어다"(마 25:23) 주의: 처음엔 신뢰의 기초로써 충성됨을 시험한다.

따라서 부모들은 자녀들이 적절히 훈련될 때까지 특히 "아동" 단계에 있을 때, 자신의 의지와 죄성에 굴복하는지 의심해 볼 필요가 있다. 성공을 위한 절차는 : 지시하고, 억제하고, 그 지시와 억제가 수행되고 이루어졌는지 **검사(test)**하는 것이다. 다음과 같은 연습이 이루어질 수 있다. "메리야, 위층에 올라가서 혼자서 이를 닦으렴(지시). 나는 네가 놀러다니지 않고 내가 가르쳐준 대로 잘 하길 바란다(제한). 나는 네가 어떻게 하는지 보러 곧 올라갈 것이다(검사)." 일단 다음 절차가 수행되면 통제에 의한 진짜 훈련이 이루어진 것이다. 작은 딸이 신뢰할 만한지 아니면 불충분한지가 발견되면 교정하는 행동이 취해진다. 아이의 미성숙도에 따라 부가적인 검사가 필요할 수도 있다.

너무 지나친 통제

"엄격한" 부모들은 자기들이 십대에 유혹을 통제하지 못한 무능력 때문에 혹은 성인이 되어서도 개인적으로 성공하지 못하였기 때문에 그렇게 된 것일 수도 있다. 그들은 자녀들이 자신과 동일한 실패를 하기 원하지 않기 때문에 자녀들을 관대히 대하지 못하고 과도하게 보호한다. 또한 아동기에 일탈을 경험한 부모들은 자녀들이 자신이 겪었던 것 같은 고통을 겪지 않기를 원하기 때문에 때때로 과도하게 보호하기도 한다. 1925~1945년 사이에 자란 성인들은 대공황과 세계대전을 경험하였다. 그들이 겪은 것을 이해하기는 쉽지 않다. 그러나 그 시기의 역사는 도덕적인 성품—정직과 부지런함, 능력, 약속 이행(악수로 약속하는 것으로부터 결혼서약에 이르기까지)—을 지닌 사람을 양산하였다. 슬프게도 그 사람들 중 많은 수가 자기들 안에 있던 것과 같은 좋은 품성을 길러줄 수 있는 어떤 종류의 압력도 자기 자녀들이 경험하지 못하게 하였다. (그렇게 훈련되지 않은 아이들이 훈련되지 않은 두 번째 세대를 길러내었고 두 번째 세대는 지금 세 번째 세대를 길러내고 있다.)

자신에게 부족한 것들을 극복한 부모들은 종종 다음 세대에게 지나치게 관대하고 현실로부터 보호해 줌으로 그들을 망쳐놓는다. 인간은 실패를 통해 무언가를 배워야만 한다. 인간은 어려운 상황(교육의 결핍, 침체, 파산, 개인적 장애)을 극복할 때 교만하게 되어 자신의 힘으로 어떤 것도 극복할 수 있다고 생각하는 경향이 있다.

버지니아와 내가 우리 아이들을 과보호한 한 가지 영역은 우리의 인생에 찾아온 시련과 압력과 관계된 것이었다. 우리가 돈이 하나도 없게 되어 먹을 것을 사기 위해 잔디 깎는 기계를 팔게 되었을 때 우리는 아이들에게 한마디도 얘기하지 않았다. (당신도 알다시피 아이들을 걱정시키고 싶지 않았다.―아니면 우리가 너무 교만해서 우리가 얼마나 절망적인지 알게 하고 싶지 않았을 지도 모른다.) 우리는 하나님의 도우심을 위해 기도했고 하나님은 도와주셨으며 우리는 하나님께 영광을 돌렸다. 우리는 아이들에게 하나님께서 잔디 깎는 기계를 살 사람을 보내주셨다고만 얘기했다. 그러나 아이들은 우리의 필요가 얼마나 심각한지 결코 알지 못했다. 그들은 기도하고 하나님의 응답을 직접 체험할 기회를 갖지 못했다. 우리는 부지불식간에 아이들이 영적인 학습을 할 기회를 빼앗은 것이 되어 버렸다.

우리 아이들은 내 인생 전부를 하나님을 섬기는 데 바친다는 나의 헌신을 몰랐으며 그에 따라 우리가 재정적인 부분들을 얼마나 포기하였는지도 몰랐고, 모든 시련 가운데 하나님이 공급하시는 평화와 안정도 경험하지 못했다. 그분은 우리를 철저히 다루셨다. 하나님의 풍성함은 항상 은혜스러웠고 우리 아이들은 아마도 나를 신뢰하였던 것 같다. 모두 우리가 아이들을 과보호하였기 때문이었다.

대부분의 엄마들은 천성적으로 과보호적이다. 몇 가지 이유가 있다.

1) 여자들은 천성적으로 돌보는 자이다. 그들은 자녀들을 보호하고 편안하게 하고, 격려하고, 간호하고, 먹이고, 씻어준다. 그들은 이러한 "천성적인 사랑"이 자녀에게 최선의 유익이 되도록 행동을 교정할 때와 억제해야 할 때를 배워야 한다.

2) 여자들은 남편을 통제하려는 강한 욕망을 갖도록 에덴동산에서 형벌 받았지만 그러나 남편은 아내를 다스려야만 한다(창 3:16). 나는 일부 여성들이 자기 남편에게 복종하는 데서 경험하는 좌절이 자녀들, 특히 남자아이들을 과도하게 통제하는 방향으로 나아가게 한다고 믿는다.

3) 여자들은 천성적으로 섬세한 의식을 갖고 있기에 따라서 마치 현미경을 통해 보듯이 자녀의 삶에 조그마한 문제나 잠재적인 위험요소들을 잘 발견한다. 아버지로서 책임 있는 역할을 하는 남편은 엄마의 이러한 천성적인 경향에 균형을 잡아주는 것이 필수적이다.

사례

과보호하는 엄마는 단지 세상의 위험으로부터 자기 아이를 보호하고 싶은 것일 수도 있지만 그런 엄마는 지나치게 멀리 간다. 그런 엄마는 거의 항상 아이들에게 만일 엄마의 도움이 없이 어떤 것을 하려 한다면 다치거나 매우 당황하게 될 것이라는 인상을 준다. 그런 엄마는 발생하지도 않은 일에 대해 걱정하며 아이들이 실수하지 않도록 감싸며, 지나친 사랑으로 숨막히게 한다. 아이들이 스스로 어떤 것을 하려고 하면 어떻게 하면 더 잘할 수 있는지 가르쳐주려고 한다. 그래서 아이들은 점점 포기하게 되고 무기력한 완전주의자가 되어간다. 이런 엄마는 아들이 스포츠 활동하는 것도 못하게 "보호하고" 딸이 음식을 망치거나 태울까봐 요리하는 것을 배우지도 못하게 한다. 과보호적인 엄마를 둔 아이들은 스스로 역할을 수행하고 싶은 사춘기가 되면 반항적이 되기 쉽다. "엄마, 차라리 혼자 할래요."

과보호 엄마를 둔 일부 아이들은 반항적으로 자랄 것이고 어떤 아이들은 어떤 새로운 것도 시도하지 않을 정도로 실패를 두려워하는 완벽주의자가 된다. 그런 아이들은 종종 독립적으로 생각할 수도 없고, 매우 수동적이며 개인적인 창의성은 거의 없다. 그들의 인생의 즐거움은 심각하게 저지당한다. 심지어 성인이 되어서도 그들은 무엇을 해야 할지 듣기까지 기다릴 것이고 다른 사람들이 자기를 돌보아주기를 기대한다. 그들 중 대다수가 커서도 집에 머무르며 엄마의 보살핌을 떠나지 못한다. 과보호는 특히 남자아이들에게 해로운데 이유는 그것이 그들의 남성다움을 가로막으며 나약한 자로 만들기 쉽기 때문이다. 과보호받은 성인 아들은 엄마의 자리를 대신할 여자와 결혼하기 쉬우며 심지어는 동성연애자가 될 수도 있다. 그들은 당연하게도 일반적으로 여자를 별로 존경하지 않고 여전히 두려워한다. 성경적인 자녀 훈련 원리들은 자신이 이런 형태의 양육을 받았다고 생각하는 성인들이 자신에게도 적용할 수 있다.

13장
어디서부터 시작할 것인가?

　이 장은 부모의 통제를 언제 어떻게 세우고 유지하는가에 대한 답변이 될 것이다. 최적의 출발 시점은 당연히 아이가 아직 유아일 때이다.
　자녀가 가능한 한 어릴 때 부모의 말에 반응하도록 하는 것이 중요하다. 자녀의 반응은 부모의 명령에 즉각적이 되어야만 한다. 부모가 통제를 하는 이유 중의 하나는 순간적인 위험에서 자녀를 보호할 수 있게 되는 것이다. 어린아이는 순식간에 문제에 빠질 수 있다. 그는 엄마가 물리적으로 제지하기도 전에 거리로 달려들어가고, 뜨거운 난로를 만지며, 의자에 기어오른다.
　어린아이가 "안 돼"라는 부모의 명령에 **즉각적으로** 반응하도록 요구하는 것은 그를 다치지 않게 하고 심지어 죽음에서 구하는 것일 수 있다. 아이가 삶의 교훈을 배우기 위해 손을 불에 데거나 다른 상처를 받을 필요는 없는 것이다. 유아는 아주 어린 나이에 "안 돼"라고 하는 부모의 확고한 명령에 반응하도록 가르쳐질 수 있다.
　의도적으로 기저귀를 차지 않으려고 꿈틀거리는 6개월 된 아기도 한두 번의 훈련으로 "안 돼"라는 의미를 배울 수 있다. 기저귀를 갈아 줄 때 움츠리려고 하면 "안 돼"라고 하면서 등을 당기고 잠시 제자리에 놓는다. 다음에도 또 움츠리려고 하면 단호하게 "안 돼"라고 한번 더 말하면서 작은 회초리로 한두 번 가볍게 때린다. 놀라고 눈물을 흘리는 것은 당신이 아이의 주의를 얻었다는 표시이며 "안 돼"라는 명령이 의미 있게 받아들여졌다는 표시이다. 화가 나서 울거나 계속 몸부림을 치는 것은 더 강하고 더 자주 압력을 가해야 하는 고집 센 아이임을 나타내는 표시일 수도 있다. 아이가 기저귀를 한 후에는 그는 위로를 받아야 한다. 이러한 과정은 그가 명령만으로 반응할 때까지 필요한 만큼 자주 반복되어야만 한다. 물론 당신은 이것을 웃기는 놀이로 바꿀 수 있다.—웃으면서 아기를 쫓아 다니고 낄낄거리면서 뒤를 잡아당기면서. 그러나 그러면 아이는 자기 훈련의 첫번째 학습을 배우지 못한다. 또한 아이는 당신이 시간이 없어서 놀아주지 않는지 아니면 아이가 진짜 말썽을 부려서 놀아주지 않는 것인지 이해하지 못할 것이다.

아이는 자기의 불순종이 부모에게 받아들여지지 않는다는 것을 배울 필요가 있다. 부모가 적절하게 고통의 방법을 사용하는 것은 가혹한 것이 아니며 아이로 하여금 인격적으로 부모를 두려워하게 만들지도 않는다. 아이는 오직 부모의 말씀과 권위를 존중하는 것을 배우게 될 것이다. 아이는 곧 그 선택이 자신에게 달렸다는 것을 배운다. 만일 그가 의지적으로 그 명령을 무시하기로 하면 그는 고통을 받기로 선택하는 것이다. 아이가 부모의 명령에 순종하는 것을 배우기 위해 경험해야 하는 약간의 불편함은 장래의 엄청난 고통에서 아이를 건져줄 것이다.

부모들은 자녀가 기대되는 것을 할 수 있는 때가 되자마자 부모의 권위를 건강하게 존중하는 태도를 갖게 해주는 데 주저해서는 안 된다. "그만", "이리 와"라는 명령은 심지어 아이가 말할 수 있기 전에 아이의 순종어휘에 첨가될 수 있다. 이런 단어들은 부모가 아이를 위험에서 보호할 수 있는 외적 통제가 된다. 부모의 말씀을 존중하도록 배운 아이는 그 후의 아동기 전체에 걸쳐 보이지 않는 위험들로부터 벗어날 수 있다.

어린아이가 "안 돼", "그만", "이리 와"라는 명령에 순종하는 것을 배우면 그가 탐구할 수 있는 경계선을 쉽게 배울 수 있다. 그는 전기 코드나 소켓, 뜨거운 것, 울타리 문과 같은 위험이 잠재한 것들을 만지지 않도록 배울 것이다. 왜 이런 것들이 위험한지를 아이가 이해할 필요는 없다. 단지 부모에게 불순종하는 것이 고통이라는 것을 알면 된다. 두 살짜리 아이에게 왜 머리핀을 전기 소켓에 붙이면 안 되는지 설명해야 한다고 상상해 보라. 부모들은 자녀들에게 삶의 모든 위험한 것들을 설명할 수 없다. 그러므로 아이들은 지체없이 경고를 받아들이는 것을 배워야만 한다.

물론 아이는 믿을 만한 감독 없이 잠재적인 위험에 노출되어서는 안 된다. 예를 들면 유아는 지속적인 관찰이 필요하고 보호하기 위해 외적인 통제가 필요하다. 반면에 어린아이는 스스로가 위험을 이해하고 그것을 피할 수 있는 것이 분명한 영역에서는 감독 없이 혼자 놔두어도 된다. 아주 단순히, 부모는 어디가 "한계"인지를 이해하기 위해서 아이의 능력 밖의 것을 시험해서는 안 되며 부모의 제한이 어디까지 미치는지를 보기 위해 아기의 의지를 넘어서는 것을 시험해서는 안 된다.

자녀의 놀이방에 가위를 갖다 놓고 아이가 그것을 갖고 놀지 않기를 기대하지는 않을 것이다. 마찬가지로 어떤 단계에 있는 아이들에게 배운 학습에 비해서는 그 실패의 결과가 너무나 가혹한 그런 시험을 당하게 해서도 안 된다. 자녀가 십대일지라도 설명할 수 없는 것들에 대해서는 계속 통제를 해야 한다. 아기들이 가위를 갖고 놀면 안 되는 이유를 이해할 수 없듯이 십대들도 잘못된 또래 집단을 사귄 결과를 이해할 수 없다. 당신의 자녀에게나 혹은 그가 영향을 미치는 다른 사람들에게나 고통이 자녀의 이해범위를 벗어날 때는 언제든지 외적 통제를 가하는 데 주저하지 말아라.

순종을 배우도록 하는 것이 단지 아이를 보호하기 위함만은 아니다. 그것은 또한 부모의 기준에 따르도록 배울 수 있도록 아이를 통제하는 기초인 것이다. 가정에서 규정을 지시하는 것은 아이의 의지나 소원이 아니라 부모의 의지라는 것을 처음부터 배울 필요가 있다.

아이가 아무리 똑똑하다 할지라도 그에게 최선의 것이 무엇인지를 아는 것이 더 자격 있는 부모이다. 경험은 부모들에게 인생에 대한 많은 것들을 가르쳤다. 부모들은 경험에 있어서 항상 자녀들보다 앞서 있을 것이다. 이러한 경험과 부모의 권위적인 지위는 정책을 세우는 자격을 부모에게 부여한다. 스스로 교육받지 못했거나 똑똑하지 않다고 생각하기에 자녀를 통제하지 못하겠다고 생각하는 부모들이 있어서는 안 된다. 부모들은 자녀가 진실로 필요로 하는 것이 무엇인가에 대해 자녀보다 더 잘 안다.

자녀가 "원하는 것"에 기초해서 자녀를 다루지 말고 그에게 "필요한 것"을 기초해서 다루어라. 삶의 초기부터 자녀에게 필요한 것에는 항상 반응하지만 자녀가 원하는 것의 대부분은 거절될 것이라는 것을 가르쳐라. 자기가 원하는 것을 요청하는 자녀에게 결코 항복하지 말아라. 자녀에게 그가 필요로 하는 것을 물어보고 그 필요성을 적절하게 표현하는 법을 가르쳐 줌으로써 그가 원하는 것을 억제하라. 이러한 가르침은 그로 하여금 자기 훈련으로 이어질 수 있는 자기 통제를 발달시키는 데 도움이 될 것이다.

자녀가 일관성 있게 그리고 즉각적으로 부모의 명령에 순종하면 그는 가장 중요한 기준을 배운 것이다. 다시 말해서 그는 부모가 책임이 있으며 부모의 말씀은 법이라는 것을 배운 것이다. 이러한 사실은 인생의 초기에 자녀들에게 가르쳐질 수 있지만 반복해서 도전될 수 있다. 부모들이 자녀의 의지를 꺾고 자녀가 원하는 것을 제한하려고 할 때마다 부모들은 다스리는 권리를 다시 세울 준비를 해야 한다.

부모의 통제를 확립하는 것은 자녀가 아주 어릴 때부터 시작되어야 한다. 그러나 이미 몇 살이 된 아이 혹은 사춘기의 아이에 대해서는 어떻게 해야 하는가? 원리는 동일하다. 아이들은 가르쳐지기 전에 통제되어져야만 한다. 아이는 배우기 전에 부모의 말씀을 존중해야만 한다. 그리고 부모의 말씀을 존중하기 전에 먼저 부모의 말씀에 순종해야만 한다. 따라서 이미 큰 아이들에게도 첫 단계는 부모의 명령에 말대답하지 않고 순종하도록 하는 것이다.

모든 아이들이 자기 고집이 있고 강한 욕망이 있으며 그것들은 내재적인 죄성에 의해 이끌린다. 자녀를 통제할 때는 갈등이 있을 것이라는 것을 부모들은 깨달아야 한다. 이러한 갈등은 정상적으로 "아동기"의 거의 전과정에 걸쳐 존재한다. 다음 장에서는 이러한 갈등을 평가하는 법을 설명할 것이다.

14장
갈등 평가

　자녀를 통제하려는 시도(자녀의 활동을 지시하거나 제한하는 것)는 필연적으로 갈등을 일으킬 것이다. 일반적으로 사람들은 갈등을 좋아하지 않으며 어떻게 해서든지 피하려고 한다. 그러나 부모들은 자녀를 위하여 이러한 자연적인 성향을 극복해야만 한다. 이것은 부모들이 자녀 훈련이라는 목표가 원치 않는 갈등을 피하는 것보다 더 중요하다는 것을 확실하게 인식하고 있을 때 가능하다. 갈등에 직면하는 것은 목표를 성취하기 위해 지불해야만 하는 대가의 일부일 뿐이다.

　자녀 훈련을 할 때 한 사람 이상의 의지가 개입되기 때문에 갈등이 발생할 것이라는 사실을 부모들은 직시해야만 한다. 결혼도 두 사람의 의지가 부딪히기에 갈등이 있다. 사업 관계에도 갈등이 있다. 대부분의 회사의 이사회는 홀수로 구성된다. 홀수는 약 50%가 반대한다고 해도 어떤 사안을 결정할 수 있기 때문이다. 한 사람 이상이 개입될 때는 항상 잠재적인 갈등이 있게 마련이다.

갈등이 생기는 두 번째 주요 원인은 자기가 원하는 것을 얻으려는 아이의 강한 욕망과 끊임없는 유혹 때문이다(8장에서 논의한 "아동의 본성"). 아이의 자기중심적 본성은 부모의 통제 대상이다. 아이는 몸에 좋은 음식은 거절하고 달콤하고 마약 같은 음식을 탐한다. 아이는 자기가 관심의 대상이 되기를 강렬하게 원한다. 아이는 자고, 입고, 먹고, 목욕하고, 화장실 가는 것 등 부모가 하기를 바라는 것보다 놀고 즐기는 것이 더 중요하다고 생각한다. 부모가 아이의 이기심과 행복을 추구하는 것에 간섭하게 되면 갈등이 발생하게 된다. 갈등 지점은 다음과 같이 기술될 수 있다.

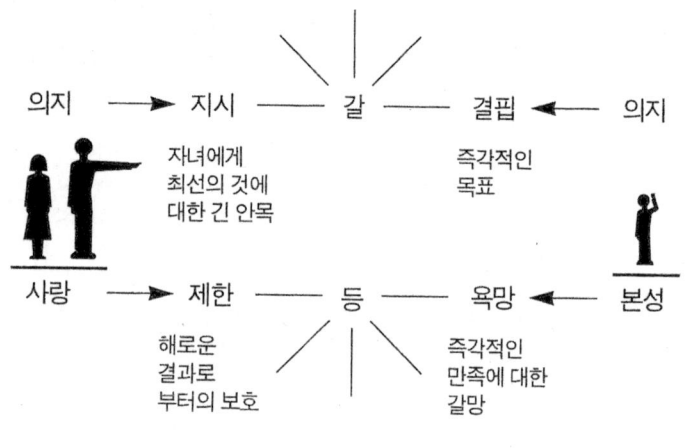

그림 14.1 자녀-부모 갈등

양육하는 것도 다른 리더십과 마찬가지로 성취할 목표를 갖고 있다. 리더십의 위치에 있는 사람이 다른 사람들의 행동을 지시하고 제한하려고 할 때 발생하는 갈등은 인간이 어떤 일을 하든지 발생하게 마련인 장애물이라고 할 수 있다. 일을 추진하는 과정 중에 발생하는 이러한 문제들은 그것을 잘 해결하였을 때 일의 가치를 높여준다.

마찬가지로 운동선수는 승자가 되기 위해 훈련하는 데 방해가 되는 어떠한 장애물도 극복해야만 하다. 그는 먹는 것을 조절해야만 하고 근육을 발달시키기 위해 신체적으로 훈련해야 하며 승리를 방해하는 어떠한 정신적인 장애물도 극복해야만 한다. 부모들은 자녀를 통제하려고 할 때 발생하는 갈등을 자녀 훈련의 주요 장애물로 인식해야 한다.

갈등을 일종의 문제로 인식하는 것은 우리로 하여금 이것을 해결하게끔 한다. 문제를 해결하는 데는 세 가지 주요 단계가 있다. 첫 단계는 문제를 인식하는 것이다. 이것은 문제와 중상을 구별하는 것이며 그 문제를 다른 문제들과 구분하는 것이다. 둘째 단계는 문제를 평가하고 그 중요성과 해결 방법과 그 대가 혹은 장애물을 모두 거치면 목표에 도달할 수 있는 지의 여부를 결정하는 것이다. 셋째 그리고 마지막 단계는 문제를 해결하기 위해 필요한 행동을 취하는 것이다.

갈등을 문제거리로만 인식하기 쉽다. 당신이 자녀에게 명령을 하면 아이는 말대답하고 그러다가 결국 당신은 머리가 아프게 된다. 아니면 자녀에게 당신을 귀찮게 하는 짓을 하지 말라고 반복해서 경고하다가 마침내 통제력을 잃고 분노해서 자녀를 때리게 된다. 마침내 당신은 자녀와의 반복되는 갈등으로 인해 두통과 좌절과 정서적 혼란에 빠질지도 모른다. 그러면 당신은 자녀 훈련을 포기하고 마음대로 하도록 내버려두게 된다.

문제의 평가는 문제의 인식보다 더 복잡한 것이다. 아이들이 본능적으로 통제받기를 원한다면 왜 그들이 그러한 통제에 반대하여 그렇게 완강히 저항하는 것일까? 이 문제에 대한 답은 우리 안에서 찾을 수 있다. 성인들도 자기가 원하는 것을 제한하는 외적인 어떤 시도(다이어트, 좋은 충고, 양심 등등)에 저항하지만 그것에 빠져 탐닉한 후에는 어떤 사람이 좀 말려주었더라면 하고 바라지 않는가. 유혹이 있을 때 마음대로 하고 싶은 갈망과 이미 지난 다음에 통제가 있었더라면 하고 바라는 갈망 사이의 이율배반은 인간성의 한 단면이다.

"나는 네가 지금 왜 이것이 네게 좋은지 이해하지 못한다는 것을 안다. 하지만 네가 자라면 나에게 감사할 것이다."라는 나이든 부모의 격언은 부모가 해야 할 역할을 나타내 주고있다. 성인이 자기 통제를 연습하기는 매우 어렵다. 성인들은 이미 자기들에게 좋지 않은 것들을 함으로써 유해한 경험들을 많이 하였고 여전히 장래에 같은 실수가 재발하지 않게 하는 데도 어려움을 겪고 있다. 아이들에게 자신들을 통제하여 경험해보지도 않은 미래의 결과를 피하기를 기대하는 것은 웃기는 것이다. 아이 스스로 충치를 염려해서 이를 잘 닦게 되기를 기대하는 것은 비현실적인 것이다. 부모들은 아이가 결국 자신을 위해서 옳은 것을 할 수 있게 되도록 아이를 통제**해야만 한다**.

갈등의 문제를 생각할 때에 우리는 진정한 자녀 훈련이 이루어지면 왜 갈등이 일어날 수밖에 없는가를 알 수 있다. 무엇보다 먼저 아이는 자신의 의지를 갖고 있다. 그는 외부의 어떤 영향과는 독립적으로 행동할 수 있는 힘을 갖고 있다. 이러한 독립성을 과시할 때에 아이들은 가고 싶은 곳에 가는 데 방해가 되는 가구나 사람들과 같은 장애물을 무시한다. 아이들은 씩씩거리고 짜증을 내면서 자기식대로 하려고 할 수도 있다. 아이들은 종종 불순종에 대한 처벌을 거부하는 것과 같은 행동으로써 독립성을 나타내려고 할 것이다.

자녀 훈련에 성공하려면 부모의 의지에 따르도록 지시해야만 한다. 종종 부모의 지시는 자녀가 원하지 않는 것이 될 수도 있다. 이러한 의지의 차이로 인해 갈등이 생긴다. 부모들은 순진하게도 자녀들이 진심으로 기쁘게 웃으면서 명령을 받아들이기를 기대한다. 자녀 훈련은 그런 식으로 되지 않는다. 오히려 부모들은 갈등을 예상해야 하고 그것을 극복하는 법을 배워야 한다.

갈등을 극복한 결과

자녀-부모 간의 갈등의 성격을 분석하고 있는 지금 우리는 자녀 훈련이라는 목표를 성취하려면 갈등은 불가피하다는 것을 인식해야만 한다. 이러한 장애물은 사실 그냥 통과될 수는 없고 갈등 자체가 훈련 과정의 중요 부분이다.

자녀 훈련은 단지 전쟁에서 이기는 문제가 아니다. 즉 이것은 실제로 아이들의 본성을 바꾸는 문제인 것이다. 이러한 변화는 자기가 원하는 대로 선택하지 않고 다른 길로 방향을 바꾸도록 아이들을 끊임없이 교정함으로써 얻어지는 것이다. 그러므로 갈등이 일어나는 지점은 변화가 일어나는 지점임을 나타내는 것이다. 부모들은 실제로 이러한 상황을 변화에 영향을 미치는 기회로 삼아야만 한다. 이러한 상황이 자주 발생하고 더 강렬할수록 아이들은 더 빨리 통제 가능하게 되는 것이다. 그때부터 훈련은 훨씬 더 평화스러운 분위기에서 완성될 수 있다.

자녀가 실제로 부모의 통제를 받아들이기로 하는 전환점이 인생의 결정적인 시점이다. 그러므로 갈등이 한동안 강렬해질 때 상심해서 압력을 제거하는 일이 없도록 하라. 전쟁에서의 마지막 전투가 가장 격렬하다. 부모의 통치에 대한 이 마지막 도전이 자녀가 부모의 지도력를 시험하는 마지막 단계인 것이다. 아이는 자기의 삶을 부모에게 맡길 정도로 부모가 자신을 사랑하는지 느껴야 한다.

통제하는 책임이 부모에게 있다는 것을 자녀가 아는 순간부터 그는 안전하게 된다. 제한하는 것들이 충분히 강력한지 알아보기 위해 자녀에게 그 제한들을 반대해보도록 할 필요는 없다. 부모가 자기를 보호하고 자기에게 최고의 것을 줄 정도로 사랑한다는 것이 자녀에게 명백해진 것이다. 확신을 위해 자녀가 어쩌다가 부모를 시험해 본다 할지라도 갈등은 기본적으로 끝난 것이다.

자녀 훈련에서 갈등을 문제로 보는 위의 분석은 당신이 갈등의 성격을 이해하는 데 도움이 될 것이다. 그것은 또한 갈등은 훈련과정의 일부이기 때문에 피해야 할 장애물이 아니라는 것을 깨닫게 해주었을 것이다. 이처럼 갈등은 중요할 뿐 아니라 해결되어야 할 문제인 것이다.

그렇다면 갈등의 문제를 해결하기 위한 바른 방법은 무엇일까? 나머지 부분에서 우리는 하나님의 말씀으로 갈등을 해결하는 법을 다룰 것이다. 하나님의 방법은 올바른 방법일 뿐 아니라 부모가 성공적으로 갈등을 해결할 수 있는 유일한 방법이다. 일단 부모들이 갈등 극복 기제를 완전히 이해하면 그들은 자녀를 성공적으로 통제하기 위해서 그것들을 지속적이고 일관성 있게 적용하는 데 자신을 헌신해야 한다.

갈등을 훈련의 기회로 환영하자.

1. 네 살 된 자녀가 갑자기 방으로 들어와서 당신의 대화(보험사 직

원일 수도 있고, 식구들일 수도 있다)에 끼어든다고 생각해 보라.

a. 만일 집이 불타고 있거나 아이가 거리로 기어나가는 것이 아니라면 이때가 훈련할 시간이다.
b. 실례를 구하고 아이를 데리고 조용한 방으로 가라.
c. 자신보다 타인을 더 중요하게 생각하는 것과 겸손이 무엇인지 가르쳐주라. 또한 자기 훈련과 사람이 있는 방에 들어갈 때의 예절을 가르쳐라.
d. 원래 방으로 돌아가게 해서 손님에게 사죄하게 하라.(손님의 성숙도에 맞추어서)
e. 아이를 잠시 앉혀 놓던가 아니면 당신이 아이를 맞이할 준비가 될 때까지 잠시 방에서 나가라고 하라. 그리고 무엇을 원하는지 말해보도록 하라. 물론 아이는 이러한 기다림을 통해 자기 훈련과 겸손을 배운다.

어떤 엄마들은 아이에게 바로 관심을 주지 않고 심지어 사람들 앞에서 창피를 주는 것같이 행동하는 것에 대해 질겁을 할 것이다. 그러나 아이의 자기 중심적인 욕망을 만족시키고 그로 하여금 의무를 피하도록 하는 것이 아이에게 좋은 것이 아니다. 아이가 부끄럽게 끼어드는 행동을 스스로 선택했다는 것을 기억하라.

당신은 "그러나 만일 그 아이가 지나치게 활동적이어서 자기도 어떻게 할 수 없는 아이라면 어떻게 합니까?"라고 말할 수도 있다. 지나치게 활동적이라는 것은 학교가 연방정부로부터 추가 기금을 받아내기 위한 자격을 갖기 위해 심리학적으로 학생들을 분류하는 것이다. 과도 활동성은 어떤 새로운 바이러스에 의한 질병이 아니다. 대부분의 경우에 그것은 인생에서 자기중심적인 시기인 6세에서 8세에 부모의 통제 없이 그리고 아무런 훈련 없이 생활한 아이의 영혼에서 발생하는 현상이다. 이러한 현상의 일부는 설탕이 많이 든 음식과 카페인이 많이 든 음식을 먹는 아이들에게서도 발견된다.

아이들은 마약 같은 음식을 먹으면서 생활하고 절제 훈련을 받지 않고 권위를 두려워하지 않기 때문에 과도활동성이라고 진단되는 경우가 많고 학교들은 그런 명분으로 이익을 챙긴다. 심리적으로 안절부절하고, 신경과민적이며, 과도 활동적 성향이 있는 학생들의 약 1%만이 진짜 의료조치가 필요한 아이들이다. 그러나 대부분의 아이들이 그런 명분을 갖고 수년 동안 자신의 책임을 인정하지 않고 살아왔다는 것이 슬픈 일이다.

간증

"나는 사회활동 분야의 학위가 있고 남편은 내과의사이지만 우리는 당신의 책을 읽을 때까지 우리의 문제아들을 어떻게 다루어야 할지 몰랐습니다. 우리 아들은 생후 두 달 반 되었을 때 입양되었는데 그때부터 완전히 위축되어서 한 달 뒤에야 눈을 마주쳤고 거의 웃지도 않았으며 다른 사람에게 맡겼을 때도 울지 않았습니다. 11개월이 되자 세게 두드리고, 기어오르고, 몰두하는 등 과도하게 활동적으로 행동하기 시작하였습니다. 계속해서 물고 때리고 침을 뱉는 등 다른 사람에 대한 공격성도 놀랄 만한 것이었습니다.

나는 손으로 그를 때렸지만 또 지나칠 정도로 사랑해 주었습니다. 내가 그의 행동을 용서하고 받아들이려고 할수록 그는 더 나빠졌습니다! 사회학적으로 진단과 처방을 하면 라이탈린과 주의결핍 부조화와 특별 관리 대상자입니다. 그러나 성경적인 훈련으로 삶이 바뀌어 가면서 상황은 완전히 바뀌었습니다. 당신께 감사드립니다!"

징거 가르바츠

주 : "약물요법(즉 라이탈린, 덱세드린 등)을 받는 아이는 12,3세경에 진정효과에서 벗어날 것이다. 지금 당신은 다루기가 더 어려운 나이든 아이를 두고 있다."

윌리암 할콤, D.O.
텍사스
라이탈린 제조 생산 기술

작용 : "자극성이 적은 중추신경 흥분제. 사람의 행동 양태는 완전히 이해되고 있지 않지만 라이탈린은 뇌를 각성시키며 대뇌피질에 흥분효과를 일으킨다."

라이탈린이 아동의 정신과 행동에 어떤 방식으로 영향을 주는지는 분명하게 밝혀지지 않았고 이런 효과가 어떻게 중추신경체계의 조건과 연관되는지에 대한 결정적인 증거도 없다.

경고 : 여기에 목록을 올리기에는 너무 많다.   CIBA제약회사

2. 당신이 저녁을 요리하고 있는 동안 쌍둥이들이 방에서 심하게 말다툼하고 있다고 생각해 보라. 그들이 고함을 치며 당신의 이름을 부르지 않으면 그 상황을 무시하기 쉬울 것이다. 당신이 미친 듯이 고함치며 그만두라고 하면 그들은 그만 둘 것이다. 당신

은 훈련의 기회를 피할 것인가.

   a. 불을 끄라. 요리가 엉망이 되지는 않을 것이고 설사 그렇게 된다 할지라도 저녁 한끼보다 자녀의 평생의 성품이 훨씬 더 중요하다.

   b. 당신이 미리 세운 기준에 따라 쌍둥이들을 다루어라. 즉 너희는 서로 싸우거나 심지어 큰 소리로 언쟁해서는 안 된다. 그렇지 않으면 둘 다 벌을 받을 것이다. 이런 방식으로 하면 당신은 논쟁을 피할 수 있는 두 가지 유익을 얻게 된다. (누가 먼저 싸움을 시작했는지 고민할 필요가 없다. 둘 다 잘못한 것이다.) 처벌은 잠시 분리시키는 것일 수 있다. 그러나 그들이 자기의 감정을 절제할 수 있기 전에 징계가 필요할지도 모른다. 싸움과 다툼은 통제되지 않는 죄성에서 온다(약 4:1-3). 그것을 허용하지 말라!

3. 꼬마 소녀 캐시가 그렇게 하지 말라고 주의를 받고도, 심지어는 그렇게 하면 어떻게 된다는 경고를 받고도 교회에서 떠들고 있다고 생각해 보라. (전가족이 교회의 대예배에 함께 앉아있을 때를 생각해 보라. 아이들은 절제를 배워야 할 뿐 아니라 예배는 엄마나 아빠에게도 중요하다는 것을 배워야 한다고 생각한다.)

   a. 당신의 자존심을 버리라. 자녀 훈련은 더 중요하다. 훈련을 받은 후에는 딸아이를 더 자랑스럽게 느낄 것이다.

   b. 예배드리는 곳에서 화장실이나 사용하지 않은 방, 밖이나 혹은 차안으로 딸을 조용히 데리고 나가라. 그녀는 이기심(타인

을 괴롭힘)과 무례함(목사에게)과 절제의 결여에 대해 배워야 만 한다. 그녀가 평정을 되찾은 다음에는 교회예배에 다시 데리고 들어와서 징계나 징계에 대한 경고가 주어져야 한다. 한 두 번 주일 예배를 제대로 못 드리는 것은 당신의 딸을 성숙하게 훈련시키는 것과 비교하면 아무 것도 아니다.

4. 무례하고 다루기 힘든 당신의 아들이 음식점에서 **좋은 자리에 앉으려고 여동생을 밀치려다** 접시를 떨어뜨렸다고 생각해 보라. 당신은 아이에게 소리지르고 부주의함에 대해 욕을 할 수 있다. 그래서 자신이 상처 입은 자존심과 당황함을 노출시킨다. 그리고 성경에서 하지 말라고 하는 것을 아들에게 한다(골 3:21; 엡 6:42). 잘못이다!

   a. 당신의 아들이 떨어뜨린 것은 접시이지 당신이 아니다. 당신은 언성을 높이거나 그를 더욱 당황하게 할 필요가 없다. 단지 조용하게 그가 떨어뜨린 것을 줍고 치우라고 하면 된다. 그리고 지배인에게 걸레로 닦아달라고 하면 된다. 그가 한 일을 가능한 한 그의 무례함의 결과를 배우는 기회로 삼아라. 식기 나르는 사람이 치우지 못하게 하라.
   b. 아들이 자신이 한 일을 어떻게 생각하는지에 대해 어떠한 변명도 하지 못하게 하라. 그에게 다음에 얘기할 것이라고 말하라.
   c. 그는 자신의 책임을 인정하면서 자기 음식을 직접 사 먹든가 음식을 먹지 못하든가 아니면 아빠의 은혜로 다시 음식을 사

먹든가 해야 한다.
- d. 엄마가 도와주지 못하게 하라. 엄마의 동정심은 아들이 고통스러워하기 때문에 그를 용서하려고 할 것이다.
- e. 그후에 왜 그가 접시를 흘렸는지 개인적으로 그에게 얘기하라.

당신은 아이를 의도적으로 이런 당황스런 상황에 둘 생각은 하지 않겠지만 자연스럽게 발생하는 이런 경험을 통해 아이들의 삶에 적극적으로 영향을 줄 수 있다.

15장

반항

우리는 부모가 자녀를 통제하려고 할 때 발생하는 갈등을 분석하였다. 이러한 갈등은 자녀가 반항하기 때문에 발생하는 것이다. 반항은 "어떤 권위나 통제력에 대한 공공연한 혹은 명백한 도전 혹은 저항(하는 행동)"[20]이다. 부모들은 아이들이 반항을 어떻게 표현하는지를 인식할 수 있어야만 하며 그것이 발생했을 때 어떻게 다루어야 하는가를 배워야만 한다.

반항은 적극적으로든 소극적으로든 표현된 권위에 대한 의도적인 거부이다. 다른 말로 하면 아이가 부모의 명령에 "No"라고 대답하거나 부모를 때리거나 직접 불순종하는 행동을 하면 그것은 명백한 반항이다. 그러나 아이가 계속해서 부모의 명령을 무시하거나 "잊어버리는 것"도 반항인 것이다. 아이가 계속 "잊어버리는 것"은 실제로는 기억하지 않겠다는 것이다. 부모의 말이 그에게 기억될 정도로 중요하지 않다는 표시이다.

적극적인 반항의 한 가지 사례는 자녀가 부모의 명령을 듣지 않고 받아들이지 않는 것이다. 그러한 반항의 전형적인 표현은 부모가 아직 말하고 있는데도 "싫어" 또는 "안 해"라고 하면서 "발작적으로 울부짖는" 반응을 보이거나 반항하며 뛰쳐나가는 것이다. 이런 명백한 불손한 모습은 어떤 경우라도 용납되어서는 안 된다. 자녀는 말대꾸하거나 불평하지 않고 부모의 명령을 경청할 수 있어야만 한다. 부모가 명령할 때 계속 놀고 있거나(혹은 주의를 다른 곳에 돌리거나), 잡담하거나 부모를 무시하는 것도 반항을 나타내는 것이다. 자녀가 명령을 존중하는 태도로 받아들인다는 것을 눈으로나 말로 알 수 있도록 부모에게 주의를 기울일 줄 알아야만 한다. 만일 자녀에게 "예, 엄마" 혹은 "예, 선생님"이라고 대답하여 존경심을 보이라고 명령한다면 그에게 존중하는 태도를 길러주는 것이다.

적극적인 반항의 또 다른 사례는 자녀가 교정을 받아들이지 않을 때 일어나는 것이다. 자녀가 자기 잘못을 받아들이기를 완강히 거부함으로써 행동이나 태도를 교정하려는 부모의 책망을 거부할 수도 있다. 그는 그것이 실제로 자기 잘못이 아니라고 주장하면서 부모와 논쟁하려고 할지도 모른다. 자기가 그렇게 한 것은 다른 사람 때문이라고 혹은 심지어는 부모 때문이라는 것이다. 어떤 아이들은 논쟁하려고 하는 대신에 "말하지 않을" 것이다. 자기 잘못을 인정하지 않고 따라서 부모의 꾸지람을 받아들이지 않는 적극적인 반항을 침묵의 행동으로 나타내는 것이다.

수동적인 반항은 자녀가 외부로부터 순종의 요구를 받았지만 내적으로는 화가 났을 때 발생한다. 이것은 때때로 안에서는 서있지만 밖에서는 앉아있는 것으로 묘사된다. 이러한 유형의 반항은 자녀의 감추어진 심리상태에서 시작하지만 실제적으로는 불손이나 혐오, 분노의 얼굴표정으로 나타나게 된다.

수동적인 반항은 명령을 듣기는 하지만 독촉과 위협, 압력이 없으면 행하지 않는 아이에게서 발견된다. 여자아이들이 이런 유형의 반항을 하기가 쉽다. 그들은 "예, 엄마" 하며 부드럽게 머리를 끄덕이며 대답한다. 나중에 명령대로 하지 않은 것이 발각되면 그들은 이제 막 하려고 한다고 하거나 잊어버렸다고 한다. 수동적 반항의 가장 교묘한 형태는 문제가 일어나기 직전에야 순종하는 것이다. 어떤 아이는 자기 스스로 그렇게 하기로 결정할 때까지 순종하지 않음으로 자기가 부모의 의지를 꺾었다고 생각한다.

수동적인 반항의 또 다른 교묘한 형태는 그것이 행해졌어야 하는 방식으로가 아니라 단지 요구된 것을 하는 것이다. 순종은 단지 명령을 따르는 것이 아니라는 것을 훈련시켜야 한다. 순종은 올바른 방법으로 명령을 따르는 것을 포함한다. 종종 아이들은 자신의 방법으로 명령을 수행함으로 자기의 뜻을 주장하게 된다. 그들은 단지 부분적으로만 명령을 따르거나 어떤 것을 덧붙이거나 아무튼 자기들이 원하는 것을 즉흥적으로 한다. 순종은 창조성을 발휘하는 영역이 아니다. 그것은 엄격한 복종만이 필요한 것이다(삼상 15:22,23).

어떤 아이들은 부모에게 감히 공개적으로 불순종하거나 말대답하지는 않는다. 대신에 속에서는 부글부글 끓는다. 이런 유형의 내적 반항은 종종 얼굴표정으로 나타난다. 그런 아이들은 우울하게 행동하고 무기력한 기질을 갖고 있다. 그들은 샐쭉하고 뿌루퉁하고 자기 식대로 되지 않는다고 주변의 사람들을 고생스럽게 한다. 이런 유형의 반항을 극복하기 위해서는 공개적으로 드러나야만 한다. 만일 그렇지 않으면 십대에 폭발하기 쉽다. 부모들은 조용하지만 뿌루퉁한 아이 안에 있는 잠재적인 위험을 알아차려야만 한다!

언제든지 부모가 말씀하신 뜻보다 자기의 뜻을 **의도적, 의지적**으로 내세우는 아이는 반항하고 있는 것이라는 점이 기본적인 원리이다. 아이가 고의적으로 부모의 통치권을 거부할 때는 반항적이 되고자 선택하는 것이다.

ⓜ 반항은 권위를 뒤엎는 것이다.

반항의 갈등은 자녀 훈련 과정에서 자연스럽게 발생한다. 한편으로 부모들은 자녀를 훈련하기 위해서 지시하고 통제해야 한다. 부모들은 그러한 권리를 갖고 있을 뿐만 아니라 그것을 행사할 책임도 있다. (5,6장 '부모의 권위'와 '부모의 책임'에서 언급했듯이) 또 한편으로는 아이들은 자기의 의지와 죄성의 강력한 유혹을 받고 있다.

갈등에 대한 책임은 부모들에게 있는 것이 아니라 아이들에게 있다. 아이들은 '모든 일에' 부모에게 순종해야만 한다. 부모들이 하나님이 주신 통치권을 행사하기만 해도 갈등이 발생하는데 반항을 선택하는 것은 아이들이다. 아이들이 부모의 통치권에 도전하면 스스로 권위자가 된다. 아이들은 외적 통제를 거부하고 완전히 자기 죄성의 지배하에 놓이게 된다. 반항은 다음과 같이 묘사될 수 있다.

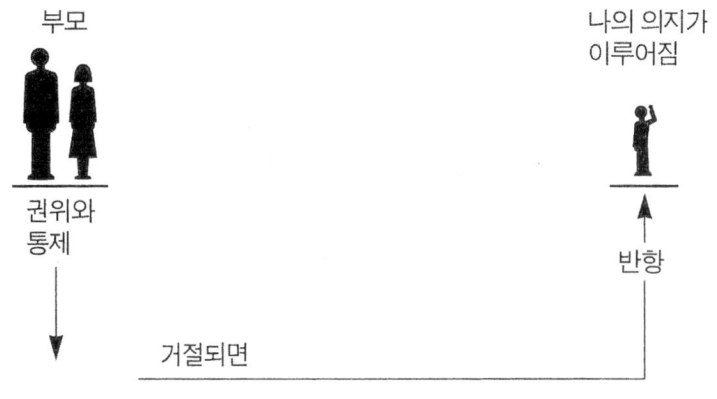

그림 15:1 반항

그림 15:1은 아이가 더 이상 권위 아래 있지 않고 자신을 부모와 동등한 수준에 두는 것을 묘사한다. 이렇게 되면 "내가 지극히 높은 자와 비기리라"(사 14:14)는 사탄의 반역과 유사한 것이다. "지극히 높은"이라는 구절은 하나님의 궁극적인 권위―그분의 절대 주권에 대한 명칭이다. 사탄은 결국 "당신은 더 이상 나를 다스릴 권리를 갖고 있지 않습니다. 나는 당신과 같게 될 것입니다. 나는 나를 당신의 수준에 올려놓습니다. 나는 더 이상 당신의 명령을 따르지 않습니다. 나는 더 이상 당신에게 복종하지 않습니다."라고 말한 것이다. 반항은 두 개의 대립되는 의지의 갈등이다. 그것은 권위 아래 있는 사람이 권위를 갖고 있는 사람에게 반항하는 의지의 표현이다. 모든 아이들은 자기의 의지를 갖고 있다. 아이들은 복종할 대상과 시기를 선택한다. 아이가 반항하려 할 때 부모는 언제든지 즉각적으로 그 반항을 억제할 충분한 힘을 사용해야만 한다. 하나님의 말씀은 모든 반역의 배후에 사탄이 있음을 지적하시면서 반역죄를 사술과 동일하게 보셨다.

삼상 15:23a "거역하는 것은 사술의 죄와 같고"

자녀의 반항은 자녀가 부모의 권위를 없애기 위한 의지적인 시도이다. 만일 반항이 억제되지 않으면 혁명이 일어날 것이다. 혁명은 권위를 **완전히** 뒤엎는 것이다. 아이가 자신을 부모와 동일한 위치에 올려놓고 그것이 허용되면 혁명이 일어난 것이다.

여기서 어떤 아이들은 실제로 부모의 통치권을 양도받는다. 그들은 관심의 중심에 있기를 요구하면서 가정을 통제하고 심지어는 부모가 할 수 있는 것 혹은 할 수 없는 것을 지시할 수도 있다. 아이가 하고 싶은 대로 하기 위해서 짜증을 내고 성질을 부릴 수 있거나 부모에게 조용히 하라고 말할 수 있게 되었다면 이미 부모의 권위는 완전히 소멸된 것이다. 혁명은 하나님이 정하신 질서를 파괴하고 혼돈을 초래하며 부모나 자녀 모두에게 저주가 된다.

반항을 다루는 잘못된 방법

자녀가 부모의 권위를 성공적으로 뒤집어엎었다면 부모가 할 수 있는 일은 자녀가 원하는 것 이외의 다른 어떤 것을 하도록 하기 위해 아이와 협상하거나 조작하는 것뿐이다. 그러한 혁명이 일어난 가정은 혼돈스럽다. 그런 가정의 아이들은 취침, 음식, 옷, 놀이 등 거의 모든 사항을 자기가 통제한다. 부모들은 받아들여지지 않는 충고를 하는 카운셀러로 전락한다. 그런 부모들은 자녀에 대한 권위를 상실하였기에 자녀에게 지시하기 위해서 아이의 미숙한 이성적 능력에 호소하려고 한다. 그런 부모들은 자녀들이 알아서 자신들에게 가장 좋은 것을 하겠지라고 확신하려고 할지도 모른다. 당연하게도 반항하는 아이는 계속해서 자신을 기쁘게 하는 일만을 할 것이다.

　이성적인 접근이 실패할 때 이런 부모들이 한 가지 의지하는 것이 있다. 부모들은 이제 뇌물, 위협, 속임수 등으로 자녀를 조작하려고 한다. 부모들은 순종의 대가로 자녀들이 원하는 것을 준다. 혹은 자녀들이 협조해 주지 않으면 원하는 것을 잃을 것이라고 협박한다. 뇌물은 다른 사람을 통제하고자 하는 죄성을 키우는 것이다. 예를 들면 그가 해야 할 일을 한다면 사탕을 주거나 혹은 해서는 안될 일을 하지 않도록 하기 위해 위협을 하는 것이다. 뇌물은 아이가 자기 욕구에 대한 내적 통제력을 발달시키는 데 도움이 되지 않는다. 자기 의지를 통제하는 유일한 연습은 절제력을 개발하는 것이다.

　자신들의 지배권을 잃어버린 많은 부모들이 자녀를 간접적으로 조작하려고 한다. 이러한 조작은 아이의 감정을 자극하고 정신적인 속임수를 이용하고, 아이의 연약한 죄성을 사용하는 것이다. 그런 기술은 아이에게 죄책감을 "느끼게" 하기 위해 어떠한 사랑이나 인정의 표현도 하지 않고, 부모의 우월한 지적 능력을 사용하여 아이를 속이고, 아이의 질투심, 교만, 분노 혹은 다른 나쁜 충동을 자극하는 행위들을 포함한다. 용납할 수 없는 행동으로부터 용납할 수 있는 행동으로 아이의 흥미를 돌리는 것도 조작의 한 형태이다. 그것은 아무런 갈등도 존재하지 않을 때는 사용할 수 있는 합법적인 기술이지만 갈등 상황에서의 방향수정은 아이를 절제하도록 훈련시키지도 않으며 반항적인 아이에게는 절대로 사용해서는 안 된다.

　이런 형태의 환경에서 자란 아이들이 부모를 존경하지 않는 것은 당연한 것이다. 아이들은 외적 통제가 필요할 때 거부하였고 그 결과 절제를 훈련받지 못하여 고통을 당하는 것이다. 자기의 지배권을 포기하고 대신에 목적을 이루기 위해 조작을 하려는 지도자를 존중하거나 공경할 사람은 한 사람도 없을 것이다.

리더십은 직접적이고 공개적인 접근을 요구한다. 즉 그것은 준수되어야 할 규칙을 명확히 규정하고 모든 반항을 분명하게 제거하는 것이다. 자녀의 반항은 용납되어서는 안 된다. 하나님은 부모에게 권위를 행사할 권리와 유지할 힘을 주셨다. 다음 장에서 상세히 논의될 것이지만 하나님의 말씀은 반항이란 문제에 유일한 한 가지 해결책을 마련하셨다. 그에 앞서 통제와 반항의 원리를 다음과 같이 요약할 수 있다.

요약

* 부모들은 하나님에 의해 하나님의 기준에 따라 자녀들을 훈련할 책임을 부여받았으며 하나님께 의무를 진다.

* 자녀들은 "모든 일에" 부모에게 순종할 것을 하나님에 의해 명령받았다.

* 부모들은 자녀에 대한 권위(다스릴 권리)를 갖고 있다. 이것은 그들이 규칙을 만들고 자녀가 그것을 따르도록 명령할 권리가 있다는 의미이다. 그것은 또한 부모들이 공의를 행하고 불순종을 처벌하고 명령을 따르는 데 상을 주는 권리가 있다는 것을 의미한다.

* 그러나 아이들은 자기 의지를 갖고 있다. 그들은 자기의 욕망에 따라 자기 자신을 다스리길 원한다.

* 아이들은 또한 내적인 죄성을 가지고 있다. 이러한 본성은 아이들로 하여금 육신의 소욕—관심, 힘, 자기 만족에 대한 욕망—을 만족시키게 하는 엄청난 유혹이다.

* 자녀에게 지시하고 통제하는 부모의 책임은 아이의 의지와 본성과는 직접적으로 대립한다. 결과적으로 갈등이 일어난다. 부모들이 자녀의 행동을 지시하려고 할 때 그것은 종종 자녀가 의지하는 것과 충돌한다. 부모가 자녀의 욕망을 제한할 때 그것은 자녀의 죄된 본성이 원하는 것과 갈등을 일으킨다.

* 아이가 부모의 권위(아이를 다스리는 권리)를 거절할 때 그는 소위 반항이라는 갈등을 일으키는 것이다.

* 반항은 권위에 대해 공공연하게 저항하거나 권위의 통제에 대해 반대하는 행동이다. 아이들에게 그것은 부모의 다스리는 권리를 거부하는 것이다.

* 아이들은 의지적으로 도전함으로써 반항을 적극적으로 표현한다. 즉 듣지 않기, 논쟁하기, 말대답, 대답하지 않기, 도망가기, 때리기, 성질 부리기, 말로 거절하기, 직접적으로 불순종하기.

* 아이들은 계속해서 명령을 잊어버리거나, 복종할 준비가 될 때까지 기다리게 하거나, 올바른 방식으로 순종하지 않거나, 속으로는 화가 나면서 겉으로만 순종하는 그러한 방식으로 소극적 반항을 드러낸다.

* 부모들은 논리적인 방법이나 뇌물을 주거나, 관심의 방향을 바꾸거나, 감정이나 죄성을 자극하거나 속이거나 조작하는 등의 방법으로는 반항이라는 문제를 해결할 수 없다.

* 부모들은 반항하는 자녀문제를 피할 수도 없고 타협하려고 해서도 안 된다. 반항은 다스려져야만 한다.

* 반항을 다스리는 것은 부모의 권위를 재확립하는 것을 의미한다. 부모는 반항하는 자녀가 계속해서 반항하도록 하는 대신 부모의 뜻대로 행하도록 강력한 지배력을 사용해야만 한다.

자녀들이 반항할 때 부모가 자녀를 통제하기 위해 사용해야 하는 강제력은 '징계'라고 하나님의 말씀은 규정하고 있다. 이 강제력은 이 책의 가장 중요한 개념의 하나를 다루는 다음 장에서 설명될 것이다. 적절한 징계의 사용은 자녀를 훈련하는 데 성공과 실패를 가르게 될 것이다.

◎ 반항의 사례

1. 내 아들은 어렸을 때 쓰레기를 좋아했다. 그는 두 살 때부터 부엌에 있는 쓰레기통에서 깡통이나 종이를 꺼내기를 매우 좋아했다. 애 엄마는 그러한 비위생적이고 위험할 수도 있는 놀이를 하지 못하도록 계속 그에게 경고하였고 안 된다고 말했으며 작은 손을 가볍게 때리기도 하였다. 우리는 통을 싱크대 위에 올려놓는 것으로 문제를 단순하게 피했다. 그러나 불신자였지만 우리는 그것보다 더 잘 알았다. 그곳은 우리 집이고, 우리가 론에게 적응하는 것이 아니라 론이 우리에게 적응해야 한다는 것을 알았다. 또한 우리는 그가 우리에게 복종해야 한다는 것을 알았다.

하루는 아들이 방을 가로질러 금지된 통에서 자기의 보물을 신나게 꺼내 당기는 것을 아내가 보았다. 아내는 즉시 "안 돼!"라고 큰 소리로 말했고 그에게 걸어가기 시작했는데 론은 한번 힐끗 보고는 미친 듯이 깡통에서 무언가를 계속 당기면서 울기 시작했다. 아내가 그에게 가까이 갈수록 그는 더 울었고 더 빨리 그 보물들을 꺼냈다. 그는 자기가 그만해야 한다는 것과 매를 맞아야 한다는 것을 알았기 때문에 울고 있었지만 자기의 순수한 의지력 때문에 계속 하였다. 아내가 그에게 갔을 때조차도 그는 있는 힘을 다해 붙잡았고 작은 손은 쓰레기 깡통에서 억지로 떼내어졌다. 보라, 얼마나 고집센 아이인가! 나는 당신의 자녀들의 반항이 그렇게 분별하기 쉽기를 바란다.

2. 우리 막내딸은 항상 부드럽게 불순종하는 소녀이다. 그 애는 귀여운 딸이었고 나는 그 애를 약간 응석받이로 키웠다. 나는 정상적인 두세 살짜리에게는 예외적이라 할 수 있게 그 애를 때려야 할 필요성을 느끼지 못하였다. 그 애는 아주 영리하고 매우 주의 깊은 아이였다. 그 애는 오빠나 언니가 말썽을 부리는 것을 보았기에 그런 일들은 하지 않았다. 그러나 그 애는 시무룩하고, 신경질적이며, 아주 예민하고 자기 중심적이었다.

열 두 살이 되었을 때 그 애는 더 이상 자기의 교만한 죄성의 기질과 고집을 숨길 수 없게 되었다. 그 애는 단 것은 무엇이든지 탐했고, 이미 정상보다 약 9kg 초과체중이었다. 우리는 단 것을 먹지 못하게 하였지만 그 애가 밤에 몰래 훔쳐먹는 것을 보았다. 그 애가 그렇게 단 것을 좋아하는 기질은, 식구 중의 누구와도 어울릴 수 없는, 까다롭고 참을 수 없는 성질로 드러났다. 매우 부끄럽게도 나는 그 애를 '매력 없는 아가씨'라고 부르며 놀리기 시작했다. 대부분의 부모들처럼 나도 미숙한 아이가 (성숙한 어른처럼) 스스로 절제하며 자신의 행동을 바꾸기를 원했으나 그녀를 양육하려고 하지는 않았다. 얼마나 부당한 일인가!

마침내 딸을 화나게 하고 분명한 지도(지시)를 하지 않음으로써 성경을 범하는 일이 벌어졌다. 나는 딸에게 사죄했고 지금부터 아빠 역할을 잘 하겠다고 말했다. 나는 딸에게 너의 태도를 바꾸고 다른 사람들을 존중하고 존경해야 한다고 말했다. 만일 계속해서 주연배우처럼 자기 중심적으로 행하고 다른 사람을 고통스럽게 한다면 때려줄 것이라고 경고했다. 이틀이 지나서 딸은 집 주위를 오락가락 하더니 오빠와 언니에게 추잡한 말을 했고 그 태도가 나의 명령을 어기고 있다고 경고를 받자 자기 엄마를 경멸하였다.

막내딸은 스스로 미안함을 느끼며 하루종일 자기 방에서 보냈다. (당신도 알 듯이 조금이라도 이해하는 사람은 한 사람도 없다.) 내가 퇴근후 집에 돌아오자 그 애가 그날 모든 식구들을 고생시킨 일을 듣게 되었다. 아내와 나는 딸아이 방으로 올라갔다. 나는 그녀의 태도를 바로잡아 주기 위한 분명한 이유를 제시하였고 내적인 통제력을 개발시키는 것을 도와주기 위해 왔다고 딸아이에게 말했다. 나는 이런 과정이 불가피한 것이 유감이지만 너를 더 이상 내버려 둘 수 없고 만일 이런 방법이 효과가 없으면 네가 자신을 통제할 수 있을 때까지 날마다 이런 일이 반복될 것이라고 말했다. 그리고는 약 세 차례 심하게 때려주었다.

아이처럼 다루어지는 것은 약간의 신체적 고통보다 나쁜 것이다. 그러나 전체적으로 그렇게 함으로 인생이 변하는 사건이 되었다. 내가 그날 갈등을 극복하려는 의지가 없었다면 내 딸이 얼마나 우울하고 자기 중심적인 사람이 되었을지 생각하고 싶지도 않다. 내 딸의 변화는 극적이었다. 그날부터 딸아이는 작은 숙녀처럼 행동했다. 다른 사람들에게 친절하고, 자발적으로 엄마를 돕고, 나를 매우 존경하고 사랑했다. 그 애가 실수하였을 때 다시 두 번쯤 경고를 받았지만 그러나 두 번 다시 징벌이 필요 없게 되었다.

오래지 않아 딸아이는 균형 있는 식생활을 하게 되었고 단 것에 대한 식탐도 조절하여서 초과된 9kg의 살을 뺐다. 딸아이는 외모도 아름답게 성장하였지만 우리는 내적으로 더 아름다워진 것에 만족한다. 그녀는 정말 우리에게는 자기 이름의 뜻처럼—하나님의 선물—되었다. 현재 사랑스런 우리 딸은 우리와 다른 사람들과 자기의 남편에게 기쁨이 되고 있다. 우리는 하나님의 선물인 딸을 매우 자랑스럽게 여기고 있다.

16장
징계

부모는 하나님이 정하신 권위적인 위치에 있다. 부모의 책임을 수행하려면 강제력을 사용해야 할 때가 종종 있다. 정부는 내부의 반역과 외부의 위협으로부터 시민을 보호하기 위하여 강제력을 사용해야만 한다. 내부의 범죄에 대한 처벌을 권위적으로 행사하는 것과 방어적인 전쟁을 수행하는 것은 정부가 행사할 수 있는 강제력이다. 부모들도 자기들의 권위를 적절히 행사하기 위하여 강제력을 사용해야만 한다.

부모의 권위에 합당한 강제력은 자녀들의 반항에 대해 징계하는 것이다. 그리고 불순종을 처벌하는 것이다. 처벌은 다음 장에서 충분히 설명할 것이다. 기본적으로 처벌은 세워진 기준을 깨뜨린 데 대해 정당한 결과를 집행하는 것이다. 그것은 징계와 혼동되어서는 안 되는데 일반적으로 그런 혼돈이 존재한다.

징계는 '개심을 목적으로 처벌을 가하거나 고통을 주는 것. 또는 단순히 처벌하고 벌을 주는 것(신체적 처벌등)'을 의미한다.[30] 오늘날 이런 행동을 언급할 때 우리는 종종 '훈육'이라는 단어를 사용한다. 그러나 훈육은 징계보다는 훈련의 여러 가지 측면을 언급하는 것일 수 있다. 훈육은 광범위한 의미를 갖는다. — 즉 교훈하다, 교육하다, 훈련하다, 군사 훈련하다, 징벌하다, 처벌하다, 질서 있는 태도로 다루다. 명사로서 '징계'는 다음과 같은 의미를 함축한다. 즉 '제자들에게 하는 명령, 교육, 학교교육, 교훈이나 교육의 일종, 학생이 적절한 행동양식을 갖추도록 의도된 가르침, 정신적 도덕적으로 연습시켜서 절도 있고 질서 있는 행동을 하도록 학생이나 부하를 훈련시키는 것, 군대에서의 훈련, 훈련된 상태, 통제나 명령하에 있는 학생이나 사람들에게서 발견되는 질서, 행위의 체계, 교정, 징벌'[31]

그러므로 '훈육'이라는 단어는 더 일반적인 용어이며 자녀 훈련의 전과정을 잘 서술할 수 있다. 반면에 '징계'라는 단어는 특별히 교정이나 제한을 위해 고통을 가하는 것에 적용된다.

영어단어 '징계'의 의미는 이 장에서 인용한 성경구절에서 사용된 히브리어와 희랍어를 통해 하나님이 의미하시는 것과 가장 밀접하다.[32] 징계(혹은 체벌)는 부모가 자녀의 반항을 교정하거나 억제할 때 사용하는 합법적인 물리적 힘이다. 우리는 단지 앞장에서 정의한 대로 반항하는 아이에 대한 징계를 말하고 있는 것이다. **모든 불순종에 징계가 사용되어야 하는 것은 아니다.** (반항의 결과가 아닌 불순종은 제5부 '자녀를 가르치기'라는 장에서 설명할 것이다.)

우리 시대의 부모는 자녀에게 신체적인 고통을 가할 필요가 있다는 것을 받아들이기가 어렵다. 최근에 부모들은 권위의 적절한 역할에 대해 잘못된 정보들로 폭격을 맞아왔다. 부모들은 심지어 강제력을 정당하게 사용할 때조차도 죄책감을 느끼게 되었다. 많은 부모들이 미숙한 아이들도 자신의 권리를 갖고 있고 징계는 잔혹하고 비정상적인 대우라는 반성경적인 개념을 받아들이고 있다.

적절한 징계를 받지 않고 자란 대부분의 아이들이 잘 훈련되어 있지 않다는 것이 사실을 정직하게 평가하려는 사람들에게는 분명해져야만 한다. 일반적으로 그런 아이들은 자기 훈련이 결여되어 있고 자기 중심적이며 모든 형태의 권위를 경시한다. 오늘날 많은 젊은이들이 도덕적 기준이 없다. 확실히 부모들은 그릇된 것을 해왔던 것이다.

인류역사에 걸쳐 징계는 아이들의 반항을 통제하는 정상적인 방법이었다. 심지어 성경에 기초하지 않은 문화 속에서도 징계는 종종 기준이 되었다. 단지 어떤 문명이 자기의 지혜로 교만하게 되면 그것이 너무 정교하게 되어 권위의 적절한 행사를 위한 하나님의 법칙을 적용할 수 없게 된다. 그런 문명은 의문을 제기하지만 어떤 절대적인 기준의 존재를 거부한다. 그런 문명은 부패하게 되고 궁극적으로는 절대적인 기준을 따르는 더 강력한 문명에 의해 파괴된다.

저자의 견해로는 현시대의 대부분의 서양문명이 부패단계에 와있다. 하나님의 절대적인 기준으로 되돌아가는 것만이 임박한 파괴를 막을 수 있을 것이다. 오늘날 인간 이성과 반권위적인 철학에 대한 숭배 때문에 하나님의 말씀 속에 있는 부모의 역할에 대한 명확한 이해가 결여되어 있다.

부모들은 정상적인 것에 대한 진리를 잘못 인식하게 되었다. 하나님은 부모의 징계를 자연스러운 것으로 여기시기에 하나님이 반항적인 아이를 다루시는 방법을 묘사할 때 그것을 사용하셨다. 만일 징벌이 그분의 기준이 아니라면 확실히 하나님은 이러한 예를 사용하지 않으실 것이다.

삼하 7:14 "나는 그 아비가 되고 그는 내 아들이 되리니 저가 만일 죄를 범하면 내가 사람 막대기와 인생 채찍으로 징계하려니와"

중요한 것은 막대기가 징계를 위해 사용된다는 것이다.[33] 막대기는 (뒤에 언급할) 반항하는 아이에게 적용되는 이상적인 도구이다. 성경에는 자녀를 때리기 위해 다른 도구나 맨손을 사용하였다는 언급이 없다. 이 구절은 부모와 자녀의 정상적인 관계는 징계 즉 구체적인 수단에 의한 징계를 포함한다는 것을 지적해주고 있다.

◎ 사랑하는 부모는 징계할 것이다.

징계는 다음의 구절에서 보듯이 실제로 부모의 사랑의 표현인 것이다.

히 12:6 "주께서 그 사랑하시는 자를 징계하시고 그의 받으시는 아들마다 채찍질하심이니라"

하나님 우리 아버지는 우리가 반항할 때 우리를 벌하실 정도로 우리를 충분히 보살피시는 분이다. '채찍질하다' 라고 번역된 단어는 '채찍이나 혹은 작고 유연한 막대기로 심하게 때리다' 는 의미이다.[34] 이 구절은 교만한 사람이 하나님의 법도를 변개하려는 것에 대해 관대한 방법으로 대할 것을 권면하는 것이 아니다. 사람이 하나님의 말씀을 절대적인 기준으로 받아들이지 않는 것은 자신의 생각과 방법을 하나님의 생각과 방법보다 더 월등한 것으로 간주하는 것이다.

이 구절에서 '받으신다'고 번역된 단어는 '수용하거나 받아들인다, 환영한다'는 의미이다.[35] 아이의 반항이 부모의 사랑의 징계로 다루어질 때 아이는 다시 가정의 유대관계 속으로 받아들여질 수 있다. 다른 구절에서 하나님은 특별히 가족관계를 징계와 연결시키셨다.

계 3:19a "무릇 내가 사랑하는 자를 책망하며 징계하노니"

이 구절에서 '사랑'으로 번역된 단어는 성경에서 주로 사용된 사랑에 해당하는 희랍어와 다르다. '사랑하는 대상의 유익을 위한 관심'을 의미하는 사랑이라기보다는 이 단어는 '관계적 사랑'을 의미한다.[36] 그것은 가정에서처럼 공동의 관심, 생각, 관계를 가진 사람들 사이에 존재하는 사랑의 형태이다. 문맥상 이 구절은 하나님이 당신의 반항하는 자녀들을 교제관계로 되돌리시기 위해서 징계하시는 것을 보여준다.

부모들은 깨어진 가족관계의 회복을 위해서 징계를 사용해야만 한다. 자녀가 반항할 때 그는 부모로부터 소외되고 부모는 그 자녀를 축복해줄 수도 그와 교제할 수도 없다. 부모가 반항하는 자녀에게 줄 수 있는 유일한 사랑의 표시는 징계이다. 사실 징계가 이루어지지 않으면 그것은 자녀의 유익에 대한 관심의 결여를 드러내는 것이다.

잠 13:24 "초달을 차마 못하는 자는 그 자식을 미워함이라 자식을 사랑하는 자는 근실히 징계하느니라"

'차마 못한다' 라고 번역된 히브리어는 '억제하다, 자제하다' 를 의미한다.[37] 막대기를 사용하여 신체적인 고통을 주는 것을 억제하는 부모들은 자녀를 미워하는 것이라고 한다. '아들' (한글 성경은 '자식' 으로 번역됨-역자주)로 번역된 히브리 단어는 '특별한 관계에 있는 아이' 라는 의미이다.[38] 그것은 가족의 법적인 상속자에게 사용된다. '일찍이' (한글 성경은 '근실히' 로 번역)로 번역된 단어는 '새로운 날로 시작하다' 는 의미이다.[39] 이러한 회화체적인 단어는 진실로 자녀의 최선을 갈망하는 부모는 자녀의 인생의 새벽에 그들을 징계할 것이라는 것을 선포한다.

다음 구절은 자녀를 징벌하지 않는 부모의 비정상성을 지적한다.

히 12:7b "어찌 아비가 징계하지 않는 아들이 있으리요"

이 구절에서 하나님은 초시간적인 원리를 진술하신다. 즉 참으로 아들이라면 아버지에 의해 징계받는 것이 정상이라는 것이다. 여기서 우리는 '특별한 관계 속에 있는 아들' 즉 '법적 상속자' 라는 의미가 있는 '아들' 로 번역된 희랍어를 보게 된다.[40] 그것은 만일 아이가 가족의 진정한 일원이라면 아버지가 훈련과정 중에 징계라는 신체적인 고통을 사용하여 자녀를 돌보는 것은 당연하다는 것이다.

문맥상 다음 구절은 징계와 가족관계를 더 생생하게 연결시키고 있다.

히 12:8 "징계는 다 받는 것이어늘 너희에게 없으면 사생자요 참 아들이 아니니라"

하나님께서는 사람과 교통하시기 위해서 일부러 점잖게 말씀하시지 않는다. 여기서 그분은 징계를 받지 않는 자는 오직 비합법적인 아이라고 말씀하신다. 사생아의 아버지는 정상적으로는 그를 돌보지 않는다. 그 아이는 아버지의 이름과 유산에 대한 합법적인 상속자가 아니다. 그런 아이는 아버지의 원치 않는 죄의 결과이기에 아버지에 의해 거절된다. 부모들에 의해 징계를 받지 않는 아이들이 거절감을 갖는 것은 이상한 일이 아니다.

반항하고 있으면서 행복한 아이는 한 명도 없다. 비록 그 스스로 의지적으로 반항을 했지만 그는 그것을 극복할 도움이 필요하다. 부모들이 자녀를 징계를 해서 다시 통제할 수 있게 되지 않으면, 그는 가족으로부터 소외감을 느끼게 된다. 그는 스스로 비참하게 되며 부모들은 그에게 화가 난다. 그는 가족의 교제권 안에 받아들여지지 않고 부모의 사랑으로부터 분리된다. 아이가 반항할 때 부모가 그에게 사랑을 나타낼 수 있는 유일한 방법은 그를 다시 받아들일 수 있게 만들 정도의 보살핌을 그에게 보여주는 것이다. 부모는 그를 자기의 일부인 것처럼 징계해야만 하고 사생아인 것처럼 무시해서는 안 된다.

결론적으로 앞의 구절들은 부모가 자녀를 통제하는 정상적인 방법이 징계임을 보여주었다. 하나님의 말씀은 또한 신체적인 징계의 고통은 부모다운 사랑의 표현임을 반복적으로 선언하고 있다. 자녀의 유익에 진실로 관심이 있는 부모들은 반항하는 자녀에게 막대기(회초리의 의미—역자주)를 사용하는 것을 주저하지 않을 것이다. 막대기의 사용은 심지어 가족 구성원임을 확증해 주는 것이다.

자녀가 반항할 때 신체적인 고통(징계)을 주는 것은 그로 하여금 부모의 지시와 통제를 받아들이게 하는 **유일한** 압력이다. 반항하는 자녀는 이미 부모의 권위를 거부한 것이다. 그는 이미 자기가 원하는 것을 따라 생활하기로 선택한 것이다. 다른 말로 하면 자기의 강력한 욕망에 사로잡힌 아이의 의지가 그의 주인이 된 것이다. 도전받은 권위를 재확립할 수 있는 유일한 방법은 부모가 징계라는 강제력을 사용하는 것이다. 그것은 또한 그의 나쁜 주인으로부터 자녀를 구하는 유일한 길인 것이다.

반항이 허용되면 그것은 하나님이 제정하신 가정의 질서를 파괴한다. 부모들은 자녀를 통제하지도 못하고 자녀를 가르치는 책임을 수행할 수도 없다. 자녀들은 부모의 지위와 인격을 존중하지 않기 때문에 그가 거절한 권위에 귀기울이거나 순종하지 않을 것이다. 징계의 적절한 사용은 반항으로 말미암아 깨어진 가족관계를 회복할 수 있는 유일한 방법이다.

다른 강제력과 마찬가지로 징계도 오용될 수 있다. 다음 장에서 징계의 올바른 사용법에 대해 다룰 것이다.

장애아 문제

'장애' 아동들은 징계와 관련해서도 특별한 욕구를 갖고 있다. 그러한 욕구는 무시되어서는 **안 된다**. 미국 최고의 예술가의 아들 중 하나가 선천성 농아였다. 그와 그의 아내는 아들에 대한 사랑을 표현하기 위해서 그들이 할 수 있는 모든 것을 했다. 그는 몬테소리 학교에 들어갔고 아홉 살 때에 거기서 하루 종일 놀았다. 아들은 매년 더 반항적이 되어가고 있었지만 부모는 그를 훈련하기를 두려워하였다. 마침 어떤 사람이 내 책을 그 부모에게 주었다. 그들은 하룻밤 새에 내 책을 다 읽고 다음날 나에게 전화를 했다. 그들의 질문은 "장애아를 훈련시키는 것도 비장애아와 동일합니까?"였다. 나는 장애아동들도 죄성과 자기의지가 있으며 부모의 희생적 사랑을 경험하고픈 욕구가 있다고 설명하였다. 만일 그들이 필요한 징계를 받지 않으면 가족의 정규구성원이 아니라는 거절감을 갖게 될 것이며 자기의지와 육적인 것을 극복하는 데 필요한 내적인 통제를 발달시키지 못할 것이다. 그 다음 주에 그 소년은 태어나서 처음으로 몇 번의 매를 맞았다. 그 아버지는 아들의 분노와 우울함이 곧바로 미소와 협력으로 바뀌었다고 말했다. 그 장애 아동은 1993년도 자기 반에서 일등으로 펜사콜라 크리스천 대학을 졸업하였다.

장애 아동을 가능한 한 다른 아이들과 똑같이 훈련시키는 것은 그들이 정상인으로 수용되고 느끼게 하는 데 중요한 것이다. 물론 모든 아이들은 자신의 사고력과 이해력에 따라 **다루어져야만 한다**. 부모들의 목표는 모든 자녀들을 훈련시켜서 그들의 잠재력을 최대한 발휘할 수 있는 성숙한 성인이 되게 하는 것이어야 한다. 장애아는 그의 노력이 다른 아이보다 더 어려울 때 특별한 이해를 필요로 할 것이다. 그리고 장애아는 또한 더 높은 목표에 도달하도록 격려될 필요가 있다. 그의 한계가 그를 좌절시킬 때 그는 특별한 위로가 필요하지만 자기 연민에 빠지지 않도록 배워야 한다. 장애아동은 자기의 장애 때문에 편애를 요구하는 것이 허용되어서는 안 되며 다른 아이들처럼 그도 다른 사람들을 배려하도록 배워야 한다. 그는 자신을 '장애아' (즉 다른 사람들처럼 의무를 다 할 수 없는)로 보면 안 되고 하나님이 자신을 창조한 특별한 목적이 무엇인가를 발견하려고 노력해야만 한다. 장애가 없는 아이와 크게 다르지 않다.

간증

"우리는 당신의 책과 테이프로 인해 감사의 편지를 쓰고 있습니다. 우리 아들 룩크는 여섯 살이며 뇌성마비이고 말을 못합니다. 우리는 우리 아들과 그 여동생인 마리를 위해 당신이 말한 자녀 훈련 체계를 사용하고 있습니다. 아들은 그에게 자제력과 평화와 기쁨을 얻도록 도와주는 막대기(수: 부모가 아닌)와 처벌(벌칙들)을 두려워합니다. 그러나 룩크는 우리가 규칙을 적을 때 그것을 좋아하고 따릅니다.

나는 룩크와 마리의 변화를 어떻게 묘사할지 모르겠습니다. 징계와 처벌이 여전히 이루어지고 있지만 훨씬 적어졌고 그것이 필요할 때는 그들도 받아들입니다."

17장
징계의 올바른 사용

하나님은 부모가 자녀의 반항을 통제하는 적절한 강제력으로 징계라는 방법을 마련하셨다. 인간의 다른 어떤 권위와 마찬가지로 징계도 오용될 수 있다. 하나님의 권위 아래 있는 권위자로서 부모는 이 위임받은 힘을 다루는 책임이 있다. 부모들은 징계를 오용하지 않도록 조심해야만 한다. 이 장에서는 올바른 징계의 사용과 오용에 대한 경고를 다룰 것이다.

먼저 다시 한번 징계의 정의를 생각해보자. 징계하는 것은 '교정을 목적으로 처벌이나 고통을 주는 것, 혹은 단순히 처벌하는 것(특히 신체적으로)'⁴¹⁾이라는 의미이다. 이러한 정의가 자녀 훈련과 연관되면 그것은 자녀의 반항적인 태도를 바로잡는 데—즉 의지적인 불순종을 억제하는 데—충분한 고통을 가하기 위해 막대기(회초리)를 사용하는 것을 의미한다.

당신이 세워놓은 기준을 자녀가 의도적으로 깨뜨리면 그는 징계를 받음으로 교정되어져야 한다. 예를 들면 당신이 아들에게 허락 없이는 길을 건너지 말라고 말했다. 아들은 그 말을 이해했고 여러 번 경고를 받았다. 그는 잊어버렸고 더 그런 일이 발생하면 맞을 것이라는 경고와 함께 책망을 받았다. 그가 다시 길을 건넜을 때 그는 징계를 받음으로 교정되어야만 한다. 징계의 고통을 기억하는 것은 그가 앞으로 복종하는 데 도움이 될 것이고 그의 생명을 구할 수 있게 된다.

자녀가 당신의 권위를 반항적으로 거부하고, 다른 아이들을 해치거나 위험하게 하고 혹은 동물에게 잔혹하게 할 때 그는 징계에 의해 억제되어야만 한다. 예를 들면 당신은 자녀에게 명령을 하려고 하는데 그는 "아니오"라고 말함으로 반항하거나 혹은 당신을 무시하며 당신이 말할 때 도망가려고 하거나 짜증을 내는 것이다. 그의 반항은 막대기를 사용하여 확고하고도 즉각적으로 억제되어야만 한다. 그가 자기의 반항을 즉각 멈추고 당신의 명령을 받아들이기에 충분할 정도의 고통이 가해져야 한다.

"막대기(회초리)"의 중요성

자녀를 징계하는 데 왜 막대기를 사용해야만 하는가? 첫째 유일한 이유는 막대기를 사용하라는 하나님의 말씀이 있기 때문이다. 하나님은 인간 권위의 상징으로 특별히 막대기라는 것을 만드셨다.

자녀의 징계와 관련해서 구약 성경 구절에서 '막대기'[42]로 번역된 히브리 단어는 하나님께서 인간에게 위임하신 권위의 상징이다. 이 막대기는 정부든 부모이든 인간의 통치권을 의미한다. 합법적인 통치자의 권위가 도전받을 때, 반항을 종식시키기 위해 고통을 가하도록 막대기가 사용되어야 한다. 비유적으로 막대기는 어떤 한 나라가 하나님과 하나님의 뜻을 반항하는 다른 한 나라를 군사적으로 정복하는 것을 가리킨다. 역사적으로 막대기는 그런 나라들에 대해 그런 식으로 사용되어져 왔다(시 89:32 ; 사 10:5,24 ; 애 3:1 ; 겔 20:37 ; 미 5:1). 문자적으로 막대기는 부모가 반항하는 자녀에게 사용하는 가늘고 휘어지는 회초리이다(삼하 7:14 ; 잠 13:24 ; 19:18 ; 22:15 ; 23:13-14 ; 29 :15).

부모가 하나님이 위임하신 권위의 상징으로 하나님이 특별히 제정하신 도구를 사용할 때 그것은 자녀의 영혼 안에 반응을 불러일으킨다. 그 자연적인 반응은 징계로 경험한 최소한의 고통에 특별한 의미를 부여하게 만든다. 아무리 손으로 때리고 혹은 다른 도구로 때린다고 해도 동일한 효과를 가져오지는 않는다. 사람이 뱀을 무서워하고 밤의 소음을 싫어하듯이 회초리를 자신이 순종해야 하는 권위와 동일시하는 태도가 아이의 마음속에 새겨져 있다고 나는 믿는다.

회초리의 사용은 그것이 인격의 일부인 손과는 달리 중립적인 물건이기에 가장 좋은 것이다. 손은 권위의 상징이 아니다. 오히려 그것은 보호와 안락과 부름을 상징한다. 손으로 때리는 것은 자녀에게 모욕이 되어 부정적으로 반응하게 한다. 자녀는 손을 그렇게 사용하는 것을 인격적인 거절로 인식하게 되어 수동적으로는 소외감을 갖게 되고 더 나쁘게는 부모를 인격적으로 거부하게 된다. 허리띠를 사용하는 부모도 있는데 그것도 손으로 때리는 것만큼이나 인격적이지 않다. 그러나 막대기는 아이가 권위에 반항했기에 받는 고통이라고 생각된다. 아이가 회초리로 맞으면 그의 관심은 회초리를 사용하는 사람이 아니라 그 고통의 도구에 초점이 맞추어진다.

회초리는 아버지에 의해서뿐 아니라 어머니에 의해서도 동등하게 사용되어질 수 있다. 회초리를 사용하는 데 신체적인 힘이 필요한 것은 아니다. 그것을 사용하는 사람의 힘에 따라 다양한 고통을 주는 방망이와는 달리 회초리는 누가 사용하든지 비슷한 정도의 고통을 산출한다.

징계의 목표는 아이로 하여금 복종하도록 무자비한 힘을 사용하여 때리는 것이 아니다. 표면적인 고통 이상을 야기시키는 도구의 사용은 실제로 아이를 다치게 할 수 있다. 이것은 부모로 하여금 자신의 자제력의 결핍을 후회하게 하고 심지어 죄책감 때문에 징계를 그만두는 일이 생기게 하기도 한다. 종종 방망이나 널빤지나 허리띠가 사용될 때 그것이 남자아이에게는 최대의 힘을 견딤으로써 자기의 남성다움을 입증해 보일 수 있는 도전이 된다. 회초리의 사용은 이러한 문제들을 제거시킨다. 홀쭉한 회초리를 참는 것이 자랑이 될 수도 없고 어떤 큰 부상을 일으킬 것 같지도 않다.

회초리의 고통은 유해하기보다는 겸손하게 하는 것이다. 그것을 반대할 이유가 없다. 아이가 긴장할수록 그는 더 팽팽해지고 자극은 강해진다. 피부의 가장 민감한 층은 신경끝이 위치한 표면과 가깝다. 회초리의 자극을 멈추게 하는 유일한 방법은 순종이다. 부모의 의지에 순복하고 반항을 중지하는 것이 아이가 해야 할 일이다.

하나님은 당신께서 하시는 일을 정확히 알고 계신다. 그분의 방법은 어디서나 완벽하시다. 우주를 설계하시고, 구원의 계획을 마련하시며, 고집 센 자녀의 반항을 깨뜨리는 데 회초리를 권위의 도구로 사용하시는 것 등에 있어서 완벽하시다. 부모들은 하나님께서 다스리는 권리의 상징으로 회초리를 고안하신 것을 자녀들에게 잘 가르쳐야 한다. 아이들은 자신들뿐 아니라 부모들도 하나님의 말씀에 기꺼이 순종한다는 것을 배워야 한다.

다음의 성경 구절들은 부모가 자녀를 징계하는 것에 대한 것인데 징계에 대한 중요한 정보를 제공한다. 그것들을 주의 깊게 연구해 보라.

- 삼하 7:14 "나는 그 아비가 되고 그는 내 아들이 되리니 저가 만일 죄를 범하면 내가 사람 막대기와 인생 채찍으로 징계하려니와"
- 잠 13:24 "초달을 차마 못하는 자는 그 자식을 미워함이라 자식을 사랑하는 자는 근실히 징계하느니라"
- 잠 19:18 "네가 네 아들에게 소망이 있은즉 그를 징계하고 죽일 마음은 두지 말찌니라"
- 잠 22:15 "아이의 마음에는 미련한 것이 얽혔으나 징계하는 채찍이 이를 멀리 쫓아내리라"
- 잠 23:13 "아이를 훈계하지 아니치 말라 채찍으로 그를 때릴지라도 죽지 아니하리라"
- 잠 23:14 "그를 채찍으로 때리면 그 영혼을 음부[43]에서 구원하리라"
- 잠 29:15 "채찍과 꾸지람이 지혜를 주거늘 임의로 하게 버려두면 그 자식은 어미를 욕되게 하느니라"
- 히 12:6-7 "주께서 그 사랑하시는 자를 징계하시고 그의 받으시는 아들마다 채찍질하심이니라 하였으니 너희가 참음은 징계를 받기 위함이라 하나님이 아들과 같이 너희를 대우하시나니 어찌 아비가 징계하지 않는 아들이 있으리요"

이러한 구절들은 다음과 같은 사실을 나타내고 있다.

1. 부모들은 아이가 명령을 받아들일 희망이 있는 인생의 초기에 자녀를 징계하도록 명령받고 있다(잠 13:24 ; 19:18). 그것은 아

이가 일찍 통제를 받을수록 더 잘 훈련될 것 같다는 것을 의미한다. 또한 성공적인 부모가 되기에 너무 늦은 때가 있을 수 있다는 것을 의미한다.

2. 부모들은 자녀를 징계하는 것을 마다해서는 안 되며 그렇게 했을 때는 부정적인 결과가 온다는 경고를 받고 있다(잠 13:24 ; 23:13 ; 29:15).

3. 징계의 사용은 자녀를 어리석은 자에서 지혜로운 자로 훈련시키는 데 있어서 필수적인 요소임을 보여주고 있다(잠 22:15 ; 29:15). 이 구절들은 자녀에게 어떤 것을 가르치기 전에 어리석은 자기확신(다 안다는 태도)은 뿌리 뽑혀져야만 한다는 것을 의미한다.

4. 징계에 사용되는 회초리는 특별한 의미를 갖고 있다. 그것은 줄무늬 자국(채찍 자국 같은 가는 표시)이 날 수 있고 비록 강하게 사용된다 할지라도 항구적인 손상을 입히지는 않는다(삼하 7:14 ; 잠 23:13 ; 히 12:6). 어떤 아이들은 죽을 것같이 소리를 지르기도 하지만 가느다란 막대기로 때린다고 아이가 죽지는 않는다. 이 구절들은 막대기가 회초리처럼 가느다란 나무 막대기여야 한다는 것을 의미한다. 물론 회초리의 크기는 아이의 크기에 따라 다양해야 한다. 반항하는 두 살짜리 아이에게는 버드나무나 복숭아 나뭇가지가 적합하지만 근육이 발달한 십대소년에게는 작은 호도나무 막대기가 더 알맞을 것이다.

주: 어머니는 자기 아이를 채찍질한다는 생각에 자연적으로 움찔한다. 의도적으로 고통을 주는 것은, 특히 흔적이 남을 수 있는 회초리를 사용하는 것은 자녀를 보호하고, 위로하고, 양육하려는 자연적인 성향과 반하는 것이다. 모르는 어머니들은 아버지가 회초리를 사용하려고 할 때 방해할 수도 있다.

여성이 경건한 어머니가 되는 유일한 방법은 하나님의 말씀에 기초한 지식과 자신의 자연적 본능을 잘 결합시키는 것이다. 여성이 다치거나 우는 아이에 대한 감정을 조절하기는 매우 어렵다. 비록 어머니가 자녀에게 가장 좋은 것에 대해 관심을 갖고 있다 하더라도 자녀를 전체적으로 사랑하는 법을 배워야만 한다.

> 딛 2:3-4 "늙은 여자로는 이와 같이 행실이 거룩하며 참소치 말며 많은 술의 종이 되지 말며 선한 것을 가르치는 자들이 되고 저들로 젊은 여자들을 교훈하되 그 남편과 자녀를 사랑하며"

성경적 자녀사랑은 여성에게 본능적인 것이 아니다. 여성도 긴 안목으로 보면 자녀를 위해 징계가 필요하다는 것을 인식할 수 있는 사고가 있어야 한다.

지혜로운 아버지는 여성의 자연적 본능과 감정적 특성을 이해함으로 아내를 도울 수 있다(벧전 5:7). 아버지는 자녀를 위해 기준을 확고하게 세우고 자기 앞에서 자녀가 반항하는 것을 보면 언제든지 자녀를 징계할 수 있다. 그러나 오늘날 반항은 아버지가 안 계신 상황에서 어머니의 권위에 대한 공격형태로 발생하기 때문에 어머니들도 이러한 반항을 다루어야만 하게 되었다. 어머니는 자신이 가하는 순간의 약간의 고통이 아이가 장래의 더 크고 많은 고통을 겪지 않게 할 것이라는 사실을 받아들여야만 한다(잠 23:14).

5. 우리가 이미 앞장에서 보았듯이 징계는 진정한 사랑과 가족관계성의 표현이다(삼하 7:14; 잠 13:24; 히 12:6-7).

회초리의 사용은 절도 있는 고통의 집행을 통해 순복과 순종이 이루어지게 한다. 만일 아이의 반항이 의지적으로 명령을 불순종하는 데 이르렀으면 부모는 충분한 타격을 주고 앞으로 명령에 순종할 것인지를 물어볼 수 있다. 부모는 얼마나 세게 몇 대나 때릴 것인가를 가장 잘 판단할 수 있는 사람이다. 그러나 만일 아이가 반복적으로 불순종한다면 징계는 충분히 고통스러운 것이 아니었다는 의미이다.

만일 아이의 반항이 부모의 권위에 도전하여 저항하는 것이라면 그는 그것을 포기할 때까지 징계를 받아야만 한다. 아이는 징계가 끝나기를 원하는 시기를 스스로 결정할 수 있다. 그가 부모의 의지에 기꺼이 순복하려고 하면 언제든지 기꺼이 순종하겠노라고 고백할 수 있다. 그에게는 영광스럽지만 무조건적인 항복의 기회가 주어져야만 한다.

아무튼 아이들은 부모의 뜻을 기꺼이 따른다고 말로 진술하게 해야 한다. 만일 아이가 자신의 죄를 완전히 이해할 정도로 성숙하다면 그는 자신의 잘못을 인정할 수 있어야만 한다. 죄와 고백의 개념은 다음 장에서 설명할 것이다. 반항에 있어서 유일한 문제는 의지이다. 다른 말로 하면 누가 다스릴 것인가—부모인가 자녀인가? 징계의 주요 목표는 자녀를 부모의 의지에 순종시키는 것이다.

회초리는 특히 어린 자녀들의 엉덩이에 사용되어져야 한다(잠 10:13; 19:20 ; 26:3). 징계의 목표는 고통과 채찍, 눈물이나 슬픔을 주는 것이 **아니고** 반항하는 아이의 의지를 통제하는 것이다. 그것은 아이의 영혼이나 심지어 그의 의지를 강제력으로 "깨뜨리는" 것이 아니다. 그것은 단지 아이로 하여금 반항 대신 순종을 택하게 하는 것이다. 하나님의 말씀은 자녀들이 부모에게 순종해야 한다고 명령하신다는 것을 기억하라. 하나님의 법을 깨뜨리기로 선택한 사람은 자녀들인 것이다. 부모들이 반항하는 자녀를 징계하는 것은 단지 하나님의 법을 적용하는 것일 뿐이다.

징계의 부당한 사용

다른 어떤 강제력과 마찬가지로 징계도 지혜롭고 주의 깊게 사용되어야 한다. 다음의 것들은 징계의 목적이 **아니다**.

1. 고통을 주기 위한 것이 아니다.

비록 회초리의 사용이 확실히 어떤 고통을 야기하긴 하지만 그것이 목표가 되어서는 안 된다. 채찍질은 아이가 현재나 미래에 부모의 다스리는 권리를 인식하고 받아들이도록 하는 데 필요한 최후의 유일한 수단이다.

2. 매자국을 남기기 위한 것이 아니다.

아이들은 순복하기 전에 자기들이 맞아야 할 대수와 강도에 관해 다양한 반응을 보인다. 어떤 아이들은 매를 보자마자 항복하려고 한다. 이런 아이들은 이미 부모가 실제로 잘 하신다는 신뢰를 갖고 있는 아이들이다. 몇 대만 때려도 다음 번에 더 잘 기억하게 할 것이다. 그러나 아직 부모를 신뢰하지 못하는 아이들이나 혹은 예외적으로 고집 센 아이들은 더 자주 더 강한 채찍이 필요할 것이다. 그런 아이는 채찍자국이 남을 정도의 매가 필요한 것 같다. 어떤 아이들은 피부가 너무 민감해서 쉽게 자국이 남거나 멍이 남는다. 그런 작은 상처가 징계 때문이라면 그것은 매우 정상적인 것이기 때문에 크게 신경쓸 것이 없다(삼하 7:14; 시 89:32; 잠 20:30). 그러나 부모들은 회초리의 사용이 부족하지 않은지 회초리의 크기는 적절한지를 고려해야만 한다. 자녀에게 매자국을 남기는 것은 징계의 목표가 아니지만 부모는 현실적으로 어떤 경우에는 그것이 자녀의 반항에 대한 가능한 부산물이라는 것을 받아들여야만 한다.

3. 눈물이나 슬픔을 주기 위한 것이 아니다.

어떤 아이들은 징계받을 것을 알자마자 울기 시작한다. 다른 아이들은 가능한 한 무관심한 척 보이려고 한다. 후자는 자신이 여전히 그 상황을 통제하고 있다는 것을 증명하려는 의지의 계속적인 표현이다. 부모들은 아이가 울거나 어떤 감정적인 슬픈 표현을 나타내는 것을 기준으로 매를 끝내려고 해서는 안 된다. 모든 아이들은 후회한다. 즉 잡힌 것을 후회하며 자기가 원한 것을 들키지 않고 몰래 하지 못한 것을 후회한다. 매를 맞게 될 때는 더욱 후회한다. 그러나 이런 형태의 슬픔은 순종으로 이어지지 못한다. 감정적인 슬픔은 징계의 목표가 아니다.

진정한 회개는 내부에서 일어나기에 외적인 압력으로 강제될 수 없는 사고의 자발적인 변화이다. 진정으로 부모의 뜻을 행하려하는 아이만이 자신의 잘못이라는 것을 깨달을 때 회개할 것이다. 이러한 태도는 강제력의 사용 없이도 아이가 잘못을 행한 것을 자신의 죄로 받아들일 수 있을 정도로 훈련된 후에야 갖춰질 수 있는 것이다. 회초리의 사용은 자녀의 의지에 대한 부모의 권위적 지위를 재확립하는 것이다. 이것은 내적 일치(기꺼운 순복)의 문제가 아니라 부모의 의지에 대한 외적 일치(순종)의 문제이다.

4. 부모의 분노나 좌절을 발산하기 위한 것이 아니다.

징계는 강제력의 **절제된** 사용이다. 그것은 절대로 분노하거나 감정이 격앙된 부모에 의해 이루어져서는 안 된다. 만일 부모가 자신을 통제할 수 없으면 그는 아이를 자기 방으로 보내서 매를 기다리라고 해야 한다. 이런 행동은 부모에게 '냉정을 찾을' 시간을 주며 아이에게는 자기 행동이 초래한 결과를 생각해 보게 한다.

부모들은 자신의 좌절감을 자녀에게 전가하지 않도록 주의해야만 한다. 부모가 사무실에서의 압력, 재정적인 문제, 혹은 삶의 스트레스를 다루지 못한 개인적인 실패 등의 짐을 자녀에게 내려놓을 때 자녀가 반항하는 것은 당연하다.

때때로 자신의 삶 속에 심각한 죄 문제를 갖고 있는 부모는 징계를 구실로 자녀를 학대할 것이다. 그런 부모는 영적인 방법으로만 해결할 수 있는 혼적인 문제를 갖고 있다. 그런 부모는 대개는 적어도 무의식적으로 죄와 욕망으로 고통을 받고 있다. 그런 상황에서 다른 부모들은 그 사람이 자신의 영적인 필요를 알게 하고 문제가 해결될 때까지 자녀를 다루는 데서 오는 스트레스에서 벗어나도록 도와줄 필요가 있다. 만일 어머니가 문제를 갖고 있다면 아버지는 그 기간 동안 다른 사람이 자녀를 돌보도록 할 수 있다. 만일 아버지가 문제가 있다면 어머니는 자녀를 통제하는 데 특별한 주의를 기울여야만 한다. 어머니는 자녀에게 아버지가 화나게 하는 구실을 주지 않도록 교육시킬 수 있다. 아무튼 부모 중 더욱 안정적인 상태에 있는 사람이 그렇지 않은 상태에 있는 부모에 대한 자녀의 존경심을 유지하도록 힘써야 한다.

5. 처벌로 사용되어져서는 안 된다.

깨어진 기준에 대한 벌칙은 항상 행위와 일치해야만 한다. 처벌로서의 신체적인 고통은 단지 아이가 의도적으로 다른 사람이나 동물을 해친 행동에 대해서만 사용되어져야 한다. 다른 모든 깨어진 기준도 동일한 징벌로 대응될 수 있다. 징계는 일반적으로 권위에 대한 공공연한 거부에 대한 대가이다. 그러한 거부는 (교사나 보모처럼) 부모에 의해 권위를 위임받은 사람들을 무시하거나 (성경, 국기, 교회, 학교, 정부 소유와 같은) 권위를 대표하는 것들을 의지적으로 파괴하는 것을 포함한다. 징계는 다스리는 권리를 확립하는 것이며 권위에 대한 존경을 회복하는 것이다. 그것은 벌칙으로 사용되지 않는 것이 좋다.

징계는 아이가 순종하게 될 때까지 발달 단계 중 '아동' 기 초기에 자주 필요할 것이다. 이것은 8세에서 12세 사이의 아이에게 정상적으로 일어나는 일이다. 이 기간 동안에 아이가 세워진 기준에 반항하며 자기 의지를 행사하려고 하면 반드시 징계해야만 한다. 대부분의 아이들은 일찍 훈련하면 순종적이 될 수 있다. 그러나 만일 부모들이 아동 초기에 엄격하게 하지 않으면 순종시키는 데 큰 저항이 있을 것이다.

징계의 대체물은 없다. '더 쉬운' 더 '인도적인' 방법을 원할지 모르지만 실제로는 징계가 가장 쉬운 방법이다. 징계는 '인도적' 일 뿐 아니라 신성한 것이다. 징계는 자녀에 대한 부모의 통제권을 세우고 유지하는 하나님의 방법이다. 아이가 권위에 대한 적절한 태도를 배우지 않아서 범죄자가 되고 약물 중독자가 되고 동성연애자가 되는 것이 '인도적' 인 것인가?

다음 장에서는 통제와 관련된 자녀 훈련의 내용에 대한 연구를 결론지을 것이다. 부모들이 자녀를 징계할 때 부딪히게 되는 문제들을 설명할 것이다. 그리고 자녀 훈련시에 왜 통제가 본질적인 것인가를 설명할 것이다.

징계의 방법

수천 명의 부모들에게 연설해 온 지난 수년 동안 다른 영역에 대한 문제보다 징계에 대해 많은 질문을 받았다. 부모들은 알고 싶어한다. 몇 살 때 시작하고, 몇 대나 때려야 하며, 회초리의 크기는 어떠해야 하며, 옷은 얼마나 입은 상태여야 하는가, 어떤 자세로 때려야 하는가, 징계가 도움이 될 것 같지 않을 때는 어떻게 해야 하는가, 자녀의 영혼에 상처를 주지는 않는가, 성질을 내는 것은 어떻게 다루어야 하는가? 이러한 이유 있는 질문에 대한 답으로 다음과 같은 설명을 덧붙이겠다.

1. 징계는 언제부터 시작되어야 하는가?

　부모들은 아기가 기기 시작할 때부터 아장아장 걷는 약 15개월 때까지 (나이는 실제적인 기준이 아니다. 아이가 얼마나 크고 얼마나 고집 센지가 중요하다.) 한 번 따끔하게 때리는데 작고, 휘어지는 막대기(풍선막대기나 버드나무 혹은 복숭아나무 가지, 칠판 지시봉 등)를 사용하면 될 것이다. 엄마들은 종종 아이가 어떤 것을 못하도록 아이의 손을 찰싹 때린다. 아이가 뜨거운 난로를 만지려고 할 때 혹은 작은 위반을 할 때 한번 경고성으로 때리는 것은 문제가 없다고 본다. 이것은 아이가 반응하고 엄마가 더 세게 때리지 않는 한 정상적인 징계를 대신할 수 있다. 그것이 아주 가끔씩만 사용된다면 아기가 엄마의 손에 부정적으로 반응할 것이라고는 생각하지 않는다.

2. 몇 살까지 징계를 받아야만 하는가?

　일부 크리스쳔 심리학자들은 이에 대해 자신들의 견해를 제시한다. 한 가지 지배적인 견해는 (성경의 권위와는 별도로) 자녀가 열 살 내지 열 두 살 이후에는 신체적인 처벌을 하지 말도록 충고한다. 나는 유아 때부터 잘 훈련된 아이는 십대에 징계를 받을 필요성이 별로 없을 것이라는 데 동의한다. 그러나 자녀 훈련기의 전체에 걸쳐 자녀들은 **어떤 때**에는 징계를 받아서는 안 된다는 범주적인 진술은 성경에 반하는 것은 아닐지라도 성경을 넘어서는 것이다.

　무엇보다 먼저 성경은 20세까지의 전체 비성인 단계가 징계를 받아야 하는 것으로 보고 있다. (징계의 희랍어 단어인 paideia

는 유아부터 성인까지의 아동기 전체를 의미하는 희랍어 단어인 pais에서 파생되었다.)

둘째로 신명기 21:18-21의 술취한 아들에 대한 구절은 부모에 의해 잘 징계받지 못하여 제멋대로 행동하다가 장로들에게 넘겨져 사형을 받게 된 청년임이 명백하다. 또한 자기 부모를 때리거나 저주하여 사형을 받아야 하는 자녀에 대한 구절(출 21:15, 17 ; 마 15:4)도 십대 후반의 청년을 가리키는 것 같다.

셋째로 징계는 10세 혹은 12세를 지나서는 사용하지 말아야 한다는 견해는 비현실적이다. 오늘날 많은 부모들이 자녀가 이미 거반 자랄 때까지 성경적 자녀 훈련에 대해서 배우지 못하고 있다. 그들은 자녀의 의지와 죄성을 통제해본 적이 없기 때문에 10~14세까지는 강렬하게 저항하는 시기여서 부모의 권위를 세우기 위해서 징계가 필요하다.

나는 성축제일에 소녀들을 위해 롤로프 형제의 집에서 '가출 소녀들'에게 세미나를 연 적이 있다. 12세에서 16세까지 200명이 넘는 소녀들이 길거리와 깨어진 가정으로부터 그 집에 모여들었다. 그들 대부분은 사랑이 있는 가정을 경험해보지 못했고 일부 학대받은 자를 제외하고는 실제로 한 사람도 사랑의 징계를 받아보지 못했다. 롤로프 형제와 신자들을 희생적으로 섬기는 스탭들이 이 소녀들을 하나님의 말씀에 따라 재훈련시켰다. 이 훈련중에는 가장 나이 많은 소녀에게도 만일 그녀가 분명히 세워놓은 기준을 어기며 반항할 때에는 신체적인 처벌을 한다는 것도 포함되었다. 그 소녀들 중 일부는 나중에 ACE에서 나를 위해 일을 하였다. 그들은 내적으로 외적으로 아름다운 소녀들이었다. 나는 만일 롤로프 형제가 오늘날의 크리스천 심리학자들의 충고를 따랐다면 그 소녀들이 어떻게 되었을지 생각하고 싶지도 않다.

간증

다른 부모들이 우리 아이들을 만나면 어쩌면 그렇게 공손하면서도 행복하냐고 묻습니다. 그러나 우리가 그들에게 설명해주면 그들은 변명하기 시작합니다. "당신은 12세, 16세 혹은 18세 된 아이를 때리면 안 돼요." 지금 나는 이 사람들이 당신의 말이나 나의 말을 거부하고 있는 것이 아님을 압니다. 그들은 주님께 경청하고 순종하기를 거부하고 있습니다. 나는 다음의 구절에 위로를 받습니다. "나와 나의 집을 위하여 우리는 주님을 섬길 것입니다."

Paul and Debra Reimer—OH

나는 지금도 훈련에 백 퍼센트 완벽하지는 않지만 내 방법은 X 박사의 시대에 비해서 백 퍼센트 개선되었다. 나는 X 박사가 열 살 이상의 아이는 때려서는 안 된다고 말했다고 하는 주일학교 학급의 한 여성을 지금도 잊을 수가 없다. 열 살 된 아들과 나는 "회초리 역"에서 정기적으로 만난다. 나는 그것을 늦게 시작했다. 내가 말하고 싶은 중요한 것은 회초리가 효과가 있다는 것이다!

3. 몇 대나 때려야 하는가?

당신의 권위를 다시 세울 수 있을 정도로만 때리라. 아내와 나는 크리스천학교를 시작해서 첫해에 (우리 3명을 포함해서) 22명의 학생을 등록 받았다. 3일째 되는 날 가장 어린 학생(못되게 굴고 잘난 척하는 아이)이 개학식 연습하는 동안 나의 권위에 도전하였다. 나는 첫날에는 경고하였고 둘째 날에는 만일 고치지 않으면 때려주겠다고 경고했다. 개학식 연습이 끝나는 날 그가 카우보이 신발소리를 타박타박 내며 장난치기에 교실을 가로질러 내 자리로 오게 하였다. 나는 문을 닫았고 그에게 굽히라고 한 다음에 주걱 같은 것으로 진바지 위를 한 번 때려주었다. (나는 당시에 회초리를 몰랐다.) 그 소년의 엉덩이에서 공기 쿠션이 폭발하는 듯한 소리가 났는데 학교 전체에 다 들릴 정도였다. 그 소년이 정신을 차리고 다치지 않은 것을 알았을 때 그는 한마디도 하지 않고 자기 책상으로 돌아갔다. 나는 그 해에 다른 학생은 한 명도 때려보지 못했다. 대부분의 학생들이 당신의 뜻을 알 때 당신은 그럴 필요가 없게 될 것이다.

아이들은 눈에 보이는 실재의 세계에 사는 경향이 있다. 때때로 당신은 그들의 행동을 변화시키기 위해서 단지 현실세계로 돌아오게 하기만 하면 된다. "너희 두 아이들이 다시 싸우고 있니?" "내가 너희들을 때려야 하겠니?" "아니오!" 두 소년이 합창을 한다. "미안해, 빌" "미안해, 존" 매맞지 않고 끝난다.

만일 문제가 더 심각하다면 어떻게 하는가? 당신은 앞에서 두 소년에게 더 싸우면 참지 않겠다고 말했다. 당신은 그들이 자기 방에서 화가 나서 싸우고 있는 것을 엿듣게 된다. 당신은 그들과 대면하고 그들은 모두 당신의 책망을 거절하며 증오에 찬 말로 서로를 비난하면서 자기 행동을 정당화하기 시작한다. "저 쪼그만 녀석이 먼저 시작했어요. 내 귀가 너무 크다고 말했어요." 다른 아이가 말한다. "난 그러지 않았어요. 나는 단지 점보 코끼리같이 생겼다고 말했을 뿐이에요." 이 때 대부분의 부모들이 그 상황에서 도망치고 싶어하고 이 일이 다른 집 아이들 문제이기를 바란다.

그 상황을 분석해 보자. 두 소년은 평화의 기준을 깨뜨렸다. 이에 대한 벌은 둘 사이를 잠시 떼어놓는 것이다. 그들은 둘 다 당신의 책망을 거절함으로 권위에 반항하였다. 이에 대한 벌은 징계가 될 것이다.

그러나 몇 대나 때려야 하는가? 당신은 두 소년을 다른 방으로 보내서 손에 회초리를 들고 들어간다. 당신은 한 소년에게 부모의 기준에 순종해야 하며 싸우는 것은 잘못이고 당신의 권위를 받아들이지 않는 것은 반항이라고 말해준다. 적당한 회초리로 두세 대 때려서 두 사람으로부터 다시는 "그렇게" 하지 않겠다는 약속을 상기시켜야 한다. 심하게 말한 소년은 또한 형제를 놀린 것에 대해 사죄해야만 하고 앞으로는 그런 행동은 용납되지 않는다는 경고를 받아야 한다. 다른 소년은 그런 무례함을 이겨낼 수 있도록 배울 수 있다. 혹은 그는 "그래, 그것이 하나님이 나를 독특하게 만든 점이야. 나는 그것을 받아들여."라고 말할 수 있다. 그리고 나서 그들은 한두 시간 따로 떨어져 있어야 한다. 부모들은 아이들이 서로를 존중할 수 있도록 그리고 서로의 차이를 풀어가는 방법을 가르칠 수 있을 정도로 아이들의 대화를 충분히 관찰해야 한다.

만일 두세 번의 매가 효과가 없다면 어떻게 하는가? 효과적이 되려면 매가 충분히 큰지 확인하고, 아이가 진바지나 다른 무거운 누비옷을 입고 있지 않은지(혹은 전화번호부를 밑에 대고 있지 않은지), 그리고 아이와의 전쟁에서 이길 수 있는 성품을 지니고 있는지를 확인하라. 나는 한 번에 세 대씩 때리고 중간에 잠시 멈추어서 아이가 항복할 기회를 주기를 권한다. 그에게 당신이 다른 방으로 갔다가 몇 분 후에 다시 올 것이라고 말해주라. 당신이 나간 동안 한 번 더 맞아야 할지 아니면 잘못을 인정할지를 결정해야 한다고 설명해 주라. 이러한 절차는 필요한 만큼 반복될 수 있고 아무리 고집 센 아이의 결심이라도 깨뜨려야 한다.

4. 회초리의 크기

　필요이상 무거운 막대기를 사용하지 말라. 회초리는 유연해야 하지만 부러지지 않을 정도로 강해야 한다. 상식을 사용하라. 아내와 나는 평균 크기의 아동에게 사용할 수 있는 지침으로 몇 가지 회초리 크기를 규정하고 이름을 붙였다.

연령

* 1~2　　꼬마 회초리―3/16″×24″
* 2~4　　군중 통제―1/4″×24″
* 4~8　　훈련 혹은 결과―5/16″×27″
* 8~12　　균형봉―3/8″×27″
* 12이상　반항봉―1/2″×33″

(물론 아이에 대한 주의는 주1 아래에 규정되어 있다.)

5. 옷 입는 문제

　대부분의 부모들은 기저귀나 두꺼운 팬티나 진바지 같은 옷 위를 때리는 것을 쓸데없는 일이라고 생각할 것이다. 그러나 우리는 또한 자녀를 필요 이상으로 당황하게 하기를 원하지 않는다. 당신은 욕조에서 아이들을 씻어줄 때, 아니면 아무튼 그들이 벗고 있을 때 때렸을 것이다.

　아이가 적어도 속옷을 입고 있는 상태에서 때려야 한다. 아이가 사춘기에 접어들었을 때 징계가 필요하게 되면 수영복이나 유사한 옷을 입는 것이 더 적절한 것이다. 확실히 이러한 어려운 상황을 피하기 위해서는 가능한 한 일찍 자녀를 훈련시키는 것이 더 좋다.

6. 어떤 자세가 가장 좋은가?

　한 살짜리 아이는 당신의 무릎에 올려놓고, 2~4세의 아이들은 침대에 눕히고, 그 이상의 아이들은 구부려서 발목을 잡게 하는 것이 나의 제안이다. 어떤 아이건간에 허리 위를 때리지 않도록 주의하라.

7. 만일 징계가 효과적이지 않으면 어떻게 하는가?

　일부 부모들은 자기 자녀가 매에 반응하지 않는다고 생각한다. 아이가 잘못을 인정하지 않거나 부모의 권위를 받아들이지 않으며 웃는다고 한다. 이런 일이 발생하는 데는 몇 가지 이유가 있다.

a. **비일관성**. 부모가 멋대로 벌칙을 줄 때. 때때로 아이는 똑같은 일로 어떤 때는 징계를 받고 어떤 때는 그냥 넘어간다.

b. **부모의 연약함**. 부모가 자녀에게 연약함을 보인다(눈물, 감정적인 상처 등). 아이들은 당신의 의지를 계속해서 깨뜨릴 수 있는지 없는지를 안다(당신에게 최대한의 고통을 주면서).

c. **불충분한 고통**. 고통은 아이가 그것이 멈추기를 바라고, 기억하고, 다시 되풀이되지 않기를 바랄 정도로 충분해야만 한다.

d. **새로운 절차**. 징계는 기저귀를 찬 이후로 맞아보지 못한 열 살 된 아이에게는 효과적이지 못할 수 있다. 만일 징계가 새로운 절차라면 경고와 함께 앞서 알려져야만 한다.

8. 다른 도구들

벨트는 위험할 수 있고 널빤지는 아이의 신체를 다치게 할 수 있으며 일부 부모들은 손으로 아이를 때릴 때 자제력을 잃는다.

간증

"나는 주걱 같은 막대기를 사용했지만 당신의 책을 읽자마자 바꾸었습니다. 우리는 나가서 두 개의 회초리를 샀고 나는 아들에게 그것을 반만 보여주었습니다.—아들은 그것으로 화살을 만들고 싶어했습니다! 나의 아이들 둘은 이 회초리에 매우 흥분했고 우리가 그것으로 무엇을 할 것인지 의아해 했습니다. 그들이 그것을 아는 데는 시간이 얼마 걸리지 않았습니다. 감사합니다!!! 내 아이들은 주걱 같은 막대기가 더 이상 그들에게 고통이 되지 않는 단계에 있었습니다. 나는 그것이 아이들을 해친다고 생각했기 때문에 당황하였습니다만 그들은 울거나 눈물을 흘리거나 하지 않고—기절하지도 않고—매맞는 것을 잘 견뎌냈습니다. 한 대 때린 후에 나는 그들을 자기 방으로 보냈고 의논하기 위해 되돌아 왔을 때 그들은 나에게 항상 반항적이었습니다. 나는 그들을 용서했고 그들은 나를 증오했습니다. 나는 그들 안에 반항을 키워주고 있었고 결국 그것이 후에 곪을 것이라는 것을 잘 알고 있었습니다만 어떻게 하는 것이 더 효과적인지 몰랐습니다.

나는 젊은 시절 반항으로 가득 찬 삶을 살아온 의지가 매우 강한 사역자의 아이입니다. 우리 아이들은 모두 나처럼 의지가 강하고 그래서 나는 그들이 내가 반항에 노출되었기 때문에 겪었던 실수를 범하지 않기를 원합니다. 나는 그들에게서도 맞은 후에 반항하는 것을 보았고 그 이유를 알 수 없기 때문에 내 마음은 무겁습니다. 당신의 답변에 감사를 드립니다.

Ron & Mary Tangeman—Ohio

9. 비공개

징계는 아동의 존엄성과 부모의 안전을 위해서 항상 은밀하게 이루어져야만 한다.

10. 내 자녀의 영혼을 파괴하지는 않는가?

적절한 징계는 아이의 영혼(삶의 의욕과 생활의 열정)을 파괴하지 않는다. 심지어 아이의 의지도 깨뜨리지 않는다. 그러나 징계는 아이에게 자기 중심적인 태도보다는 순종을 선택할 이유를 제공해 준다. 이것은 또한 당신의 자녀가 겸손하고 순종을 선택하도록 하려는 만큼 자녀에게 있는 자만심을 깨뜨려야 한다. 부모들은 징계의 힘을 사용하기 전에 특히 아이가 잘못을 인정할 때까지 징계를 하려고 한다면 아이로 하여금 권리에 무감각하게 만들어야 한다는 것을 이해할 필요가 있다. 부모 편에서 잘못 징계하는 것보다는 아이 편에서 잘못을 하는 것이 더 좋다.

11. 자지러지는 것은 어떻게 하는가?

아이가 머리로 장식장을 쾅쾅 치면서 마루바닥에 누워있을 때는 징계할 타임이 아니다. 그는 모든 정신적인 통제력을 잃어버려서 히스테리칼하다. 만일 당신이 아이가 자지러지려고 하는 것을 알 수 있다면 그렇게 하기 전에 징계가 이루어져야 한다. 그렇게 하는 것은 아이가 아직 이성이 있을 때 자제력을 발달시키는 데 도움이 된다. 이미 자제력을 잃은 아이는 얼굴에 물을 뿌림으로써 의식을 되찾게 할 수 있다. 이것은 히스테리칼한 사람에게 충격을 주어 빨리 현실로 돌아오게 하는 것과 동일한 효과가 있는 것이다. 두세 번의 그러한 처치는 아이로 하여금 자신을 통제하는 것을 배우도록 함으로써 앞으로 자지러지는 것을 고치게 한다. 만일 쇼크요법이 당신에게 너무 어렵다면 아이가 짜증내는 것을 단순히 무시하고 내버려두어라. 적어도 이렇게 하면 그가 당신을 통제할 수 없다는 것을 배우게 될 것이다.

18장
통제는 자녀 훈련의 핵심이다

 징계를 적절히 사용하는 것은 자녀를 통제하는 데 필수적인 것이며, 자녀 훈련에 성공하려면 통제는 불가피하다. 다음 장에서 살펴볼 것이지만 자녀를 통제하는 것이 자녀 훈련의 전부는 아니다. 그러나 부모의 권위를 존중하지 않는 자녀는 부모의 가르침을 받아들이지 않을 것이고 적절히 훈련될 수 없을 것이다. 일부 부모들은 자녀를 징계하는 데 문제가 있을 것이다. 이 장에서는 이런 문제들을 연구하고 해결책을 제시할 것이다.
 어떤 아이들은 다른 아이들보다 훈련시키기가 더 쉽다. 그들은 부모를 기쁘게 해드리기를 원하는 것 같다. 그들은 훈계를 기대하며 통제는 거의 문제가 되지 않는다. 이런 아이들은 당연히 부모에게 기쁨이 된다. 그러나 대부분의 아이들은 그렇지 않으며 통제하기 쉬운 아이들조차도 때때로 아동기의 어느 시점에서는 반항한다. 부모들은 조용한 아이도 수동적으로 반항할 수 있다는 것을 알아야만 한다. 직접적으로 통제를 거부하지 않는 아이 안에 있는 반항심을 간과해서

는 안 된다.

다른 극단은 통제할 수 없는 것같이 보이는 아이이다. 만일 고집 센 아이가 매를 맞으면서 이죽거리며 웃는다면 그는 심각한 문제를 갖고 있는 아이이다. 권위에 대한 아이의 저항과 강한 의지는 그가 잠재적인 범죄자가 될 수 있다는 것을 의미한다. (이와 동일한 특성이 높은 지력과 강한 의지가 결합된 잠재적인 지도자를 의미할 수도 있다.) 징계가 효과적이지 않을 때는 무언가 잘못된 것이다. 매가 너무 작든가 사내아이가 이미 너무 커서 어머니가 통제할 수 없든가, 아니면 자기 멋대로 부모를 다루려고 하는 아이인 것이다.

만일 아버지도 통제할 수 없을 정도로 아이가 너무 크다면(십대 소년처럼), 훈련시키기에는 너무 늦었을지도 모르겠다. 부록 B '실패한 부모를 위한 희망' 이 답이 될지도 모르겠다.

만일 자녀가 고집이 강해서 통제할 수 없다면 자녀가 부모를 평가한 것일지도 모른다. 소년들은 10세쯤 되면 자기 엄마를 그렇게 할 수 있다. 엄마가 이전의 갈등상황 가운데서 연약함을 보일 때(비일관성, 좌절, 정서적 침체) 아이는 자기가 엄마를 실제로 그렇게 할 수 있다고 생각한다. 그는 엄마의 연약함에 영향을 주기를 기대하면서 저항하는 놀이를 한다. 그의 전략은 엄마의 연약함을 사용하여 자기 마음대로 할 수 있게 홀로 내버려두도록 하는 것이다.

이런 문제에 대한 해결은 현재 일어나고 있는 일의 의미를 엄마가 인식하고 자녀를 위해 자기의 연약함을 극복할 수 있도록 마음을 다지며 일어날 갈등상황에 대해 마음을 굳게 먹는 것이다. 엄마는 자신에 대한 자녀의 태도를 완전히 바꾸어야 하며 엄마가 절대로 위협을 당하지 않을 것이라는 것을 깨닫게 해주어야 한다. 아버지가 개입해서 자녀에게 엄마를 이기려고 해서는 안 된다는 것을 분명히 확인시켜 주는 것이 매우 도움이 된다. 만일 자녀가 십대이거나 이미 엄마를 눌렀다면 아버지의 개입이 꼭 필요하다. 만일 단지 엄마가 자녀를 통제하지 않는 것이거나 엄마가 그렇게 하기를 기대하는 것이 어려울 때는 아버지가 전체적인 책임을 지고 기준을 세워 자녀가 순종하도록 만들어야만 한다. (편모나 편부를 위해 만들어진 하나님의 특별한 계획은 다음에 설명할 것이다.)

하나님의 방법에 대한 인간적인 장애물

자녀의 반항을 통제하는 방법을 잘 이해하고 있는 부모들조차도 때때로 징계 이외의 다른 방법을 찾아보려고 한다. 올바른 것이 무엇인지를 아는 것과 그것을 일관성 있게 적용하는 것은 별개의 문제이다. 아이들을 잘 훈련시키는 데는 시간과 노력이 요구된다. 그 이상으로 그것은 성품을 갖춘 부모를 필요로 한다. 부모 자신의 개인적 소원 이상으로 아이를 기꺼이 훈련시키려고 해야만 한다. 부모들은 자기 의견보다는 하나님의 방법에 기꺼이 순종하려고 해야만 한다.

자기 자신이 하나님과 하나님의 말씀, 혹은 하나님이 세우신 법과 권위의 체계에 대하여 반항죄를 짓고 있는 부모들은 반항적인 자녀를 키울 가능성이 많다. 그들은 자신들이 반항하고 있기 때문에 자녀들에게 기준을 설정하고 지키게 하는 데 큰 어려움을 갖게 될 것이다. 그런 부모들은 자기 자녀들을 훈련시키기 위한 '더 좋은 방법'을 개발함으로써 하나님에 대한 자신들의 불순종을 변명하려고 할 것이다. 만일 어른이 하나님 앞에서의 자신의 반항을 직시하지 않는다면 하나님의 말씀에서 발견된 원리들을 일관성 있게 적용할 수 없을 것이다. 그는 허용적이 되거나 아니면 너무 엄격하게 되거나 혹은 자신의 불안정성 때문에 두 극단 사이를 왔다 갔다 할 것이다.

하나님의 뜻을 행하려고 하는 부모들조차도 자신의 죄성과 잘못된 철학에 근거한 견해들을 극복해야만 한다. 우리는 자녀들을 훈련시키는 올바른 방법을 위해 하나님의 말씀에 의존할 뿐 아니라 우리가 알고 있는 것을 실천하기 위해 그분의 힘에 의존한다. 성공적인 부모가 되기를 원한다면 다음과 같은 변명과 장애물들을 인식하고 피해야만 한다.

1. 하나님의 방법을 무시함

하나님의 뜻을 모른다면 어떤 사람도 하나님의 뜻을 행할 수 없다. 따라서 부모들은 성경연구와 이 책 같은 성경 보조자료를 통해 자녀 훈련에 대한 지식을 익혀야만 한다. 부모들은 자녀 훈련에 대해 성경이 말하는 것을 가르쳐야 하며 그러면 자녀들은 부모의 권위와 기준의 원천을 배울 것이다.

2. 교만

인간의 교만은 하나님께 순종하는 데 가장 큰 장애물이다. 인간 지혜와 철학(특히 심리학)을 많이 배운 부모들은 자기 지식을 하나님의 말씀보다 높이지 않도록 매우 주의할 필요가 있다(고후 10:5-6). 교만은 교양 있는 사람들의 전유물이 아니다. 배우지 못한 사람들도 자기와는 다른 견해를 받아들이지 않으면서 지식도 없이 교만할 수 있다.

자기 견해를 자랑하는 것은 그 자체 하나님의 진리를 거부하고 그 자리에 인간의 권위를 받아들이는 것을 나타내는 것이다. 이러한 문제는 전형적으로 다음과 같은 말로 나타난다. "내 방식으로 하면 더 잘 할 수 있어요." "내 아이는 달라요." "아이들마다 다르기에 각각 다르게 키워야 해요." "한 가지 옳은 방법만 있는 것이 아니라는 것은 누구나 다 알죠." "사람은 자기의 지혜로 더 좋은 방법을 발견해 왔지요." "그런 복잡한 문제에 대해 어떻게 한 가지 해결책만 있겠어요?" 혹은 심지어 "인간은 문명화되어서 더 이상 강제력을 쓸 필요가 없게 되었어요." 등등. 하나님이 인간의 성공적인 삶을 위해 영원한 원리를 인간에게 주셨다는 사실을 받아들이는 사람들은 하나님의 말씀을 거부하는 사람들에 의해 영향을 받으면 안 된다.

3. 부모 자신의 죄성

과거 몇 세대들이 자기 자녀들을 훈련시키지 않았기 때문에 우리 대부분은 자기 중심적이다. 우리는 게으르고 이기적이다. 우리는 자녀들을 훈련시키기를 진정으로 원하지 않는다. 우리는 놀고 즐기고 싶어하고 가능한 한 책임은 피하고 싶어한다. 우리의 게으름은 갈등에 직면하는 것을 피하는 방법을 찾게 하였다. 우리는 "애들은 애들이야." 혹은 "그는 단지 그런 단계를 거쳐가는 거야."라는 변명 뒤에 숨어버린다.

애들은 애들이라는 것이 사실이긴 하지만 만일 훈련되지 않고 내버려둔다면 그 상태로 머물게 될 것이라는 것도 진리이다. 이러한 사실은 오늘날 훈련되지 않는 많은 성인들을 보면 알 수 있다. 부모들은 자녀들에게 어떠한 제재도 하지 않고 각 단계들을 단지 지나가게 함으로써 자녀들을 훈련할 기회를 놓친다. 아마도 모든 부모들에게 가장 슬픈 사실은 자녀들을 허용하는 구실로 사랑이나 은혜에 대한 바르지 않은 정의를 사용하는 크리스천 부모들이다. 크리스천 부모들은 또한 하나님께서 자기 자녀들을 훈련시키실 것이라고 생각하는 자기 기만에 빠진다. 자녀가 부모의 권위하에 살고 있는 한 자녀 훈련은 오직 부모의 책임인 것이다.

징계의 수단으로 자녀를 통제하는 데 있어 모든 장애물은 세 가지 범주에 속한다. 첫째 장애물은 하나님을 거부하는 것이다. 이러한 거부는 하나님의 말씀에 대한 부정적인 태도나 혹은 이미 배운 하나님의 말씀의 일부에 순종하지 않는 것으로 표현될 수 있다. 이런 문제의 유일한 해결책은 다스리는 사람에 대한 마음을 바꾸는 것이다. 자기 자신의 교만한 의지 대신에 하나님이 다스리시도록 할 것인지의 여부를 결정해야만 한다. 두 번째 장애물은 하나님의 말씀을 단순히 무시하는 것인데 그것은 성경을 잘 가르치는 교회에 자주 참석하거나 개인적인 성경연구를 통해 극복될 수 있다. 세 번째 장애물은 항상 인간을 노예화하려고 하는 죄성이다. 가장 어려운 이 장애물에 대한 해결책은 하나님의 말씀에 대한 지식이 성장하고 계속해서 성령님이 인도하시고 지시하시는 대로 하나님의 뜻에 복종하는 것이다.

부모의 권위에 반항하는 아이를 통제하기 위해 회초리로 징계하는 것을 대체할 수 있는 것은 아무 것도 없다.

징계가 아닌 것

무엇이 징계인가를 아는 것이 중요한 것만큼이나 무엇이 징계가 아닌가를 인식하는 것도 중요하다. 징계가 아닌 것은:

1. 언어적 학대

    징계는 욕을 퍼붓거나 위협하거나 분노를 분출하는 것이 아니다. 다시 말해서 어른이 성질을 내는 것이 아니다. 그런 것들은 아이가 부모의 권위를 무시하는 것을 부추기고 부모의 무능력을 나타낼 뿐이다. 부모는 실제로 자제력을 잃는다. 만일 아이가 부모의 자제력을 잃게 할 수 있다면 그 아이는 부모가 다스릴 권리가 없다는 것을 확신하게 된다.

2. 반항적인 자녀에게 순종하라고 간청하거나 애원하는 것

    부모들은 종종 이러한 방법을 사용한다. "오, 소니야. 네가 순종하지 않으면 엄마가 기분이 나쁘단다. 제발 말 좀 들어라." 아이가 반항할 때 이런 식의 접근은 아이가 권위를 무시하는 것을 부추기는 것이 된다. 명령과 책망의 말이 이미 거부되었다. 그 이상 말하는 것은 징계가 아니다. 부모들이 반항하는 아이에게 애원하고 간청할 때 그 아이는 부모의 권리를 협상하면서 부모를 자기의 뜻 아래 두고 결국 부모의 권리를 취하는 것이다.

3. 처벌

    징계는 처벌과 동일한 것이 아니다. 많은 형태의 처벌이 있지

만 징계는 한 가지 종류만 있다. 아이를 격리시키거나 특권을 제한하는 것과 같은 어떤 처벌도, 혹은 신체적 고통을 적절히 사용하지 않는 다른 어떤 접근도 반항을 다스리지 못한다.

반항하는 아이를 처벌하는 것은 그의 반항심을 더 조장하는 것일 뿐이며 권위에 대한 증오감을 키우는 것이다. 그것은 돌진하는 사자를 물총으로 막으려는 것과 같다. 그렇게 하면 그를 미치게 만든다. 혹은 소음을 막으려고 압력솥의 방출 밸브를 막는 것과 같다. 잠시 동안은 조용할지 모르지만 결국 폭발할 것이다. 반항적인 아이의 불순종을 처벌하고 반항 자체를 다루지 않으면 반항의 압력이 높아질 것이다. 이런 식으로 다루어진 반항적인 아이는 결국 압력밥솥처럼 폭발할 것이다.

4. 심리적인 조작

어떤 조작기술도 징계를 대신하지 못한다. 설득하기, 뇌물, 자녀의 관심의 방향을 돌리기, 자녀의 감정이나 죄성을 자극하기, 위협, 속임수와 같은 기술들은 반항을 다스리지 못한다. 그런 방법을 사용하면 잠깐 동안은 조용할지 몰라도 압력솥처럼 반항의 압력은 봉해질 수 없다. 대신에 불이 꺼져야만 한다.

부모에 의해 조작된 경험이 있는 아이는 부모의 속임수를 눈치채지 못할지는 몰라도 훈련되지는 않는다. 성인이 되어도 그는 자기 통제력이 부족하게 될 것이다. 어떤 아이들은 실제로 조작기술을 부모에게 다시 사용할 정도로 영리하기도 하다. 또 어떤 아이들은 자기가 조작되었다는 것을 알고 부모에 대한 존경심을 상실한다.

징계외의 어떤 다른 방법들도 자녀의 반항을 다스리지 못한다. 그것들은 모두 실제 문제를 해결하기보다는 중상을 다루려는 근시안적인 것들이다. 반항하는 아이에 대해 언어적 학대, 간청, 처벌, 조작을 하는 것은 부정적인 반응을 초래할 뿐이다. 아이는 모든 권위를 증오하고 무시할 것이다. 부모로부터의 고통스런 소외, 자기연민, 자기 정당화 등등.

징계보다는 이런 방법들을 사용하는 부모들은 결코 갈등을 해결할 수 없다. 결과적으로 부모들은 거꾸로 영향을 받는다. 그들은 아이로부터 멀어지게 되고 어떤 진실한 애정도 표현할 수 없게 된다. 통제하지 못한 좌절감 때문에 부모들은 그 죄책감을 자녀에게 돌린다. 그들은 종종 자녀에게 '앙갚음'하려고 화를 내며 비난하고 때리면서 보복하려고 한다.

반항의 갈등이 해결되지 않으면 부모와 자녀 사이에 조화와 교제가 존재할 수 없다. 자녀의 반항심의 폭발과 그를 억제하려는 부모의 좌절된 시도 사이에는 단지 일시적인 휴전이 있을 뿐이다. 어떤 부모들은 마침내 '평화'를 위해 꼬마 독재자를 인정할 것이며 결국 실제적으로 그의 지배하에 비참한 생활을 하게 될 것이다. 앞장에서의 도표는 시각적으로 이러한 소외 상황을 보여준다.

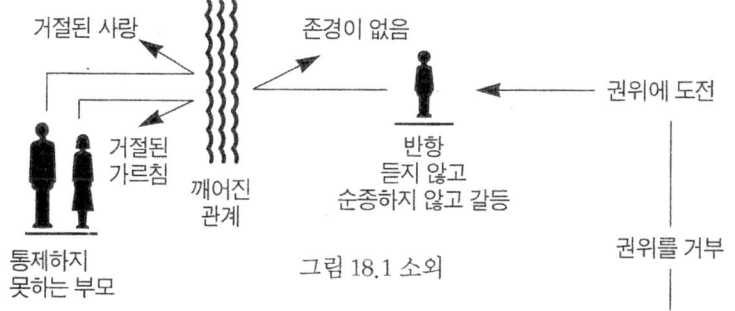

그림 18.1 소외

부모가 반항적인 자녀에 의해 도전받은 자신들의 권위적 지위를 다시 확립할 수 있는 유일한 방법은 징계를 적절히 사용하는 것이다. 그것이 반항의 상황하에 존재하는 소외와 좌절과 불행을 종식시키는 유일한 방법이다. 그것은 조화와 평화와 질서가 가정내에 회복되어 부모들이 계속 자녀들을 가르치는 책임을 성취할 수 있게 하는 유일한 방법이다. 다음의 도표는 올바른 위치로의 회복을 묘사한다.

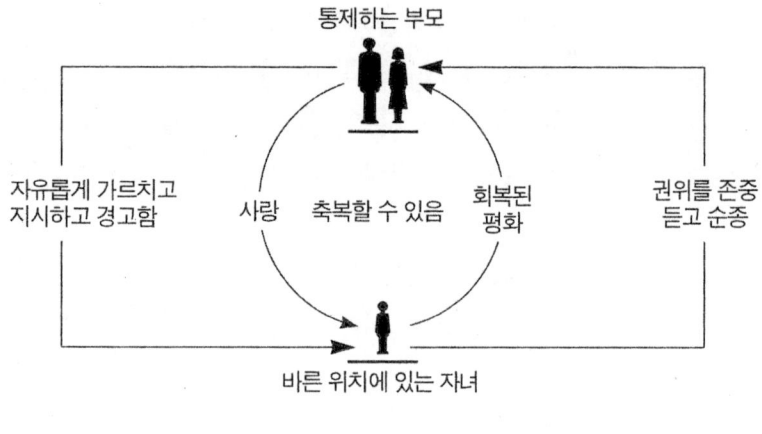

그림18.2 조화

징계의 결과

히 12:11b "…후에 그(징계)로 말미암아 연달한 자에게는 의의 평강한 열매를 맺나니"

정상적인 관계로 돌아오면 부모들은 다시 권위자로 존경을 받는다. 부모들은 명령과 경고와 꾸지람을 통해 자녀를 가르치는 위치에 있게 된다. 자녀가 적절한 위치에 있을 때 그는 경청하고 순종할 것이다. 부모와 자녀 간에 교제의 관계에 기초한 가정에는 평화와 조화가 존재한다. 부모의 사랑은 자녀에 대한 축복으로 표현될 수 있다.

잘 훈련받은 아이는 부모를 "순종하고" "공경하라"는 성경의 요구를 준수할 것이다. 이러한 목표들은 자녀가 10세가 되기 전에 일찍부터 일관성 있게 통제한 부모에 의해 잘 성취될 수 있다. 순종과 공경이 중요하지만 그것이 자녀 훈련에 대한 하나님의 최종적인 목표는 아니다. 그것들은 목표에 도달하는 것을 가능하게 하는 수단들인 것이다.

양육에 대한 하나님의 목표

신 6:6-7 "오늘날 내가 네게 명하는 이 말씀을 너는 마음에 새기고 네 자녀에게 부지런히 가르치며 집에 앉았을 때에든지 길에 행할 때에든지 누웠을 때에든지 일어날 때에든지 이 말씀을 강론할 것이며"

잠 22:6 "마땅히 행할 길을 아이에게 가르치라 그리하면 늙어도 그것을 떠나지 아니하리라"

엡 6:4 "또 아비들아 너희 자녀를 노엽게 하지 말고 오직 주의 교양과 훈계로 양육하라"

하나님은 자녀들이 하나님의 말씀에 따라 배워서 자기 인생을 어떻게 살 것인지를 알도록 하셨다. 부모에게 순종하고 공경하게 됨으로 얻어지는 가장 중요한 결과는 부모의 명령을 받아들이게 된다는 것이다. 어떤 사람이 다른 사람의 가르침을 받아들이는 유일한 방식은 그가 가르치는 사람의 지위를 존중할 때이다. 아이가 부모를 공경할 때 그는 부모의 말씀을 존중하고 배우려 할 것이다.

순종하게 된 아이는 또한 내적인 절제력을 개발할 준비가 된 것이다. 이 수준에 이르기 위해 부모의 통제는 아이의 소원과 강한 욕망에 대한 외적 통제로 작용한다. 징계는 아이가 스스로를 통제하도록 돕는 고통스런 경고로 작용한다. 신체적인 고통을 받는 위협은 아이가 유혹에 맞서 균형을 잡을 수 있도록 하는 외적 통제로 작용한다. 아이가 반항할 때 부모가 일관성 있게 징계를 사용하면 아이는 선택할 수밖에 없다. 자기 욕망에 굴복하여 징계를 받든지 아니면 욕망을 극복하고 고통을 피하든지 할 수 있다. 그는 이제 외적인 통제의 위협 없이도 자신을 통제해야만 하는 이유를 배워야만 한다.

요약: 자녀를 통제하기

이 마지막 부분에서 우리는 자녀 훈련의 '통제'를 공부했다. 우리는 이제 통제가 무엇이며, 이것이 왜 자녀들에게 필요한지 분명하게 이해해야만 한다. 우리는 자녀에게 명령하고 억제하는 책임을 수행할 때엔 갈등이 있다는 것을 배웠고, 이제 이러한 갈등을 아이의 의지로부터 나오는 반항으로 인식할 수 있게 되었다. 우리는 또한 반항에 대한 하나님의 해결책—징계를 공부했다. 다음은 이 부에서 제시한 주요 원리의 일부를 개관해 보겠다.

* 통제는 부모가 자녀로부터 순종과 존경을 얻어내는 자녀 훈련의 일부이다.

* 자녀가 자기를 지시하고 억제하는 부모의 권리를 받아들이면 그는 부모의 통제하에 있는 것이다.

* 자녀를 통제할 때 부모는 갈등이 발생할 것을 예상할 수 있다.

* 징계는 반항을 종식시키고 자녀를 부모의 권위와 통제 밑으로 되돌리는 하나님의 방법이다.

* 징계는 자녀로 하여금 부모의 권위에 반항하는 것을 멈추고 권위를 다시 받아들이도록 신체적인 고통을 절제 있게 집행하는 것이다.

* 부모들은 매를 때릴 수 있는 가느다란 막대기인 회초리를 사용해서 징계해야만 한다.

* 부모들은 화가 나서, 다치게 하거나 매자국을 남기기 위해서 혹은 눈물을 흘리거나 슬퍼하도록, 아니면 자신의 좌절을 분출하기 위한 목적으로 징계를 하면 안 된다.

* 징계는 언어적 학대, 설득, 처벌, 갈등의 무시가 아니다.

* 징계의 결과는 자녀와 부모 사이의 좋은 관계의 회복이다. 이러한 관계가 존재할 때에만 부모는 자녀를 훈련시키는 하나님의 목표를 성취할 수 있다.

* 통제의 궁극적인 목표는 자녀가 하나님의 말씀을 배워 절제력을 개발하도록 준비시키는 것이다.

5부에서는 자녀 훈련의 두 번째 국면인 가르치기에 대해 다룰 것이다. 자녀가 자기의 기준을 개발하는 것은 가르침에 의해서이다. 가르치는 단계에서 자녀들은 부모가 지시하고 제한하는 이유가 무엇인지를 배운다. 그는 자신의 삶의 목적을 갖는 성숙한 성인이 되도록 훈련된다. 가르침은 오직 부모의 통제하에 있는 자녀에게만 가능하다.

아동학대 문제

나는 개인적으로 **대부분의** 아동학대가 절망적인 아이에게 고통을 주려는 욕망에서가 아니라 자녀의 통제되지 않은 반항에 대해 좌절감을 가진 부모로부터 온다고 믿는다. 부모들이 징계를 적절하게 사용하지 않을 때 자녀들은 더욱 반항하게 되는 것 같다. 마침내 자기만족에 빠진 혹은 수동적인 부모들은 감정적인 분노로 폭발한다. 징계를 적절히 사용하면 대부분의 그러한 감정적인 붕괴를 제거할 수 있었을 것이다.

일부 병들고, 알콜과 마약에 중독된 부모들이 신체적, 정서적으로, 그리고 심지어는 성적으로 자기 자녀들이나 피보호자들에게 해를 끼친다. 그런 사람들은 법적으로 제재를 받아야만 한다. 그러나 일부 이러한 사람들 때문에 우리나라는 아동학대의 책임이라는 망상에 사로잡혔다. 이러한 망상은 자녀의 반항을 다루기 위해 성경적인 징계를 적절히 사용하고 있는 합리적인 부모들에게도 영향을 주었다.

훈련받지 않은 세대의 성인들이 의사결정자가 되면서 미국인들의 일반적 태도는 극적으로 변화되었다. 1994년 5월 15일 퍼레이드 매거진은 1986년에는 84%의 부모가 체벌을 찬성했는데 1991년에는 67%, 1994년에는 56%라고 보고했다. 이러한 비율로 본다면 2000년에는 전국민의 약 2/3가 체벌을 반대할 것이다. 전국적으로 산재한 아동 청년 서비스 분과는 법의 정당한 절차 없이도 활동한다. 그들은 (증거 없이도) 영장을 받아 당신의 집에 들어가서 아이를 끌어내며, 당신에게 심리검사를 받을 것을 요구할 수 있다. 당신의 삶은 몇 년간 비참해질 수 있다. 이 모든 것은 (당신을 싫어하는) 어떤 무명의 정보제공자의 말을 근거로 이루어질 수도 있다. 그는 당신의 주치의, 간호사, 학교교사, 이웃, 친척, 심지어는 당신의 자녀일 수도 있다. 이런 일은 나찌 독일의 누군가를 생각나게 하지 않는가? 매리 프라이드의 책 〈아동학대 산업〉은 이렇게 시작한다.

"작년에 미국의 백만 가정 이상이 아동학대로 거짓 고발되었다. 당신과 나같이 평범한 사람들인 그 가정들은 여러 가지 수준에서 고통을 겪었다. 일부는 아동학대 혐의로 조사받고 '무죄' 처리되는 단순한 수모를 당했다. 비록 그들의 이름이 5년 내지 영구히 아동학대 용의자로 정부 기록에 남을지라도 이런 케이스는 운이 좋은 경우이다. 그렇게 운이 좋지 않은 어떤 사람들은 상담프로그램에 강제적으로 참여해야 한다. 심지어 어떤 사람들은 이런 부당한 고소에 맞서 싸우기 위해 집을 잃고 통장을 비워야만 한다. 많은 사람들이 직장을 잃고 어떤 사람들은 너무나 슬프게도 자녀를 잃어버린다."

나는 신체적인 처벌의 문제가 다음 세대에는 기독교적인 확신에 대한 검증이 될 수도 있다고 믿는다. 미국의 기독교인들은 자기들의 신념을 죽음의 위협에 의해 검증해 본 적이 없다.

이미 어떤 크리스천들은 인간보다 하나님께 순종한다는(행 5:29) 신앙의 고백으로서 체벌에 대한 자신들의 헌신을 검증해야만 했다. 본서가 그런 부모들의 성경적 논리와 체벌에 대한 정당성을 주장하는 근거로 법정에서 몇 번 사용되어졌다. 체벌을 반대하는 책을 쓰고 있는 어떤 전문가는 이 책이 체벌에 대한 기독교적인 입장을 가장 잘 제시하고 있다고 진술했다.

"나는 학자로서 연구한 결과 그리고 아동 체벌 문제에 깊은 관심을 갖고 있는 한 개인의 입장에서 체벌 사용에 반대하는 이유를 주장하는 책을 한 권 쓴 적이 있습니다. 나는 체벌에 대한 당신의 주장에 동의하지 않으면서도 당신의 책에서 많은 내용을 인용해도 좋다고 허락하시는 말씀을 듣고 대단히 기뻤습니다. 특별히 당신의 책은 내가 지금까지 본 책 중 기독교적 관점에서 가장 솔직하고 치밀하게 체벌을 옹호하는 책 중의 하나라고 생각하기 때문입니다."

Phillp J. Greven, Jr
Professor
History Department
Rutgers University

내가 그것을 보았을 때 크리스천은 두 가지 선택지를 갖고 있다.

* 그는 하나님께 순종하는 것에 대해 사람과 사탄이 할지도 모르는 일을 두려워할 수 있다. (당신이 하나님께 순종하는 길을 가기로 결정하기 전에 마 10:28 ; 그리고 히 13:6을 보라.)

* 자녀 훈련을 가능한 한 개인적으로 하면서 그러나 여전히 하나님을 따르고 필요한 경우에는 기꺼이 간증할 수 있다(잠 22:3). 이렇게 하면 매를 때리는 것은 결코 공개적으로 이루어져서는 안 된다. 친척들만 있는 상황에서도 그렇게 하면 안 된다. 만일 당신의 자녀가 공개적으로 반항을 하면 당신은 그 문제를 다루기 위해 집으로 데려올 수 있다. 그것이 불편할지라도. 당신의 자녀는 당신이 그런 노력을 한 것을 중요하다고 느끼겠지만 그런 경험을 반복하고 싶어하지 않을 것이다.

7) 옥스퍼드 영어사전
28) Austin(Texas) American Statement. 1980. 5월 4일
29) 옥스퍼드 영어사전
30) 옥스퍼드 영어사전
31) Ibid
32) 히브리어 동사 yasar, 명사 musar : 헬라어 동사 paideuo, 명사 paideia(FBR)
33) 회초리는 "나무나 덤불에서 자라난 것을 자른 곧고 가느다란 막대이며 처벌의 도구"로 정의된다.(옥스퍼드 영어사전)
34) 그리스어 mastigoo는 "채찍질 하다"를 의미한다.(FBR)
35) 그리스어 paradechomai는 "받아들이다. 호의와 사랑으로 용납하다"는 의미이다.(FBR)
36) 그리스어 phileo는 "호환성에 근거하여 사랑하는 것, 혹은 서로간에 고통된 것에 기초하여 사랑하는 것을 의미한다. 예컨대 형제애나 우정을 의미한다."(FBR)
37) 히브리어 chasak은 "움찔하다, 뒤로 물러서다"는 의미이다.
38) 히브리어 ben "아들, 자손". 이 단어는 그리스어 huios "아들, 상속자"와 관련된다.(부록 C를 보라.)(Ibid)
39) 히브리어 shachar "일찍 나가다". 여기서는 이른 아침이 아니라 인생의 아침을 의미한다.(Ibid)
40) 그리스어 huios "아들, 합법적 아들, 법적 상속자".(부록 C를 보라.)(Ibid)
41) 옥스퍼드 영어사전
42) 막대기(rod). 구약성경에는 막대기로 번역된 네 가지 다른 히브리 단어가 있다. 가장 일반적인 단어는 막대기나 종족을 뜻하는 shebet 이다. 그것의 가장 구별되는 성경적 의미는 하나님에 의해 위임된 권위(12지파들처럼) 혹은 막대기 즉 반항적인 자녀들이나 노예, 어리석은 자들이나 국가들을 징계하는 수단이라는 의미이다. 둘째로 가장 많이 사용된 단어는 matteh로서 성경적으로 "지상의 하나님의 권위의 지팡이"이다. 이는 모세와 아론이 사람 앞에서 하나님을 대표하는 데 사용한 지팡이이다. 또 12지파에 대한 하나님의 권위를 세우기 위해 사용되었다. 그

래서 각 지파는 지상에서 하나님이 선택하신 대표자의 상징으로 matteh(지팡이)를 지녔다. 그리고 그 각각은 이교국가를 멸망시키는 데 사용되는 shebet라 불렸다. 막대기(rod)로 잘못 번역된 다른 두 단어는 새싹을 의미하는 choter과 의지함을 의미하는 mappel이다.

43) 히브리어 sheol 은 "지하세계"를 의미한다. 성경적으로 구약시대 사람이(의인이든 불의한 사람이든) 죽은 후 내려가는 장소로 정의되었다(창 37:35 ; 42:38 ; 44:29,31, 삼상 2:6, 왕상 2:6,9, 욥 7:9, 시 88:4).(FBR)

제멋대로인 요즘 아이, 말씀으로 양육하라
What the Bible Says About Child Training

제5부
가르치기

19장
가르친다는 것은 무슨 의미인가?

　당신은 자녀를 영원히 울타리가 있는 놀이터에 있게 할 수 없다. 언젠가는 그는 수정보석으로 된 가보를 갖고 놀 수 없는 이유, 혹은 고양이 꼬리를 당기면 안 되는 이유를 배워야만 한다. 자녀 훈련의 최종 목표는 자녀를 통제하는 것이 아니라 그에게 옳은 것을 가르쳐서 스스로 통제하게 하는 것이다. 부모들은 필요 이상으로 자녀의 외적 통제력으로 작용하면 안 된다. 자녀가 일관성 있게 복종하게 되자마자 자기의 능력에 따라 배워야만 한다.

　아주 어린아이는 난로 가까이 손을 대고 열기를 느끼게 함으로써 왜 뜨거운 것을 만지면 안 되는지를 배울 수 있다. 이와 같이 어떤 학습은 경험적으로 (감각을 통해) 배울 수 있다. 그러나 대부분의 학습은 이성(논리적인 사고)을 통해서 배워야 할 것이다. 따라서 어린아이에게는 비록 그가 완전히 순종적이라 할지라도 단지 제한된 양의 가르침만이 가능하다. 물론 비록 아이가 그것의 의미를 이해하지 못한다 할지라도 아이가 배울 수 있는 정보의 양에는 실제로 제한이 없다. 즉 ABC, 리듬, 수, 숫자 세기, 성경구절 등등. 이성적으로 배우려면 당신이 가르치는 것을 완전히 파악할 수 있어야만 한다. 교훈을 이해하기 위해서는 배우려는 의지력뿐 아니라 어휘력과 집중력이 있어야만 한다. 따라서 대부분의 가르침은 자녀가 '청년' 기에 근접하고 부모의 권위를 공경하기 전에는 이루어지지 않는다.

자녀 훈련의 일부로서의 가르침은 단순히 받아들이거나 거절될 명령을 하는 문제가 아니다. 가르침은 자녀가 준수해야 하는 규칙에 대한 설명을 제공한다. 주입(내면화)이라는 목표에 이르도록 계획된 어떤 가르침과 마찬가지로 자녀는 요구된 학습을 배웠다는 것을 보여줄 수 있어야만 한다. 다시 말해서 그는 시험을 통과해야만 한다. 주입은 '강제적인 훈계나 잦은 반복으로 마음에 인상을 주는 행동, 즉 어떤 것을 강조적으로 혹은 끈기 있게 가르치는 것'[44]을 의미한다. 자녀 훈련에서 필요한 가르침은 기본적으로 적절한 행동과 관련이 있기 때문에 자녀의 시험은 명령과 일치되는 행동방식으로 나타난다.

부모는 자녀에게 예의 범절에서 도덕성에 이르기까지 적절한 행동을 가르쳐야만 한다. 순종하는 아이에게는 어떤 가치체계도 가르칠 수 있지만 하나님의 말씀만이 진실로 올바른 체계를 위한 신뢰할 만한 유일한 원천이다. 예를 들면 성경은 말과 행동에서 정직이라는 절대적인 기준을 세워놓았다. 아이는 거짓말이나 도적질하지 않도록 훈련받아야 한다. 그가 거짓말이나 훔치는 것이 무엇인지 정확히 이해할 수 있을 정도로 충분히 성숙하면 그는 정직의 기준을 배우고 그것을 벗어나는 것에 대해 책임질 수 있어야 한다. 어떤 외적인 압력이 없이도 아이가 정직한 생활을 하면 그때는 정직한 성품으로 훈련된 것이다.

하나님의 말씀은 아이가 성공적으로 훈련될 수 있는 완벽한 체계 (다음 장에서 전개될 것이다)를 계시한다. 이 체계는 부모가 따라야 할 네 가지 기본 단계로 구성된다. 첫째는 '기준을 세우기'이다. 이 단계는 지시를 하고 만일 지시가 수행되지 않으면 어떤 일이 예상되는 가를 경고하는 것이다. 둘째 단계는 '책망하기'이다. 이 단계는 아이가 세워진 기준을 위반했을 때 취해진다. 셋째 단계는 '용서하기'이다. 이 단계는 아이가 자기 죄를 인정함으로써 잘못을 받아들이는 것이다. 넷째 단계는 "처벌하기"이다. 처벌은 깨어진 기준에 대해 하나님이 위임하신 권위로. 심판의 집행이 이루어지는 것이다. 처벌과 징계는 동일한 것이 아니다.

일관성 있고 올바르게 이러한 체계를 따르는 부모들은 자녀 훈련에 성공하게 될 것이다. 모든 아이들은 가르쳐진 기준을 배우고 받아들일 것이다. 이 체계는 구조상 간단하며 권위에 순종하는 어떤 아이에게도 사용할 수 있다.

오직 순종하는 아이만 가르쳐질 수 있기 때문에 순종하지 않는 아이는 이 체계가 사용되기 전에 통제를 받아야만 한다. 반항적인 아이는 오직 한 가지만을 배우는데 그것은 누가 책임을 지는 자인가이다. 다시 한번, 따라야 할 원리는 : 아이는 그가 아이처럼 행동하는 한 통제되어야 한다. 아이는 순종과 존경을 나타내 보이는 수준에 따라 가르쳐져야 한다.

아이가 어릴 때는 당연히 부모가 최대한의 통제를 해야 한다. 그러나 아이가 자라면 외부적인 통제는 점차 감소해야 한다. 이러한 감소는 그가 점점 배워서 스스로 절제하려는 의지를 보일 때만 가능하다. 부모가 아이에 대한 통제력을 상실하기 전에 아이가 훈련되어져야 한다는 것이 중요하다. 우리가 11장에서 본 자녀 훈련 도표는 자녀가 자라면서 부모의 통제력이 자연적으로 줄어드는 것을 보여준다. 그 도표는 이러한 통제의 감소를 강조하는 모양으로 여기서 다시 나타난다.

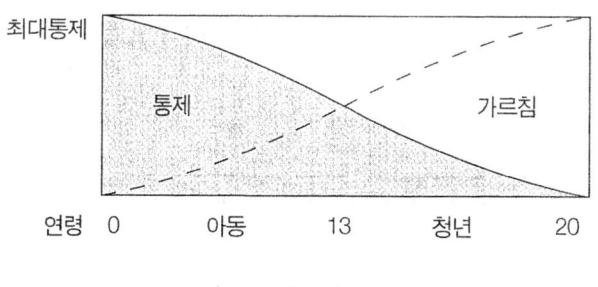

그림 19.1 감소하는 부모의 통제

이와 동일한 도표가 소위 '세대차'를 이해하는 것을 돕는 데 사용될 수 있다.

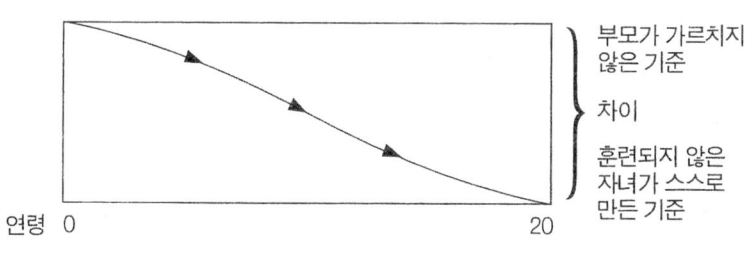

그림 19.2 세대차

이러한 차이는 부모가 자녀에게 부모의 기준을 주입하지 못하는 정도만큼 존재한다. 완전히 자기 마음대로 하도록 내버려진 아이는 자기의 의지와 본성과 그가 받은 외부의 영향력에 근거해 기준을 설정하게 될 것이다. 그 영향력들은 교사나 유명인사, 또래 집단의 멤버, 역동적인 지도자처럼 아이가 권위로 받아들인 사람들이다. 아이가 스스로 부과한 기준은 자신과 부모를 갈라놓으며 부모들은 점점 통제력을 상실하고 갭은 넓어진다.

동일한 도표의 반대되는 곡선은 순종적인 아이를 가르치는 부모를 대표한다.

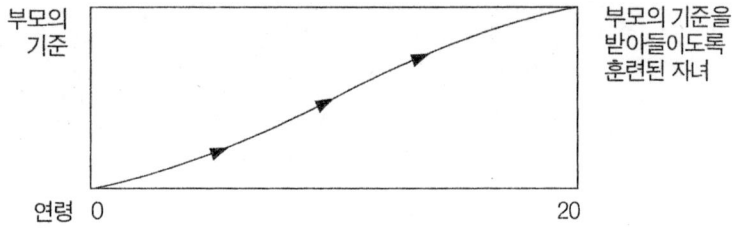

그림 19.3 증가하는 가르침의 잠재력

잘 훈련된 아이는 부모의 기준을 배우고 받아들인다. 그는 또한 부모의 외적 통제를 대체할 내적 통제를 개발한다. 아이들이 신체적으로 성인기에 도달하기 전에 그를 완전하게 돌볼 수 있어야 한다. 어떤 부모도 아침에 십대의 자녀를 깨우거나 스스로 해야 하는 것을 계속해서 돌보아줄 수는 없다. 아이가 스스로 책임 있게 행동하고 외적인 압력 없이 부모의 가르침에 따라 행동하면 부모들은 자녀 훈련의 목표를 달성한 것이다.

부모들은 자녀들에게 줄 가치 있는 어떤 것—경험의 유익—을 갖고 있다는 것을 인식해야만 한다. 부모가 삼사 십 년 살면서 얻은 지혜는 효과적인 자녀 훈련을 통해 자녀들에게 전해질 수 있다. 자녀들이 아동기에 잘 훈련받았으면 성인이 되더라도 부모의 충고를 받아들이게 된다. 아이들에게 기준을 주입시키는 일에 있어서 부모보다 더 자격을 갖춘 사람이 누가 있는가? 자녀를 훈련시키는 데 그밖에 어느 누구도 권위나 책임을 위임받지 못하였다. 자녀의 행동과 성품 형성에 대해 부모 외에 어느 누구도 하나님 앞에 책임 있는 사람은 없다.

자녀에게 적절한 기준을 주입하는 것은 세뇌하는 것이 아니다. 세뇌는 자녀의 의지를 무시하고 프로그래밍하거나 교화하는 것이며, 그것을 사용하는 사람에게 종종 역작용이 일어나는 악한 기술이다. 아이는 프로그램된 것을 받아들이는 대신에 그가 도망칠 수 있는 한 모든 것을 거부할 것 같다. 올바른 자녀 훈련은 항상 자녀의 마음을 목적으로 해야 하며 자녀의 의지에 개방적인 도전이 되어야 한다. 일부 부모들은 아이의 의지를 무시하고 무의식의 정신상태에 초점을 맞춘 행동수정 기법으로 자기 자녀를 교화하려고 한다. 그런 부모들은 배운 것을 이해하고 적용하는 능력이 제한되는 자녀를 키우는 것이다. 그들의 기준이 후에 도전을 받게 되면 그들은 자신의 입장을 지적으로 방어할 수 없게 된다. 결과적으로 그들은 올바른 기준조차도 쉽게 포기해 버리게 될 것이다.

적절한 가르침은 가르쳐진 것의 정확한 실체를 요구한다. 다른 말로 하면 가르쳐진 것은 그것이 이성적으로 진리임이 확인되어야 한다. 그렇지 않으면 아이는 자신의 사고에 영향을 주는 질문들에 답할 지식을 갖지 못한 것이다. 부모의 기준은 옳건 그르건 간에 단순히 부모의 견해이거나 전통으로 보인다. "지붕위의 바이얼린"이라는 연극에서처럼 부모의 기준에 대해 논리적으로 배우지 않은 자녀들은 기준들을 몽땅 깨뜨릴 것 같다. 부모들은 자기들이 실패한 것에 당황하게 된다. 부모들이 기준에 대해 합리적인 설명을 해야 할 때 부모들은 그렇게 할 수 있어야 한다.

하나님의 말씀은 부모들의 옳음을 입증할 수 있는, 신뢰할 만한 유일한 원천이다. 미국에서 '중생한' 크리스천이라고 고백하는 사람이 4천 5백만이라고 추정됨에도 불구하고 현 세대는 성경에 대해 상대적으로 제한된 지식을 갖고 있다.[45] 이러한 크리스천들의 대다수가 하나님의 말씀이 가르치는 도덕적인 행동의 기준에 대한 이유를 알지 못한다. 당연히 대부분의 신앙고백하지 않은 크리스천들은 그런 기준 자체도 거부한다. 대부분의 사람들이 왜 간음이 잘못인지 설명할 수 없을 뿐만 아니라 많은 사람들이 그것이 잘못이라는 데 동의하려고 하지도 않는다.

성경적으로 무지한 대중들의 현재의 상태는 부분적으로는 자녀를 훈련시키는 데 실패한 부모들의 책임이다. 과거 몇 세대의 부모들은 일반적으로 자녀들에게 올바른 도덕적 기준을 훈련시키는 데 성공하지 못했다. 이러한 타락이 발생한 주요 원인은 부모들이 자녀들에게 가르친 기준을 확증할 수 있는 이유들을 제시하지 않았기 때문이다.

자녀 훈련에서의 이러한 붕괴가 과거 몇 세대에 걸쳐 점증적으로 발생하였다는 것이 나의 개인적 견해이다. 첫 세대는 하나님의 의로우신 기준을 알고 그에 따라 산다. 그들은 자녀들을 엄격히 통제하며 키우고 그런 기준들을 가르친다. 그러나 무관심과 게으름 때문에 그들은 자녀에게 그러한 기준을 뒷받침하는 이유들을 가르치는 데 실패한다.

다음 세대의 부모들은 주로 그들이 행동하는 방식의 이유에 대한 지식이 없었던 자녀들로 구성된다. 자신들의 불안정성으로 인해 그들은 다스리는 데 있어서 독재적이 되거나 지나치게 관대하고 허용적이 된다. 독재자는 자기의 기준을 어떤 논리의 제공도 없이 자녀들에게 강제하려고 한다. ㅡ"내가 그렇게 말했기 때문에 옳은 거야." 반면에 다른 그룹의 부모들은 무엇을 가르쳐야 옳은지 몰라서 아이들이 자기 맘대로 하게 한다. 그들은 좌절하며 말한다. "엄마가 할 일이 무엇인가?" 이런 유형의 부모들은 "나는 내 자녀가 스스로 선택하기를 원한다"는 핑계를 댄다.

다음 세대는 전통을 따르는 독재적인 부모 혹은 강요된 기준으로 자란 후 그 기준을 완전히 거부하는 독재적인 부모를 둔 아이들로 대부분 구성된다. 후자는 우주적 사랑이나 형제애와 같은ㅡ나도 좋고 너도 좋다; 범신론, 쾌락주의ㅡ"만일 좋게 느껴지면 그것을 하라"와 "자신의 일을 하라"는 체계를 발전시키며 혹은 일부는 도덕의 체계 배후의 논리를 탐구한다. 이 세대는 또한 스스로 성장한 어린이들로 구성된다. 그들은 위에 언급한 체계의 유형 중의 하나를 찾거나 그 위에 정착한다.

다음 세대는 기본적으로 어떤 인본주의적인 체계에 도달한 사람들 뿐 아니라 진리를 재발견한 사람들로 구성된다. 만일 특정 문명의 대다수의 사람들이 진리를 따르면 그 문명은 진리에 순종한 것으로 인해 축복을 받는다. 실제로 결과적으로 전체 사이클이 다시 시작한다. 만일 대다수가 인본주의적이면 그 문명은 부패하고 조만간 파괴된다. 부패한 문명에서 부흥이 일어나지 않으면 다른 문명에 의해 정복된다.

한 문명이 안정적인 도덕적 내구성을 유지하는 유일한 길은 모든 부모의 세대가 삶의 기준을 하나님의 말씀에서 발견된 원리 위에 세울 때이다. 하나님의 말씀은 현실의 실천 속에서 긍정적인 결과로 그 자체 증명이 되는 도덕적 행위의 유일한 체계를 제공해 준다.

다음의 도표는 4세대의 순환을 보여준다.

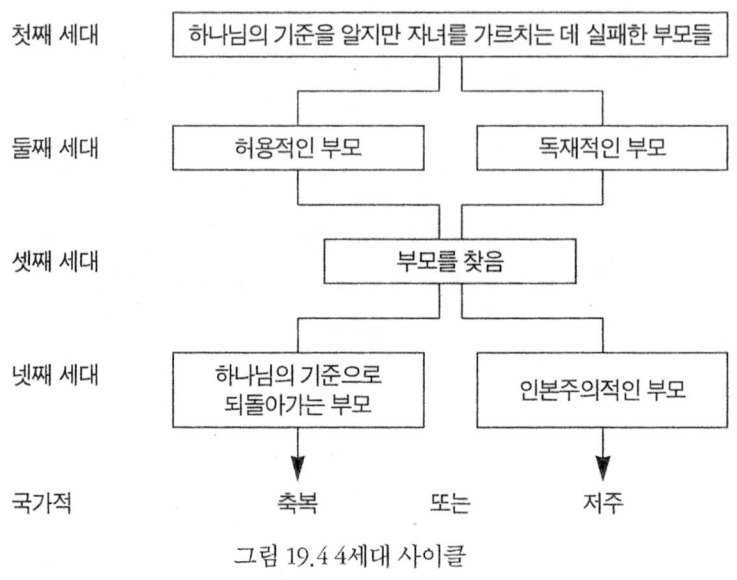

그림 19.4 4세대 사이클

도표에서 보았을 때 서구 문명은 지금 어디에 있는가? 물론 4세대 모두의 흔적이 어떤 한 시대에 존재한다. 그러나 나는 우리 대부분은 네 번째 세대 성인들로 구성되어 있다고 믿는다. 그러나 많은 사람들이 그 위에 안정적인 삶을 세우려는 기준의 체계를 찾고 있다는 표시들이 있다. 우리의 기도는 어린 자녀들을 둔 많은 부모들이 하나님의 기준을 배우고 그것을 자녀들에게 가르쳐서 우리 문명을 부흥시키는 것이다.

우리는 자녀를 가르칠 수 있도록 통제하는 법을 알아보았다. 이러한 두 가지 절차—통제와 가르침—가 결합하여 자녀 훈련을 구성한다. 그러나 올바른 기준을 가르치지 않으면 자녀 훈련에 대한 하나님의 목적은 성취될 수 없다. 공산주의 국가의 자녀들은 대부분의 다른 나라의 자녀들보다 훨씬 더 많이 훈련된다. 차이는 가르쳐지는 기준의 질이다. 만일 부모들이 가르칠 만한 것을 갖고 있지 않다면 자녀 훈련에는 어떤 좋은 목적도 없는 것이다. 부모들은 단지 자신의 근거 없는 견해나 편견과 혼란만을 다음 세대에 가르치게 될 것이다. 하나님의 말씀이 인간의 사고와 삶을 위한 기준이 되어야 한다.

다음 장에서는 자녀 훈련 체계의 가르침의 국면 중 네 번째 단계를 설명할 것이다. —처벌. 마지막 단계를 먼저 다루는 이유는 징계와 처벌 간의 혼돈을 없애기 위해서이다.

20장
처벌

처벌은 징계와 같은 것이 아니다. 그러나 이 두 용어는 영어권에서는 거의 동의어가 되었다. 이러한 혼동은 각 단어가 지닌 원래적이고 구별된 의미를 상실했기 때문에 불행한 것이다. 많은 사람들이 처벌에 대해 갖고 있는 정서적인 태도도 마찬가지로 불행한 것이다. 일반적으로 처벌은 가망 없는 사람에게 부과되는 잔혹하고 거칠고 임의적인 벌칙이라고 생각된다. 그러나 하나님의 말씀으로 규정된 처벌은 항상 정당하다.

우리가 이미 보았듯이 징계는 고통을 가하기 위해 특별히 회초리를 사용하는 것이다. 그것은 반항을 다스리고 권위에 강제로 순종케 하기 위해 사용된다. 신체적인 고통은 권위에 대해 반항하는 행동에 대한 처벌로써만 사용되어져야 한다. 혹은 다른 사람들이나 불쌍한 동물을 의도적으로 해치는 행동에 대해서만 사용되어져야 한다. 권위에 반항하는 행동은 권위를 대표하는 물건(성경, 국기, 교회, 학교, 정부 소유물과 같은)을 의도적으로 파괴하는 것과 권위 있는 사람(부모, 교사, 부모가 위임한 사람들)에게 공공연하게 불손한 행동을 하는 것이다.

처벌은 어떤 형태의 잘못된 행동에 대한 정당한 벌칙이다. 그 목적은 순종을 강요하거나 반항을 통제하는 것이 아니다. 아이가 순복하면 징계는 철회될 수 있지만 처벌은 저질러진 특정 잘못에 대해 지불되어야 하는 것이다. 징계는 앞으로 잘못하는 것에 대한 경고로 작용하지만 처벌은 최종적인 대가이다. 예를 들면 만일 아이가 짜증을 내려고 하면 그가 통제될 때까지 징계된다. 그러나 만일 아이가 부주의하게 램프를 깨뜨린다면 그는 잘못에 대해 대가를 지불하는 처벌을 받는다. 즉 그는 부서진 것을 깨끗이 치우고 새 램프를 사와야 한다.

처벌은 '처벌하는 행동 혹은 처벌받는 사실, 즉 위반에 대한 응징으로 벌칙을 가하는 것, 법의 적용과 집행을 보증하기 위해 부과된 벌칙' 이다.[46] 처벌을 집행하는 데는 올바른 분량, 시간, 방법이 필요하다. 즉 그것은 매우 객관적인 과정이다. 부모들은 필요할 때 벌칙을 세우고 판단은 대담해야 한다. 하나님이 자녀들 위에 세우신 권위자로서 부모들은 기준이 위반되었을 때 재판을 집행할 책임이 있다.

하나님의 권위자들은 정의를 집행해야 한다.

롬 13:4 "그는 하나님의 사자가 되어 네게 선을 이루는 자니라 그러나 네가 악을 행하거든 두려워하라 그가 공연히 칼을 가지지 아니하였으니 곧 하나님의 사자가 되어 악을 행하는 자에게 진노하심을 위하여 보응하는 자니라"

이 구절은 인간의 제도에 대한 하나님의 계시의 문맥 가운데 있다. 우리가 권위에 대한 장(4장)에서 로마서 13:1을 공부했을 때 하나님의 뜻을 통하지 않고는 어떠한 권세도 존재할 수 없으며 권위자의 위치는 하나님에 의해 제정되며 하나님의 통제하에 있다는 것과 그리고 모든 개인들은 자기 위에 있는 통치권 아래 의지적으로 순복해야 한다는 것을 배웠다. 로마서 13:2-3은 하나님이 정하신 권위자들에게 저항하는 자는 누구든지 심판을 받을 것이라고 설명한다. 이제 우리는 그 네 구절이 하나님의 권위자들에게 처벌집행 책임이 있음을 선언하고 있다는 것을 알 수 있다.

이 구절에서 몇몇 단어들은 설명할 필요가 있다. '하나님의 사자'는 하나님을 섬기는 지정된 권위자들이다. 즉 부모를 포함해서 통치자의 위치에 있는 사람들이다. '보응하는 자'로 번역된 희랍어 단어는 '공의를 집행하는 자'를 의미한다.[47] 부모들은 자녀들의 행동에 대해 재판관의 역할을 해서 범죄한 자들을 처벌해야 한다. '진노'라는 희랍어는 '처벌'에 대응하는 성경적 단어이다.[48] '행하는'이라고 번역된 단어는 '실천하다'에 해당하는 희랍어이며 그것은 문법적인 형태상 '습관적으로 실천한다'는 것을 의미한다.[49] 이러한 형태는 매우 의미 있는 것이다. 마지막으로 '그러나 네가 악을 행하거든'이라는 구절에서 '행하거든'으로 번역된 단어는 '만들다, 형성하다, 구성하다, 창조하다'를 의미하며,[50] '악'이라고 번역된 단어는 '기준에 비추어 보아 그른 것, 옳지 않은 것'을 의미한다.[51] 다른 말로 하면 이 구절은 하나님의 권위자들은 옳은 기준을 거스려 행하는 사람들을 처벌하고 공의를 집행하여 하나님을 섬겨야 한다고 말하고 있는 것이다.

이 구절은 부모들에게 격려가 된다. 권위자들은 실제로 습관적인 위반자를 붙잡아 낼 것이라는 것이다. 부모들은 항상 '기린'처럼 목을 길게 빼서 자녀를 정탐할 필요가 없다. 만일 자녀가 잘못을 행하면 그는 결국 붙잡힐 것이다. 이것이 인간의 재판이 확고히 집행될 수 있는 이유 중의 하나이다. 붙잡힌 사람은 아마도 이전에는 발각되지 않고 도망쳤을지 모른다. 부모들은 전지(全知)하지도 편재할 수도 없기 때문에 자녀가 행한 모든 위반을 다 붙잡을 수 없다. 그러나 부모들이 그가 행하는 것을 발견했을 때에는 분명히 공정성의 확신을 갖고 그를 처벌할 수 있다. 성경은 진실로 어떤 것을 몰래 할 수 있는 사람은 한 사람도 없다는 사실을 입증하고 있다.

민 32:23b "너희 죄가 정녕 너희를 찾아낼 줄 알라"(사 59:12를 보라.)

대답되어야 할 다음 질문은 공정한 처벌을 구성하는 것은 정확히 무엇인가라는 것이다. 부모들이 합리적인 처벌을 수행할 수 있는 어떤 지침을 갖고 있는가? 하나님의 말씀은 어떤 벌칙이 설정되어야 하는가에 대한 원리를 제공한다. 벌칙은 잘못에 상응하는 규정된 분량의 처벌이다. 그러므로 벌칙은 공정한 배상, 혹은 정당한 지불이다. 배상은 불의한 행동으로 파괴된 것을 바른 상태로 회복시키는 것이다.

공의의 기준을 세우실 때 하나님께서는 적절한 벌칙도 함께 제시하신다.

레 24:17-22 "사람을 쳐 죽인 자는 반드시 죽일 것이요 짐승을 쳐 죽인 자는 짐승으로 짐승을 갚을 것이며 사람이 만일 그 이웃을 상하였으면 그 행한 대로 그에게 행할 것이니 파상은 파상으로, 눈은 눈으로, 이는 이로 갚을지라

남에게 손상을 입힌 대로 그에게 그렇게 할 것이며 짐승을 죽인 자는 그것을 물어 줄 것이요 사람을 죽인 자는 죽일지니 외국인에게든지 본토인에게든지 그 법을 동일히 할 것은 나는 너희 하나님 여호와임이니라"(출 21:23-25 ; 신 19:15-21을 보라.)

하나님은 잘못에 대해서는 동등한 벌칙으로 지불되어야 할 것을 의도하신 것이 분명하다. 이 원리는 또한 개인들간에 발생하는 어떤 우발적인 잘못에도 적용된다(출 22:5, 6, 12-14). 자녀를 위해 벌칙을 세울 때 부모들은 하나님의 배상체계를 사용해야만 한다. 과도한 벌칙이 세워져서는 안 된다. 만일 아이가 반복적으로 특정 기준을 위반한다면 아무리 처벌을 해도 그의 불순종을 막을 것 같지는 않다. 그는 반항하는 것이며 부모들은 회초리로 그들의 권위를 재확립할 필요가 있다.

적절한 벌칙을 설명하는 다른 방법은 그것을 절대적인 것과 관련시켜 보는 것이다. 첫째, 기준은 옳은 것(공의의 절대적인 분량)을 대표한다. 둘째, 기준의 파괴는 그른 것(불의의 특정한 분량)을 대표한다. 셋째, 따라서 벌칙은 그른 것에 상당하는 올바른 분량(불의를 교정하는 정도의 양)의 지불이다. 이것을 그림으로 묘사할 수 있다.

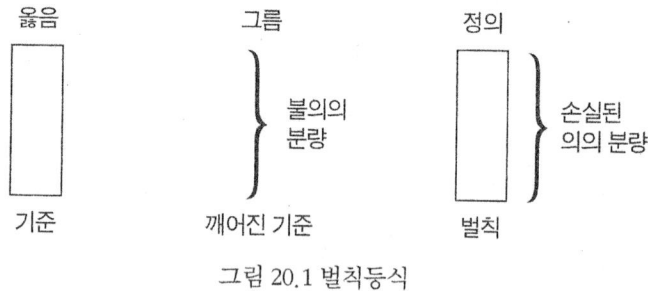

그림 20.1 벌칙등식

희랍어 신약성경에서 공의와 정의는 모두 동일한 단어에서 번역되었다. 다른 말로 하면 그것들은 동일한 동전의 양면이다. 옳은 것은 정의로운 것이고 정의로운 것은 옳은 것이다. 벌칙은 옳은 것이 지켜지는 한 필요 없다. 그른 것이 행해질 때 사태를 옳게 하기 위해 동등한 양을 지불하거나 회복시키는 것이 벌칙이다. 다음의 세 가지 예는 정당한 벌칙의 개념을 설명해 준다. (그림 20.2를 보라.)

	기준(공의) 옳고 공정한 것	그름(불의) 기준과 비교했을 때 그리고 부당한 것	정의(벌칙) 그른 것을 교정할 분량	처벌 (정의의 집행) 벌칙의 적용
사례 A	주당 40시간 시간당 5불	30시간 일함	주급의 4분의 1	주급의 4분의 1 급료에서 50불 삭감
사례 B	소유권의 보호	다른 사람의 재산을 손상	손상된 재산의 완전한 보상 (불편한 고토 포함)	전체 보상액 지불
사례 C	생명에 해를 끼치지 않는 것	다른 사람의 생명을 취함	생명을 보상할 수 있는 것은 없음 생명에는 생명으로	사형선고

그림 20.2 공의의 회복

사례 A. 만일 고용자가 40시간당 200불에 어떤 사람을 고용하기로 한다면 기준이 세워진 것이다. 만일 피고용인이 단지 30시간만 일을 했다면 그는 기준을 만족시키지 못한 것이다 30시간은 옳은 것에서 10시간이 부족하다. 따라서 벌칙은 주급의 4분의 1이다. 지불 날짜가 되었을 때 고용주는 피고용주가 기준을 만족시키지 못한 데 대한 벌칙으로 동의한 분량인 4분의 1을 삭감할 권리가 있다.

사례 B. 하나님의 말씀은 사유재산권의 보호를 위해 많은 법을 세워 놓으셨다. 누구도 다른 사람의 재산을 침해할 권리가 없다. 사유재산은 그 개인이 그 재산을 위해 지불한 노동의 길이와 동등한 개인의 삶의 기간을 대표한다. 만일 라디오를 사기 위해 8시간을 일했다면 그 라디오는 그 사람의 인생의 하루를 대표한다. 이것은 하나님의 법이 왜 인간으로 하여금 자기의 재산을 필요하다면 힘으로라도 보호하도록 하시는지를 설명해 준다. 어떤 사람의 재산의 파괴는 불의한 것이다. 사례B는 유리창에 던져진 공의 경우에 해당된다. 잘못은 하나의 깨어진 유리창과 동등하다. 물론 공은 유리창을 깨지 않는다. 어떤 사람이 유리창으로 공을 던진 것이며 그는 죄가 있다. 인간이 저지른 모든 '사고'에는 항상 개인적인 책임이 있다. 그것이 비의도적이었다 할지라도 유리창은 깨어졌다.

이러한 사례에서 벌칙은 깨어진 유리창에 대한 완전 복구, 즉 깨어진 유리들을 깨끗이 하고 새 유리 값을 지불하고 모든 일을 하는 것이다. 처벌하는 것은 범죄자에게 완전히 배상하게 하는 것이다. 그래서 벌칙이 이루어진 다음에는 모든 것이 원상태로 회복되는 것이다.

사례 C. 여기에서의 기준은 인간 생명의 보호이다. 악의에 의한 의도적인 것이든 우발적인 것이든 간에 인간의 생명을 취하는 것은 나쁜 것이다. 살인은 회복이 불가능하기 때문에 불의하다. 생명을 배상할 방법은 없다. 유일한 공정한 벌칙은 생명과 동등한 가치의 생명을 지불하는 것이다. 사형이 이러한 잘못에 적합한 정의의 집행이다.

우리는 처벌의 원리를 살펴보았으므로 이 원리들을 자녀 훈련에 적용해 보자. 부모들은 다음의 지침을 사용하여 벌칙을 세울 수 있다.

자녀들을 위한 벌칙

1. 소유권에 대한 존중

아이들이 의도적으로 혹은 무의식적으로 재산에 손상을 끼치면 배상을 해야 한다는 것이 가르쳐져야 한다. 만일 그들이 표시를 하고, 찢고, 긁고, 깨뜨리는 등 재산에 손해를 끼치면 그들이 책임질 수 있는 정도까지 배상해야만 한다. 소유물은 자기 돈으로 사지 않은 자신들의 장난감과 옷도 포함된다. 아이들은 가능한 한 어릴 때부터 소유물을 존중하는 것을 배워야만 한다. 물론 만일 부모들이 두 살짜리 아이를 값비싼 도자기가 있는 할머니의 방에 홀로 내버려두면 부모들은 최악의 상황을 기대해야만 하며 자신들이 대가를 지불해야 할 것이다.

항상 적절한 경고가 주어져야만 하며 아이는 책임질 수 있는 신체적 능력이 있고 이해력이 있어야만 한다. 만일 당신에게 '사고 잘 치는' 자녀가 있다면 그는 자기가 저지른 일을 보상하기 위해 아르바이트라도 하도록 요구되어야 한다. 그러면 그 아이는 자기의 부주의함을 돈으로 보상하려고 할 것이다. 아무리 경고하고, 꾸짖고, 책망을 해도 벌칙을 가하는 것만큼 소유권을 존중하도록 훈련시키지 못한다. 만일 아이에게 돈이 없으면 평상

시에 요구되지 않는 의무를 하게 하여 벌칙을 줄 수 있다.

아이들이 어떤 것을 깨뜨렸을 때, 비록 그것이 사고일지라도 혹은 아이들이 너무 어려서 모든 벌칙을 다 감당하지 못할지라도, 그들은 어질러진 것들을 깨끗이 치워야 한다. 그렇게 하는 것이 그들에게 책임감과 주의를 가르치게 된다. 모든 깨어진 기준에는 벌칙이 있어야 한다. 문제는 누가 그 대가를 지불하는가 이다. 아이가 너무 어려서 책임을 질 수 없을지라도 깨어진 꽃병은 누군가에 의해 보상되고 정리되어야 한다.

아이들은 인생의 아주 초기부터 자신의 행동에 대해 책임을 지도록 배울 수 있다. 예를 들면 조그만 아이가 자신이 다 책임질 수 없는 유리창을 깼다. 그는 아빠가 청소하는 것을 도울 수 있고 새 유리를 사러 가게에 갈 수 있으며 그것을 수리할 때까지 아빠에게 연장을 건네 줄 수 있다. 이런 식으로 아이가 재산에 손상을 끼치면 시간이라는 대가를 지불해야 한다는 것을 배우기 시작한다. 아이가 자기 장난감을 망가뜨릴 때 한 가지 벌칙은 장난감 없이 지내도록 하는 것이다. 그러나 만일 그가 습관적으로 부주의하거나 자기 물건을 거칠게 다루거나 혹은 화가 나서 자기 장난감을 부순 것이라면 그는 이 영역에서 훈련을 필요로 한다. 그는 모든 대가를 지불해야만 한다.

2. 다른 사람들에 대한 예절과 행동

아이들은 타인의 권리를 존중하도록 배워야만 한다. 무례함이나 거칠음에 대한 벌칙은 사죄하는 것이다. 그러나 만일 그것이 의도적이거나 반복된다면 아이를 다른 사람들로부터 점점 고립시키는 벌을 줄 수 있다. 다른 형태의 처벌을 집행하는 것과 마찬가지로 그를 고립시키기 전에 부모는 먼저 아이로 하여금 자신의 잘못을 인정하도록 해야 한다. 만일 아이가 골칫덩어리라면 그가 괴롭혔던 사람들로부터 격리되어야 한다. 즉 그는 다른 사람들의 즐거움을 방해하였기에 이제 자기가 즐겁지 않게 되어야 한다. 여기서 벌칙은 반복성과 의도성에 따라 증가될 수 있다.

3. 다른 사람들에게 신체적으로 상해를 줌

아이들은 다른 사람들에게 고통을 주는 것의 위험성을 배워야만 한다. 타인을 고통스럽게 한 것에 대한 벌칙은 고통을 받는 것이다(징계). 이러한 벌칙은 만일 아이가 잠재적으로 위험한—특히 자기보다 어린아이들에게—활동에 개입했을 때 부과될 수 있다. 한 가지 예는 순진한 어린아이를 부추겨서 맨손으로 땅벌을 잡으라고 하는 큰 아이이다. 그 아이는 자기보다 어린아이들을 보호하고 그들 주위에서 책임 있게 행동하는 것을 배워야 한다.

4. 절제

아이들은 절제를 배워야 한다. 절제력이 부족한 아이에 대한 벌칙은 그가 원하는 것을 거부하는 것이다. 만일 아이가 계속해서 게으름을 보인다면 그에게는 더 많은 의무가 처벌로 부과되어야 한다. 만일 문제가 항상 나쁜 음식을 먹으려는 것이라면 일정 기간 동안 사탕이나 다른 단 음식을 먹지 못하게 해야 한다. 종종 절제의 영역에서 아이가 특별히 약한 부분은 엄격한 제한이 필요하다. 만일 아이가 부정직이나, 거짓 행동, 속이기, 훔치기 등의 문제를 갖고 있다면 반항으로 다루어져야 하며 징계가 필요한 것일지도 모른다. 그러나 어떤 불순종을 반항에 대한 벌칙으로 다루기 전에 충분한 경고가 명확하게 주어져야만 한다.

이러한 원리들은 당신이 불순종에 대한 벌칙들을 세우는 것을 이해하는 데 도움이 된다. 그것은 단순한 상식의 과정이다. 부모들은 그들이 기준을 세울 때에 처벌이 수행될 것을 예상하면서 벌칙을 정해야만 한다. 이런 식으로 하면 불순종의 순간에 감정에 영향받지 않고 벌칙이 이루어질 것이다. 벌칙을 세우는 방법을 아는 것으로 충분하지 않다. 부모들은 언제 처벌할지도 알아야만 한다.

처벌의 집행

깨어진 기준이 분명히 설정되어 있었고 아이가 그것을 알고 있었을 때만 처벌이 이루어져야 한다. 만일 벌칙이 세워지지 않았다면 첫 위반에 대해 정상적으로 요구되는 것보다 덜 엄격하게 대하거나 혹은 벌칙을 주지 말아야 한다. "무지는 법을 어긴 것에 대한 변명이 될 수 없다"는 말은 성경에서 온 것이 아니다.

 롬 4:15b "율법이 없는 곳에는 범함도 없느니라"
 롬 5:13 "죄가 율법 있기 전에도 세상에 있었으나 율법이 없을 때에는 죄를 죄로 여기지 아니하느니라"

처벌은 편견 없는 사법적인 선고이다. 일반적으로 아버지는 딸에게 부드럽고 어머니는 아들에게 관대하다. 이것은 공정한 것도 아니고 가족 안의 아이들 사이에 우호감을 증진시키는 것도 아니다.

아들이 엄마에게 다시는 그러지 않겠다고 아무리 확신 있게 약속을 해도, 딸이 아빠를 아무리 부드럽게 쳐다보아도 처벌은 일관성 있고 공정하게 이루어져야 한다.

> 신 1:17a "재판은 하나님께 속한 것인즉 너희는 재판에 외모를 보지 말고 귀천을 일반으로 듣고 사람의 낯을 두려워 말 것이며"

하나님은 세상 사람들 사이에서 정의를 집행하도록 재판관에게 당신의 법을 주셨다. 부모들은 재판관 중의 한 사람이다. 부모들이 자녀들을 처벌하는 것은 하나님의 심판을 대행하는 것이다. 이 때문에 부모들은 아무리 큰 아이일지라도 처벌하는 데 하나님의 권세에 의존한다.

처벌은 일반적으로 아이가 자신의 죄(자신이 잘못이라는 사실)를 인정하고 부모들이 그의 불순종을 용서한 후에 집행되어야만 한다. 용서한 다음에 처벌하는 원리는 하나님의 말씀 가운데 계시되어 있다.

> 시 99:8 "여호와 우리 하나님이여 주께서는 저희에게 응답하셨고 저희 행한 대로 갚기는 하셨으나 저희를 사하신 하나님이시니이다"
> 대하 6:30a "주는 계신 곳 하늘에서 들으시며 사유하시되 각 사람의 마음을 아시오니 그 모든 행위대로 갚으시옵소서"
> 민 14:19-20 "구하옵나니 주의 인자의 광대하심을 따라 이 백성의 죄악을 사하시되 애굽에서부터 지금까지 이 백성을 사하신 것같이 사하옵소서 여호와께서 가라사대 내가 네 말대로 사하노라" 그러나…

민 14:23 "내가 그 조상들에게 맹세한 땅을 결단코 보지 못할 것이요 또 나를 멸시하는 사람은 하나라도 그것을 보지 못하리라"

아마도 이러한 원리의 가장 좋은 성경적인 사례는 다윗이 밧세바와 간음하고 그 남편을 살해한 것에 대한 복합적인 벌칙이다(삼하 12:9-14). 그의 처벌은 다윗이 자신의 죄를 고백한 후(삼하 12:13; 시 51) 심지어는 하나님이 그를 용서한 후(삼하 12:13) 생애의 대부분에 걸쳐 계속되었다. 아무리 후회하고 울고 금식해도 처벌이 면제되지는 않았다(삼하 12:21). 이 위대한 왕이 권력을 오용한 것에 대한 벌칙은 밧세바가 낳은 첫아들의 죽음과 그의 가문에 닥칠 재난이었다. 즉 자식들 사이에서의 근친상간, 반역, 세 명 이상의 아들의 잔인한 죽음(삼하 12:14; 13:28; 18:14-15; 왕상 2:25)이 그것이다.

고백은 징계의 압력을 멈추게 하고 용서를 줄 것이지만 하나님의 자비외에는 공정한 벌칙이 요구되는 것을 막지는 못한다. 자녀들이 정상적으로 벌칙을 받는 것은 부모가 해야 할 필수적인 것이다. 원상복구는 죄책감을 씻는 한 부분이다.

부모들은 가끔 형식적인 처벌 없이도 아이가 충분한 벌칙을 받았다고 결정할 수도 있다. 책망받기 전에 자신의 죄를 고백하는 순종적인 아이에게는 그것이 진리일 수 있다. 그러나 벌칙(깨어진 유리, 엎지른 물 등등)은 여전히 존재하며 부모들은 대가를 지불해야 할 것이다. 자비를 당연한 것으로 여기는 습관이 생길 위험이 있다. 하나님만이 어떤 개인이 자기의 죄값을 지불하지 않아도 된다고 하실 수 있는 권리를 갖고 계신다. 그런 때조차도 어느 누군가 그 값을 지불해야만 한다. 그것은 오직 우리가 용서받을 수 있도록 우리 죄에 대한 죄값을 그리스도께서 지불하셨기 때문이다(롬 1:9; 8:1; 고후 5:21; 갈 3:13; 골 2:14; 히 9:26-28; 10:10, 14-17; 벧전 2:24).

고백과 용서가 이루어진 후에 처벌을 하면 부모는 분노하지 않고 집행할 수 있다. 갈등은 끝났고 벌칙은 단지 객관적인 사실일 뿐이다. 부모의 권위에 순종하고 진실로 자기 죄를 인정하는 아이는 적절한 태도로 처벌을 달게 받을 것이다. 이것은 아이가 깨진 유리조각을 치우거나 파손된 것을 배상하면서 혹은 사죄하면서 웃을 것이라는 의미는 아니다. 벌칙에 분노하거나 저항하지 않을 것이라는 의미이다.

만일 아이가 처벌받는 것에 대해 부모에게 반항한다면 그는 자기 죄에 대한 책임을 진정으로 받아들이지 않은 것이다. 그의 고백은 아마도 진정이 아니었을 것이다. 부모들은 그런 아이의 태도를 꾸짖을 필요가 있고 만일 부모의 권위를 받아들이지 않는다면 회초리를 사용해야 할지도 모른다.

처벌의 결과는 정의를 두려워하고 권위자를 존중하는 것이다. 그것은 재판의 확실함을 입증하는 것이며, 아이에게 정부와 하나님의 규율을 받아들이도록 준비시키는 것이다. 이것은 아이가 하나님의 심판의 절대적인 실체를 이해하고 믿도록 도와준다. 잘 훈련된 아이가 "아들을 믿는 자는 영생이 있고 아들을 순종치 아니하는 자는 영생을 보지 못하고 도리어 하나님의 진노가 그 위에 머물러 있느니라" (요 3:36)는 하나님의 말씀을 들을 때 그 아이는 심판에 대해 배우지 못한 아이보다 그것을 더 심각하게 받아들일 것이다.

정당한 처벌을 무시한 결과는 성인에게서 보여질 수 있다. 많은 사람들이 하나님의 영원한 처벌의 실재를 의심한 지난 몇 세대 기간동안 자라났다. 그들은 위협은 했으나 일관성 있게 행하지 않은 부모들에 의해 자라났다. 그들은 재판관들이 기준을 위반한 범죄자들을 풀어주는 것을 보아왔다. 오늘날 사람들이 정의가 진정 존재하는지 의문을 품는 것은 놀랄 만한 일도 아니다. 적절한 자녀 훈련은 깨어진 기준에 대한 처벌을 존중하도록 함으로써 이러한 기만적인 인상을 되돌리는 데 도움이 될 수 있다.

이제 우리는 처벌의 개념을 공부했고 처벌과 징계 간의 차이를 알았으므로 훈련체계의 처음 세 단계를 전개시킬 수 있다. 즉 기준의 설정, 책망, 용서. 다음 장은 자녀에게 기준을 세워주고 의사소통하는 방법을 다룰 것이다. 이 중요한 단계는 공정한 부모가 되는 기초가 된다.

합리적인 벌칙—사례

너무도 많은 부모들이 잘못된 행동에 대해 적절한 벌칙을 결정하는 데 큰 어려움을 겪고 있어서 여기에 합리적인 벌칙을 소개한다.

1. 거짓말에 대한 벌칙은 무엇인가? 거짓말은 불순종이 아니라 일종의 반항이다. 징계가 필요하다. 거짓말이 진짜 문제를 덮을 것이기 때문에 아이에게 왜 거짓말을 했는지를 설명하도록 해야 한다.

2. 우리 아들이 열 살 때에 그의 가사업무 중의 하나는 매주 월, 금요일 아침 트럭이 오기 전에 쓰레기를 밖에 내다 놓는 것이었다. 몇 주째 론은 그 날을 잊었는지 우리는 3,4일이 더 지나도록 쓰레기가 썩어가는 것을 견뎌야만 했다. 나는 마침내 론이 이 일을

기억할 정도로 내 명령을 중요하게 여기지 않았다고 판단을 했다. 나는 그에게 다음 쓰레기차가 올 때까지 쓰레기 봉투를 자기 방에 갖다 놓으라고 할 수 있었으나 그것은 약간 심하다고 느꼈다. 그래서 나는 규칙을 정했다. 쓰레기 가져가는 날을 기억할 것. 아니면 쓰레기를 자전거로 운반하여 편의점 쓰레기통에 갖다 버릴 것(물론 편의점 주인의 허락을 받고). 두 번 정도 이런 일을 겪은 후에 그는 자기 일에 책임을 지게 되었다. 그는 또한 알람시계를 맞춰놓고 스스로 일어나는 일에도 더 책임감 있게 되었다(그는 깊이 잠이 든다).

3. 우리 막내딸 조안은 다섯 살쯤 되었을 때 화장실에 들어가 문을 잠갔다. 버지니아(아내)는 집 주위에서 한동안 딸의 소리가 들리지 않았기 때문에 무슨 일이 잘못된 것을 알았다. 그녀가 딸아이에게 들어가려고 특별 열쇠를 사용했을 때 딸아이는 행복하게 치약을 손에 묻혀서 바닥, 거울, 자연산 원목장에 칠하고 있었다. 그 아이는 자기가 잘못하고 있다는 것을 알았지만(그 애는 문을 잠그고 버지니아가 부르는데도 대답하지 않았다.) 결과가 어떻게 될지는 몰랐다. 그 애가 치약이 원목가구를 표백시키는지 어떻게 알겠는가?

처벌. 우리 딸은 엄마가 치약을 닦아내고 창문을 다시 칠하는 것을 도와주어야 했다. 딸아이는 많이는 도울 수 없었지만 자기 몸으로 할 수 있는 것은 다 했고 일이 끝날 때까지 놀 수 없었다. 우리는 딸애가 왜 그렇게 했는지를 설명할 수 없으나 그는 매우 예술적인 성향이 있었다. 이렇게 자기의 행동의 결과에 대해 잘 배운 후에 그 애는 다시는 다른 사람의 물건을 손상시키지 않았다.

4. 아홉 살 된 사내아이가 집에 들어와서 숙제를 하려고 하지 않는다. 아이 엄마는 만일 숙제를 다 하지 않으면 선생님이 소풍가는데 데려가지 않겠다고 하셨다고 하면서 계속해서 그를 구슬리려고 하고 있다. 아이는 어두워져서야 돌아왔지만 숙제를 하기에는 너무 늦었고 그래서 엄마가 도와준다. **잘못된 것이다.** 엄마는 아들이 학교에서 소외당하는 것을 원치 않았기 때문에 아이로부터 중요한 학습 경험을 빼앗은 것이다. 엄마는 아들에게 한 번 경고한 후 자기가 책임을 지도록 했어야 했다. 자기가 숙제를 못했으면 다른 학생들이 소풍을 간 동안 학교에 남아 숙제를 마치도록 벌을 세워야 했다. 부모들은 벌칙을 따로 생각할 필요가 없이 자녀들이 자기 행동의 결과에 책임을 질 수 있도록 하기만 하면 되는 것이다.

5. 우리 큰딸 캐시는 열 세 살 때 손으로 말하곤 했다. 말을 빨리 할수록 그녀의 손동작은 더 커졌다. 우리가 콜로라도로 이사했을 때 딱딱한 도자기 싱크대(우리가 익숙했던 부드러운 알루미늄 대신에)가 있었다. 그것은 딸아이가 설거지를 할 때, 특히 아주 얇은 유리로 된 커피포트를 씻을 때는 매우 주의해야 한다는 것을 의미했다. 나는 그 애가 그것을 깨뜨리면 7달러 짜리 포트값을 지불해야 한다고 설명했다.

며칠이 못 되어 그 애는 설거지를 하면서 동시에 얘기를 하고 있었고 예상했던 대로 커피포트를 깨뜨렸다. 그 애는 즉시 미안하다고 하면서 유리조각을 치웠다(자기 행동에 대한 책임을 지고 있음을 보이면서). 그리고는 자기 방으로 올라가서 돼지 저금통을 깨고는 세금을 포함해서 7달러 50센트를 나에게 주었다.

큰 교훈. 그러나 기다리라. 그 애는 아직 벌칙을 다 받은 것이 아니었다. 나는 단지 돈만 받았을 뿐이지 포트는 아직 없었다. 나는 딸에게 (30마일 밖에 있는) 시내로 가서 직접 포트를 사와야 한다고 말했다. 딸은 자기 엄마와 나와 함께 시내에 갔고 나는 그 애를 지역 할인점에 데려다 주었다. 딸이 들어가서 포트를 찾아 산 후에 춤추며 나왔다. "엄마, 아빠, 세일중이에요. 하나님께서 4달러 50센트에 사게 해 주셨어요." 주님께 찬양을! 주님은 딸로 하여금 주의성과 개인적인 의무에 대해 귀중한 공부를 하게 하셨을 뿐 아니라 우리가 그 후로도 몇 년 동안이나 얘기한 하나님의 자비에 대해서도 가르쳐 주신 것이다.

6. 몇 년 후 우리는 방학을 맞았고 아이들 모두 자기들의 비알레르기성 베개를 가지고 갔다. 우리는 애들에게 자기 베개를 잘 책임지라고 경고했다. 막내딸 죠안(열 세 살이었다)은 지난 밤 모텔에 베개를 두고 왔다는 것을 알았다. 100마일만 되돌아가면 되었지만 만일 그렇게 한다면 아무 것도 배울 것이 없을 것이었다. 막내딸은 불평하지 않고 여행중이든 아니면 집에 돌아와서든 새 것을 사겠다고 제안했다. 우리가 두 주 후에 집에 돌아왔을 때 그 일을 기억하는 사람은 한 사람도 없었다. 그러나 그녀는 어른

처럼 성숙하게 잃어버린 것을 처리했다.

7. 캐시와 죠안은 격일로 저녁 설거지를 해야 했다. 우리는 '청결' 기준을 그들에게 설명해주려고 하였다. 애들 엄마와 나는 그릇과 포크에 딱딱하게 붙어있는 음식찌꺼기를 가리키며 잘 닦으라고 지시했다. 우리는 딸들에게 세척기에 넣기 전에 더 주의해서 씻으라고 얘기했다. 그런데도 여전히 접시 가장자리에 바싹 마른 계란이 붙어있었다. 우리는 어느 딸이 일을 하다 만 것인지 몰랐으나 좋은 생각이 있었다. 우리는 딸들의 스케줄을 격주로 일하도록 바꾸었다. 그리고는 만일 더러운 그릇이 나오면 벌이 따를 것이라고 경고했다. 처벌은 부엌 선반에 있는 모든 그릇과 주방기구를 꺼내서 손으로 조심스럽게 씻고 말리고 부모의 검사를 받고 다시 선반 위에 넣는 것이었다.

며칠 후 우리는 범인을 찾아냈다. 그는 맏딸 캐시였고 그는 부엌에 있는 모든 것을 닦는 데 몇 시간을 보냈다. 4년 후 그녀는 치과 보조사가 되었고 8년 후에는 치과의사와 결혼하였다. 이제 한번 물어보자. 당신은 당신의 입안에 넣을 치과용 기구를 닦는 일을 훈련되지 않은 여자가 하는 것이 좋은가, 아니면 훈련된 여자가 하는 것이 좋은가?

21장
기준들

자녀 훈련체계의 첫 단계는 기준을 세우는 것이다. 기준은 '규칙, 원리 혹은 판단, 평가의 수단, 준거, 척도'라고 정의된다.[52] 아이들은 항상 부모가 자기에게 기대하는 것을 정확히 알아야만 한다. 이 원리는 권위 아래 있는 어느 누구에게도 진리이다. 한 지역의 법은 시민들이 그것을 따르도록 하기 전에 명확하게 진술되어야 한다. 법이 명확하게 서 있지 않고 객관적으로 집행되지 않으면 각 사람은 자기 자신이 권위가 되고 자기 소견에 옳다고 생각하는 것만을 하게 된다.

마찬가지로 고용주도 피고용인을 위해 회사의 기준을 세우고 일관성 있게 집행해야만 한다. 남편도 아내에게 기대하는 것을 명확하게 전달해야만 한다. 이런 식으로 해야 아내들은 남편에게 순종하라는 성경적인 지시를 따를 수 있다. 기준을 세우는 것은 다스리는 지위에 있는 사람의 책임이며, 그것은 밑에 있는 사람들을 공정하게 다루기 위해 필요한 것이다. 이 장은 부모들이 자녀들을 위해서 어떻게 기준을 세우며 이러한 기준들을 어떻게 구성하는지를 설명할 것이다.

기준을 세우는 것에 대한 성경적인 원리는 분명하다. 법이 없으면 개인적인 책임도 있을 수 없다.

롬 4:15 "율법은 진노를 이루게 하나니 율법이 없는 곳에는 범함도 없느니라"

'진노'로 번역된 희랍어 단어는 '처벌'을 의미하며[53] '범함'으로 번역된 단어는 '알려진 기준을 깨뜨림'을 의미한다.[54] 다른 말로 하면 하나님은 알려진 법을 깨뜨린 결과가 처벌이라고 말씀하고 계시다. 율법이 없으면 처벌도 있을 수 없다. 다음 구절은 이러한 사실을 확증해 준다.

롬 5:13 "죄가 율법 있기 전에도 세상에 있었으나 율법이 없을 때에는 죄를 죄로 여기지 아니하느니라"

이 구절은 사람은 항상 하나님의 절대적인 기준을 측량하지 못하지만 특정시기에 계시된 하나님의 법에 대해서는 개인적으로 의무가 있다는 것을 의미한다. ('여기다'로 번역된 단어는 '책임을 진다'는 의미이다.[55]) 예를 들면 아담은 에덴 동산의 한 특정한 나무의 열매를 먹지 말라는 오직 한 가지 법에 대해서만 책임을 져야 했다(창 2:17). 그러나 모세의 법은 절대주권자이신 하나님께서 우리들에게 명령하시는 많은 기준들을 공식적으로 법령화하였다(롬 3:19,20 ; 갈 3:10).

자녀 훈련을 할 때 부모들은 자녀들에게 복종하길 기대하는 지시와 제한을 분명하게 진술해야만 한다. 기준을 잘 세우는 것은 공정한 다스림의 기초이다. 아이는 부모가 자기에게 무엇을 하길 원하고 무엇을 하지 않기를 원하는지를 알 권리가 있다. 특정한 기준들은 집집마다 부모의 성장, 교육, 인생의 시기에 따라 다양할 것이다. 그러나 목적 있는 자녀 훈련에 대한 기초는 하나님이 인간에게 주신 기준들이 되어야만 한다.

부모들이 소유하고 있는 유일한 권위는 하나님이 위임하신 것이다. 그러므로 부모들이 자녀들을 통제하고 가르치는 기준들은 일반적으로 하나님의 기준들과 일치되어야만 한다. 확실히 그것들은 하나님의 말씀과 갈등을 일으키는 것이 되어서는 안 된다. 올바른 기준들은 아이의 양심 속에 하나님이 이미 심어놓으신 기준들로 인해 강화될 것이다. 부모들이 자녀들에게 순종과 공경, 정직과 타인의 권리와 소유권에 대한 존중을 훈련시킬 때에 아이들의 양심은 강화된다.

◎ 자녀들은 명령을 이해해야만 한다.

아이에게 단지 명령하는 것만으로는 충분하지 않다. 부모들은 명령이 들려지고 이해되도록 해야 한다. 부모들은 아이의 미성숙을 고려하지 못하기 때문에 그것은 때때로 어려운 일이다. 아이는 자기가 하고 싶은 것 이외의 것에 집중하지 못하는 경향이 있으며 특히 어릴 때는 자기가 들은 것을 이해하는 능력이 제한되어 있다.

부모의 명령이 수행되도록 할 수 있는 한 가지 방법은 아이로 하여금 각 명령을 따라하도록 하는 것이다. 부모들은 아이에게 물어볼 수 있다. "자, 내가 뭐라고 했지?" "그것이 무슨 뜻이지?" 혹은 "만일 순종하지 않으면 어떻게 되지?" 자녀가 명령에 동의하는 것은 필요하지 않다. 단지 이해하면 된다.

부모들은 자녀들에게 명령을 정당화할 필요가 없다. 부모들이 자녀들을 가르칠 책임이 있기에 가르침은 부모의 시간에 이루어져야 하고 통제하에 있는 자녀에게만 이루어져야 한다.

특히 어린 자녀들에게 하는 명령은 단순해야만 한다. 아이의 수준으로 내려가서 그가 동의하도록 설득하려고 할 필요는 없다. 일반적인 표현 "단순하게 하라"(KIS - Keep It Simple)는 것이 부모의 지침이 되어야 한다. 명령은 가능한 한 직접적이어야 한다. 자녀들은 필요 이상으로 설명하면 쉽게 혼돈을 느낀다. 아이가 명령에 대한 이유를 묻는 습관이 들었다면 이러한 불순종적인 습관은 깨뜨려져야 한다. 만일 특별한 명령을 설명하는 것이 도움이 된다고 믿는다면 항상 먼저 순종을 요구한 **후에** 설명하도록 하라.

명령은 바른 태도로 받아들여져야만 한다. 아이들은 모든 명령에 존경심과 기꺼운 마음을 보이면서 반응하도록 가르쳐져야만 한다. 아이들이 부모의 지위를 존중하는 표시로써 "네, 알겠습니다." "네, 엄마"라고 대답하도록 하는 것은 합리적인 것이다. 그런 반응은 또한 명령이 인식되었음을 나타내며 그것은 부모에 대한 예의인 것이다. 만일 아이가 바른 태도로 명령을 받아들이지 않는다면 그는 반항하는 것이며 징계가 필요한 것이다.

때때로 어린아이에게 징계는 그들의 장난을 멈추게 하고 상황에 대해 진지한 태도를 갖게 하는 데 필요하다. 다음의 구절은 그러한 개념을 묘사한다.

> 잠 22:15 "아이의 마음에는 미련한 것이 얽혔으나 징계하는 채찍이 이를 멀리 쫓아내리라"

어린아이들은 종종 놀이에 몰두하여 멈추기가 어렵다. 부모들은 그들의 명령이 농담으로 되거나 혹은 순종이 단지 하나의 게임으로 되지 않도록 해야만 한다. 따라야 할 좋은 규칙은 다음과 같은 것이다. 자녀들에게 무엇을 하라고 말할 때에는 농담을 하지 말라. 만일 아이가 분명히 경고를 받고도 멈추지 않는다면 그의 어리석은 행동은 통제되어야 할 것이다.

작은 아이들과 놀면서 친밀한 관계를 갖는 부모들은 실제로 아이들의 어리석은 행동을 부추기는 것이다. 이것은 부모들이 자녀들과 놀지 말라는 것이 아니고 부모가 문제의 한 부분일 수 있다는 것을 지적하는 것이다. 아버지가 응접실에서 아들과 '말타기' 놀이를 할 때는 아이에게 쓰레기를 갖다 버리라고 명령할 시기는 아니다. 놀이가 끝난 후 어떤 명령을 하기 전에 정상적인 부모—자녀 관계로 돌아갈 냉각시간이 필요한 것이다.

자녀들은 취침시간이 다가올 때 '흥분' 되어서는 안 된다. 아이들이 심하게 뛰어 논 흥분을 가라앉히고 고요하게 잠자리에 눕는 것은 거의 불가능하다. 놀이 자체가 과도하게 되지 않도록 통제되어져야 한다. 아이들은 그들이 정상적으로 할 수 없는 것을 놀이 속에서 하도록 허용되어져서는 안 된다. 놀이가 끝나고 부모의 권위에 대한 아이의 존경이 사라질 때가 언제인지를 현명한 부모들은 인식해야만 한다.

기준은 경고를 포함해야 한다.

기준을 세우는 것은 일반적으로 불순종의 벌칙에 대한 경고를 포함한다. 하나님의 말씀은 항상 그러하듯이 우리에게 이러한 원리를 제공해 준다. 하나님이 인간의 순종을 위한 기준을 세우실 때 그분은 기대될 수 있는 처벌에 대한 경고를 포함하신다. 예를 들면 하나님은 인간에게 (의도적이든지 혹은 비의도적이든지) 살인하지 말라는 기준을 주셨다.

출 20:13 "살인하지 말지니라"

기준의 일부로서 하나님은 또한 살인을 저지른 데 대한 벌칙을 경고하셨다.

출 21:12 "사람을 쳐죽인 자는 반드시 죽일 것이나"

레위기와 신명기의 다른 구절에서는 살인의 다양한 정도를 규정하고 정부가 어떻게 사형을 집행해야 하는지에 대한 추가적인 정보를 제공하고 있다. 논의에 포함된 것은 벌칙의 필요성에 대한 이유들이다.

기준을 깨뜨린 데 대한 처벌의 경고는 정당하다. 처벌은 권위자에 의해 임의대로 집행되어서는 안 된다. 정의는 복종해야 할 사람들에게 기준을 주는 것뿐 아니라 벌칙에 대한 경고도 주는 것을 포함한다. 하나님의 전적인 공의로 하나님은 가장 중요한 기준을 무시하는 것에 대한 벌칙을 사람에게 경고하셨다.

기준

요 3:36a "아들을 믿는 자는 영생이 있고"

벌칙

요 3:36b "아들을 순종치 아니하는 자는 영생을 보지 못하고 도리어 하나님의 진노가 그 위에 머물러 있느니라"

이 한 구절에서 하나님은 인간에게 구원의 기준을 분명하게 말씀하실 뿐만 아니라 이 가장 중요한 기준의 불순종에 대해 그가 받을 처벌을 경고하고 계신다(살후 1:8,9 ; 계 20:12-15를 보라).

부모들은 자녀를 위해 기준을 세울 때에 하나님의 예를 따라야 한다. 먼저 그들은 자녀들이 자기들에게 기대되는 것을 이해했는지를 분명히 해야만 한다. 그리고 그들이 불순종의 결과를 이해했는지도 확실히 해두어야 한다. 두 가지 국면이 기준을 설정하는 부분이 된다. 그러나 부모들은 때로 벌칙을 세우지 못할 것이다. 이것이 그 체계의 다른 단계들을 거쳐 지나가지 못하도록 막아서는 안 된다.

부모들은 자녀들이 이해할 수 있는 것이 무엇인지 아는 데 지혜를 사용할 필요가 있다. 동물원에 가본 적이 없는 어린아이에게 날마다 잠자리를 정돈하지 않으면 동물원에 갈 수 없다고 말하는 것은 어리석은 것이 될 것이다. 그런 벌칙은 어린아이의 이해능력 범위 밖에 있는 것이다. 마찬가지로 어린아이가 혼자 목욕하고 이 닦고 설거지하라는 기준에 도달하기를 바라는 것도 합리적인 것 같지 않다. 다시 말하면 기준이나 벌칙은 어린이의 정신, 신체적 성숙도와 일치해야만 한다.

아주 어린아이는 부모가 "안 돼", "그만 해" 혹은 "이리 와"라고 말했을 때 즉각적으로 순종하도록 배울 수 있다. 그는 또한 이러한 단순한 명령에 대한 불순종은 용인되지 않을 것이며 그 결과 체벌을 당할 것이라는 것도 이해할 수 있다. 처음부터 아이는 부모가 원하는 바 해서는 안 되는 것을 하지 않도록 물리적으로 제한될 수 있다. 갓난아기는 기저귀를 갈아주는 동안 몸부림치지 않도록 배울 수 있고 아장아장 걷는 아이는 집안의 어떤 물건들을 만지지 못하도록 가르쳐질 수 있으며 어린아이는 음식으로 장난하지 않도록 가르칠 수 있다. 명령에 대한 의도적인 불순종은 항상 반항으로 취급되어야 한다.

기준을 가르치는 것은 사례를 통해 혹은 분명한 의사소통을 통해 이루어질 수 있다. 아이가 이해하고 있는지를 확실히 하기 위해서 주어진 사례를 제시하도록 요구하든가 아이의 말로 명령을 반복하도록 하게 할 수 있다. 부모들이 자녀들에게 가르치는 것 중 어떤 것들은 아이가 완전히 이해하기까지 여러 번 반복되어야 하는 것도 있다. 아이가 책임을 질 수 있을 정도가 되기까지는 어떤 벌칙도 세워져서는 안 된다.

잠자리를 정돈하는 것은 실천을 요구하는 하나의 사례가 된다. 처음에는 본을 보이는 것과 부모의 도움이 필요하다. 아이에게 가서 방을 청소하라고 말하는 것은 기준을 세우는 것이 아니다. 아이는 "청소'가 무엇을 의미하는지 실제로 모른다. 기대되는 것을 아이가 직접 보고 기준을 만족시킬 신체적 능력이 있을 경우에만 책임을 지도록 해야 한다. 원리는 다음과 같다. 아이가 기준을 이해하고 수행할 능력이 있을 때 자신의 행동에 전적인 책임을 지게 된다.

아이가 일단 책임을 질 수 있게 되면 처음에는 작은 벌칙이 세워질 수 있다. 잠자리를 잘 정돈하지 않았다면 반복해서 잘하도록 하는 것이 벌칙이 될 수 있다. 만일 잘할 수 있는데도 계속해서 잘하지 못한다면 벌칙은 처벌의 수준으로 강화될 수 있다. 만일 아이가 반항하거나 거절한다면 체벌을 받아야 하며 잘하도록 요구해야 한다. 반항은 단지 체벌로만 다루어져야 한다는 것을 기억하라. 반대로 처벌은 깨어진 기준에 대한 공정한 벌칙의 집행이다.

기준들에 대한 다섯 가지 일반적 범주

기준을 세우는 것은 다섯 가지 일반적 범주로 나눌 수 있다. 중요한 순서대로 목록화 하면 다음과 같다.
1) 순종(들은 대로 하는 것)
2) 존경(권위를 존중하는 것)
3) 신실함(행위의 진실성과 정직을 요구함)
4) 절제(타인을 향한 행동 개발과 자기 훈련)
5) 명령을 따름(인격적인 존경심에 근거하여 부모의 충고를 받아들이는 것)

모든 다른 기준들을 가르치는 것이 순종에 의존하기에 순종은 자녀 훈련의 주요 기준이다. 부모가 아이를 훈련시키기 시작할 때 아이의 나이가 비록 15세라 할지라도 아이는 먼저 순종하는 것을 배워야 한다. 순종은 권위를 존중하는 기초이며, 외적인 통제는 자기 통제의 전제이다.

자녀 훈련에서 두 번째로 가장 중요한 기준은 아이가 아버지와 어머니를 존경하는 것이다. 존경은 부모의 권위에 주어지는 적절한 존중이다. 단지 부모의 몸집만으로도 어린아이가 경외심을 갖는 것은 자연스러운 것이다. 자녀가 순종해야 할 때 필요시에는 회초리를 사용하여 이러한 경외심을 유지한다. 실제로 자녀는 부모의 권위를 존중하게 되고 불순종시에 받는 정당한 처벌을 두려워한다. 이러한 존경은 후에 부모들이 물리적으로 통제할 수 없는 십대의 자녀들에게도 영향력을 미칠 수 있게 한다. 이것이 아이가 부모의 가르침을 받아들이는 기반이 되는 것이다.

　신실함은 온전함을 개발하는 기초이기에 존경 다음으로 가장 중요한 기준이 된다. 아이는 항상 진실되도록 요구되어야 한다. 거짓말이 허용되어서는 안 될 뿐 아니라 자신의 말을 항상 보증할 수 있어야만 한다. 어떤 개인적인 희생을 치르더라도 자기가 말한 것을 실천해야 한다는 것을 배워야 한다. 또한 다른 사람들에게 거짓말을 하지 않도록 배워야 한다. 하나님의 말씀은 우리가 그분을 신뢰할 수 있는 방편이듯이 사람의 말도 진실되어야 한다.
　아이는 또한 실제로 정직을 배워야만 한다. 부모들은 아이가 허가 없이 음식을 가져가거나 집을 나가지 않을 정도로 신뢰할 수 있어야만 한다. 물론 거짓말하거나 훔치는 것은 허용되어서는 안 된다. 아이는 외적인 압력 없이 그가 아는 바 자기에게 기대되어지는 것을 행하도록 가르쳐져야 한다. 아이는 자신의 행동과 말과 심지어는 생각에 대해서까지 전적인 책임을 질 수 있도록 배워야만 한다. 한 개인의 성품의 자질을 테스트하는 한 가지는 아무도 보지 않을 때 그가 무엇을 하는가를 보는 것이다. 말과 행동에 대한 신뢰성은 신실한 성품의 표현인 것이다.

기준의 네 번째 범주는 절제이다. 이 범주는 두 영역으로 나누어질 수 있다. 즉 타인에 대한 행동과 자기 훈련. 아이들은 예의 범절과 같은 수용될 만한 행동을 배워야만 한다. 예절은 타인에 대한 배려를 강조하고 아이로 하여금 자기만이 중요하다는 생각을 하지 않도록 한다. 어떤 기준들은 어린아이에게도 가르쳐질 수 있다. 즉 대화중에 특히 어른들의 대화에 끼어들지 않는 것, 목소리나 다른 소음의 크기를 조절하는 것, 다른 사람들의 사생활을 지켜주는 것, 타인의 권리와 재산을 존중하는 것, 다른 사람들의 소유를 탐내지 않는 것, 올바른 식탁예절을 지키는 것, 다른 아이들과 특히 형제자매와 싸우거나 다투지 않는 것, 보모와 다른 어른들에게 존경스런 태도를 보이는 것, 모든 면에서(옷 입기나 행동에서) 남성다운 소년이 되거나 여성스런 소녀가 되는 것.

처음에 예의 범절은 부모가 강제할 필요가 있을 것이다. 아이들은 자기에 앞서 타인들을 배려하지 못한다. 어떤 예절은 기대되는 행동을 아이가 완전히 이해할 때까지 여러 번 반복되거나 본을 보일 필요가 있을 것이다. 아이의 능력이 기준에 맞는지 충분히 숙고해야 하지만 8세에서 10세의 아이라면 수용할 만한 행동을 일관성 있게 할 수 있어야 한다.

자기 훈련은 억제하는 것과 본능적으로는 하지 않을 일들을 자발적으로 행하는 것을 포함한다. 아이들은 생활의 모든 영역에서 자신의 욕구를 조절할 수 있어야만 한다. 어떤 영역들은 부모들이 훈련시킬 수 있다. 즉 짜증내지 않는 것, 울거나 칭얼거리지 않는 것, 소원이나 주의를 요구하지 않는 것, 의무를 잘 행하는 것, 허용된 시간에 허용된 것만 먹는 것, 물건을 나누는 것, 모든 소유물을 주의해서 다루는 것, 기질과 분노를 조절하는 것, 우울함을 조절하는 것, 지시를 즉각적으로 따르는 것.

기준의 다섯 번째 범주는 부모가 내린 모든 명령들이다. 그 명령들은 가정마다 그리고 심지어는 한 가정내에서도 아이들마다 매우 다양할 것이다. 부모들은 자신의 말이 법이라는 것을 기억해야만 한다. 그들은 아이들의 행동을 지시할 권리가 있을 뿐만 아니라 책임도 있다. 아이들은 '모든 일에서' 부모에게 순종해야만 한다. 그것은 잠자리에 드는 시간, 무엇을 언제 먹을 것인가, 어떻게 옷을 입고 어떤 외부 영향력(친구, 놀이, 교회, 학교)을 인정할 것인가, 어떤 의무를 요구할 것인가를 포함한다. 부모들은 부모와 하나님, 그리고 다른 권위들, 어른들과 어린이들, 학교와 일, 그리고 자기 자신들을 향한 적절한 태도를 갖추도록 하기 위해서 자녀들을 훈련시키는 데 늘 깨어 있어야 한다.

아이들은 개인의 독특성을 배워야 한다. 그들은 다른 사람들—심지어는 다수와도—과 다른 것이 좋다는 것을 알아야 한다. 자녀를 잘 훈련시키는 부모들은 진실로 개성 있는 아이를 키우게 될 것이다. 그러므로 아이들은 다르게 된다는 것에 대해 준비될 필요가 있다. 불안정한 아이는 자신의 현재의 모습을 수용하고 하나님께서 자신을 가능한 모습으로 개발시키시도록 배워야만 한다.

아이가 인생에 대해 배우고 특히 경험하지 않은 것에 대해서 배우는 것은 "훈계"의 범주 안에서다. 다음과 같은 훈계가 부모를 존경하는 자녀에게 주어질 수 있다. : 소년/소녀 관계, 결혼, 재정, 교육, 가능한 직업, 지혜로운 사람이 되는 법, 만족, 하나님의 말씀대로 살기.

부모들이 자녀의 경험 밖의 영역의 생활에 대해 자녀들에게 가르치고 싶을 때 그들은 권위에 대한 순종과 공경 이상의 것이 필요하다. 아이가 이런 형태의 훈계를 따르면 그는 부모의 성품을 존경해야만 한다.

인격적인 존중

개인의 인격적인 자질과 상관없이 권위적인 위치에 있는 사람을 공경하는 것처럼 존중도 인격과 상관이 있을 수도 있고 없을 수도 있다. 한 개인은 자신의 기술적인 지식이나 지혜 혹은 성품의 자질로 인해 인격적으로 존중받을 수 있다. 인격적인 존중은 획득되어져야 하고 그럴 만한 가치가 있다. 그것은 가르쳐지거나 요구될 수 있는 것이 아니다.

부모가 되는 것은 그 지위로 인해 공경받는 권리를 얻는 것이다. 그러나 당신의 자녀를 가르치는 데 성공하려면 당신은 자녀로부터 한 인격자로 존중받아야만 한다. 다시 말해서 자녀들이 자라는 동안 부모들도 성품에 있어서 성장해야 한다. 자녀들에게 존경받는 부모들은 자녀들을 가르칠 수 있을 뿐만 아니라 자녀가 성인이 되어서도 상담해줄 수 있게 된다.

존경할 만한 부모에 의해 잘 훈련된 아이는 부모의 가르침을 자신의 성인 생활을 위한 기초로 받아들일 것이다. 부모들은 자녀들이 부모들이 선호하는 것 즉, 단지 가르쳐진 기준만을 받아들이기를 기대해서는 안 된다. 십대들은 만일 그들의 선택이 직접적으로 하나님의 말씀을 침해하지 않는다면 음식, 의복, 직업, 예술 등등에 있어서 자신들의 개인적인 선호를 표현하도록 허용되어져야만 한다. 젊은이는 자신의 고유한 정체성을 확립하는 십대의 시절을 통하여 점차로 자신의 인성을 개발시킬 수 있어야 한다.

해서는 안 되는 것

부모들은 기준을 설정하는 과정에서 몇 가지 부정적인 요인들을 피해야만 한다. 피해야 할 한 가지는 한 아이를 다른 아이와 비판적으로 비교하는 것이다. 각각의 아이들은 자신만의 장점과 약점이 있다. 한 아이의 장점으로 다른 아이를 부끄럽게 하는 것은 공정하지 않은 것이다. 이런 전략을 사용하는 부모들은 어떤 아이도 훈련시키지 못한다.

피해야 할 다른 하나는 불순종에 대해서 진술된 대로 처벌을 행하지 않는 것이다. 기준은 일관성 있게 공정하고도 효과적으로 실행되어야만 한다. 부모들은 아이가 실제로 기준을 어겼을 때 처벌이라는 불유쾌한 일을 회피하려는 경향이 있다. "만일 한 번 더 그러면 정말 벌을 줄테다"라고 말하는 것은 매우 쉽다. 잘 세워진 기준을 한 번 더 어길 기회를 주는 것은 공정하지 않은 것이다. 공정한 법률체제는 임의적인 기초 위에서는 작동하지 않는다. 아이는 매번 불순종할 때마다 처벌받는다는 것을 인지하도록 배워야 한다.

때때로 부모들은 벌칙이 너무 가혹하기 때문에 처벌을 꺼린다. 벌칙은 항상 기준에 적합해야 한다. 부모들은 벌칙을 세울 때 상식을 사용할 필요가 있다. 아이에게 만일 저녁시간까지 집에 들어오지 않으면 결코 별도의 식사를 하지 못할 것이라고 말하는 것은 실행하기에 웃기는 것처럼 보인다. 벌칙은 그것이 의도적인 불순종에 대한 체벌의 수준에 다다르기까지는 반복된 실수에 따라 증가될 수 있다. 부모들은 명령에 있어서 확고해야만 한다. 나약한 지도력은 어떤 존경도 받지 못한다. 불확실한 명령은 수행되지 못할 것이다. "오, 조니야. 신경 좀 쓰기를 바란다"고 칭얼대는 부모들은 순종을 받지 못할 것이다.

아마도 부모들이 아이에게 저지르기 쉬운 가장 고약한 일은 아이를 얕잡아 보거나 괴롭힘으로써 화나게 하거나 낙담시키는 것이다. 이런 형태의 비간접적인 접근은 아이를 격분시킬 뿐이며 훈련시키지 못한다. 적절히 체벌을 받을 때 아이들은 부모에게 몹시 화를 내거나 심지어 "미워"(물론 용인되어서는 안 된다)라고 소리지를 수도 있다. 그러나 우리는 지금 올바른 자녀 훈련 중에 발생하는 분노를 언급하고 있는 것이 아니다. 하나님은 부모들이 자녀들을 언어로 분노케 하지 말라고 명하신다.

엡 6:4a "아비들아 너희 자녀를 노엽게 하지 말고"
골 3:21 "아비들아 너희 자녀를 격노케 말지니 낙심할까 함이라"

골로새서 3:21에서 '격노케'라고 번역된 희랍어 단어는 '부정적인 감각으로 감정을 상하게 하거나 자극하거나 흥분시키거나 약올리는 것'을 의미한다.[56] 언어의 남용으로 자녀를 자극하는 아버지는 아이를 분노케 하는 것이다. 아버지가 아이에게 압력을 주기 위해서 의견을 묵살하는 것은 나약하고 불안정한 지도력의 표지이다.

부모들은 다음과 같이 말하곤 한다. "바보야, 더 잘할 수 없니", "넌 결코 배울 수 없을 거야", "나는 정말 너를 어떻게 해야 할지 모르겠다", "너는 아무 것도 할 수 없어". 이런 형태의 공격은 부모가 좌절감을 갖고 있기 때문이며, 자녀를 좌절시키고 낙담시키기만 할 뿐이다. 만일 권위자가 좌절한다면 아이도 좌절할 것이 분명하다. 아이는 이런 종류의 대우에 대해 어떤 보호장치도 없으며 자기가 따라야 할 분명한 지시도 없기 때문에 자신이 해야만 할 일에 대해서도 확신하지 못하게 된다. 비극적인 결과는 아이가 내적으로는 속이 끓어오르면서 자신을 무가치한 존재로 보게 된다는 것이다.

에베소서 6:4에서 '노엽게' 로 번역된 희랍어 단어는 골로새서 3:21에서 사용된 '격노케' 와 다른 단어이며 그 의미는 '분노로 정신을 잃게 만든다' 는 뜻이다.[57] 자녀들을 자극하는 부모들은 그들을 집밖으로 몰아낼 수도 있다. 어떤 아이들은 언어적인 남용으로 인해 낙심하는 반응을 보이는 반면 어떤 아이들은 통제할 수 없는 분노의 반응을 보이기도 한다. 아이들은 부모가 다음과 같이 행할 때 당연히 화가 나게 되는 것이다.

* 부모들이 기대하는 것을 말하지 않고(기준을 설정하지 못하고) 부당하게 처벌할 때("오, 마리야. 나를 실망시키는구나." 혹은 "네가 더 잘 알았을 텐데." 혹은 "그 때문에 너는 그 일을 후회하게 될 것이야.")
* 화가 나서 혹은 부당하게 처벌할 때
* 자기 말을 지키지 않을 때
* 멋대로 규칙을 바꿀 때

부모들이 이 책을 읽은 후에는 가혹한 말로 자녀들을 좌절시키거나 대우하는 것에 대해 변명할 여지가 없게 된다. 자녀를 잘 훈련하는 법을 알면 부모가 좌절할 이유도 사라지고 그에 따른 언어적인 남용도 사라지게 된다. 책망에 대한 장에서 설명할 것이지만 아이의 불순종은 잘못이라고 선언하는 것이 필요하다. 그것은 아동을 부끄럽게 하여 올바른 행동으로 변화시키려는 조작이 아니라 아동 훈련 과정에서 정상적인 단계가 되어야만 한다.

이러한 성경적인 명령들이 모두 아버지에게 주어지고 있다는 것을 인식하라. 가정의 머리로서 아버지는 적절한 자녀 훈련에 책임 있는 권위자라는 것이 하나의 설명이다. 실제적인 훈련의 대부분은 어머니가 감당할지라도 전체적인 책임은 아버지가 진다. 대부분의 여성들이 자신의 자녀들에 대해서조차도 권위적인 역할을 수행하기 어렵다는 것이 다른 하나의 설명이 될 수 있다. 어머니는 확고한 지도자가 되는 데 어려움을 겪으며 잔소리하거나 비난하거나 조롱하는(특히 십대들에게) 경향이 있으며 따라서 자녀들을 쓸데없이 '격노케' 할 수 있다. 아버지는 이러한 영역에서 어머니를 도와야 한다.

자녀 훈련 과정에서 가장 중요한 이 단계를 철저히 이해하면 훈련 체계의 나머지 부분들은 쉽게 이해할 수 있다. 부모들이 기준을 적절히 세우는 법을 알고, 필요할 때 자녀들을 통제하려고 하면 쉽게 성공적인 부모가 될 수 있을 것이다. 그러므로 다음 단계를 공부하기 전에 이 영역을 다시 정리해 보자.

기준 설정—요약

* 기준은 지켜야 하는 규칙 혹은 법이다.

* 기준은 세워져야만 하고 기준들에 종속된 사람들이 그것을 지키는 책임을 부여받기 전에 명확하게 전달되어야 한다.
* 자녀들은 그들에게 기대되는 것이 무엇인지 정확하게 배워야만 한다.
* 부모의 권위는 하나님에 의해 위임되었기에 그들이 설정한 기준도 일반적으로 하나님의 기준과 일치해야만 한다.
* 부모들은 듣고 이해할 수 있도록 명령을 명확히 해야만 한다. 아이가 명령을 인식했는지 확인하고 반복하도록 요구하여 그것을 확실히 할 수 있다.
* 자녀는 세워진 기준에 동의할 필요는 없고 단지 이해하기만 하면 된다.
* 명령은 특히 어린아이들에게는 단순하게 지켜져야 한다.
* 자녀들은 적절한 존중의 태도와 기꺼이 행하려는 태도로 모든 명령을 받아들이도록 배워야 한다.
* 부모들은 명령을 하면서 자녀들과 장난을 하면 안 된다. 놀이를 하면서 명령을 하면 자녀들이 부모의 권위를 존중하는 데 혼돈을 일으킬 수 있다.
* 기준을 세우는 것은 불순종에 대한 벌칙을 경고하는 것도 포함한다.
* 벌칙은 항상 기준과 부합해야 하며 자녀가 이해할 수 있는 것이어야 한다.
* 많은 기준들은 일정기간 동안 본으로 보여져야 한다.
* 자녀가 기준을 이해하고 그것을 행할 신체적인 능력이 있을 때에만 자기의 행동에 전적인 책임을 지게 한다.

* 순종은 자녀가 배워야 하는 기본적인 기준이다. 다른 모든 기준들에 대한 가르침은 자녀의 순종에 달려있다.
* 부모를 공경하고 부모의 다스리는 권리를 존중하는 것은 배워야 할 두 번째로 중요한 기준이다. 공경은 확고하고 공정한 지도력의 자연적인 결과이다.
* 말과 행동에 있어서의 신실성을 위한 자녀 훈련은 성품을 만들어 가는 것이다. 자신의 생각과 말과 행동에 인격적인 책임을 지도록 배우는 것은 성숙도의 표지이다.
* 자녀를 가르치는 데 있어 그 다음으로 중요한 기준의 영역은 절제이다. 이 영역은 수용할 만한 인격적인 행동과 자기 훈련을 포함한다.
* 수용할 만한 행동의 훈련은 타인을 배려하는 것을 강조하는 예절 교육과 자연적인 여성성과 남성성을 강화하는 것을 포함한다.
* 자기 훈련은 본성상 하고 싶지 않은 것을 하도록 자신을 억제하거나 강화하는 것이다.
* 부모들이 자녀들에게 가르쳐야만 하는 기준의 다섯 번째 범주는 각 가정에 독특한 모든 훈계들로 구성된다.
* 일반적인 훈계들은 취침시간, 의복, 청결, 음식, 의무들, 교육, 유흥, 교제, 교회 등등에 대한 부모의 결정을 포함한다.
* 일반적인 훈계들은 또한 아동기 이후의 인생에 대한 경고와 충고를 포함한다. 이러한 훈계는 부모의 인격을 존중하는 자녀만이 받아들일 수 있다.
* 부모들은 자기의 위치 때문에 존경받는 것이 아니라 인격적으로 존경

받아야 한다. 자녀로부터 인격적인 존경을 받기 위해서는 부모들은 가치 있는 성품을 개발해야만 한다.

* 부모들은 십대들에게 과도한 영향력을 행사해서는 안 되며 하나님의 말씀의 범위 내에서 스스로 좋고 싫은 것을 선택할 수 있어야 한다.
* 부모들은 결코 한 아이를 다른 아이와 비판적으로 비교해서는 안 된다. 부모들은 일관성 있게 세워진 기준들을 실행해야만 한다.
* 무엇보다도 부모들은 언어적으로 자녀들을 격노케 하거나 좌절케 하거나 낙심케 해서는 안 된다.

기준을 세우고 일관성 있게 실행하는 부모들은 훈련된 자녀들을 통해 말할 수 없는 축복을 받을 것이다. 성공적인 양육에는 보상이 있다. 여성은 어머니와 아내로서 잘 보낸 시간으로 인해 큰 만족을 얻을 것이다. 아버지는 잘 훈련된 자녀들로부터 내적인 기쁨을 얻을 뿐만 아니라 이러한 결과를 가져다준 아내의 희생 때문에 아이 없이 보낼 남은 인생기간 동안 아내에게 감사할 수 있을 것이다. 다음의 구절들은 부모의 축복을 상기시키는 것이다.

잠 10:1a "지혜로운 아들은 아비로 기쁘게 하거니와"
잠 23:24-25 "의인의 아비는 크게 즐거울 것이요 지혜로운 자식을 낳은 자는 그를 인하여 즐거울 것이니라 네 부모를 즐겁게 하며 너 낳은 어미를 기쁘게 하라"
잠 29:17 "네 자식을 징계하라 그리하면 그가 너를 평안하게 하겠고 또 네 마음에 기쁨을 주리라"
잠 31:28 "그 자식들은 일어나 사례하며 그 남편은 칭찬하기를"

세워진 기준을 근거로 부모는 이 기준들이 수행되지 않을 때 어떻게 할 것인지를 생각하면서 다음 단계로 옮겨갈 수 있다. 만일 자녀들이 항상 순종한다면 자녀 훈련에서 더 이상의 단계는 필요 없을 것 같다. 그러나 아무리 유순한 아이라고 하더라도 항상 순종하기를 기대할 수는 없다. 체벌은 모든 불순종에 대한 반응이 아니다. 체벌은 아이가 부모의 권위에 의지적으로 거부하며 불순종할 때만 필요한 것이라는 것을 기억하라. 다음 장에서 아이가 불순종할 때 그러나 그것이 반항은 아닐 때 어떻게 할 것인지를 설명할 것이다.

형제자매 관계

형제자매간의 경쟁은 '끔찍한 둘' '십대의 반항'과 같이 **자연스러운** 것이다. 즉 그것은 시기하고 탐욕스럽고 심지어 서로 다투는(약 4:1-2) 자연인(죄성)의 모습이다. 항상 그러하듯이 부모들은 자녀들의 내적 통제력이 발달할 때까지 외적으로 통제하는 책임을 지고 있다. 부모들은 자신의 왕국(가정)의 소속인들(자녀들)에게 평화를 유지해야 할 책임을 갖고 있다(딤전 2:2-3). 당신은 자녀들에게 서로 사랑하라고 강요할 수 없고 자녀들이 조용하고 평화로운 생활을 할 수 있도록 대책을 강구할 수 있다.

당신은 자녀들에게 하나님이 싫어하시는 것을 가르칠 수 있다. "거짓을 말하는 망령된 증인과 및 형제 사이를 이간하는 자"(잠 6:19)를 싫어하신다고 가르칠 수 있다. 공격에 반응하는 자에 대해서는 "아무에게도 악으로 악을 갚지 말고"(롬 12:17a)라는 말씀을 가르치고, 예절에 대한 기초로는 "아무 일에든지 다툼이나 허영으로 하지 말고 오직 겸손한 마음으로 각각 자기보다 남을 낫게 여기고"(빌 2:3)라는 말씀을 가르칠 수 있다.

나눔

다른 아이와의 다툼뿐 아니라 형제자매간의 다툼의 한 가지 이유는 소유와 관계된 것이다. 부모들은 자녀들이 장난감을 자유롭게 다른 사람들과 나누는 것을 좋아할 것이다. (물론 우리는 자기의 자동차나 스테레오, 새 옷 등을 다른 사람들에게 주지 않는다.) 그러나 그것이 마음으로부터 나온 것이 아니라면 그것은 나눔이 아니며, 작은 아이를 강요해서 소중한 물건을 다른 아이에게 포기하도록 하는 것은 마음을 변화시키지 못한다. 만일 다른 아이가 그 물건을 얻으려고 부여잡거나 칭얼거리고 있다면 그에게 그것을 주는 것은 사실 주는 것이라기보다는 도둑질을 부추기는 것이다. 물건의 소유자도 아니면서 이기적으로 행동하는 아이는 탐욕스러운 아이인 것이다. 러셀 메든은 1993년 12월에 〈자유인〉이라는 책에서 강요된 나눔에 대해서 썼다.

"아이들은 자라면서, 다른 사람들의 재산을 요구하는 사람들은 자기들이 그것을 받을 권리가 있으며 자신의 재산을 보호하는 사람들은 비도덕적이라는 개념을 받아들이는 성인이 된다. 자신들이 갖고 있지 않은 것을 소유하고 있는 사람들을 질투하는 집 없는 사람들, 무보험자들, 학생들, 사업가, 퇴직자들의 요구는 놀이친구의 장난감을 '원하고', '요구하는' 버릇없는 아이의 칭얼거리는 울음소리와 같다.

부모들은 자기 자녀들에게 먼저 자기 것은 자기 것이라는 것을 알려주어야 한다. 그들이 원하지 않으면 나눌 필요가 없다. 마찬가지로 아이들은 다른 아이의 장난감을 사용할 수 없다.—만일 그 아이가 나누기를 원하지 않으면. 소유의 개념은 기본적인 것이다. 만일 아이가 다른 아이의 장난감을 사용하고 싶어한다면 그가 해야 할 일은 먼저 물어보는 것이다. 만일 아이가 거절하면 그는 어떤 종류의 교환을 해야 한다. 예를 들면 저 코끼리와 이 오리. 만일 계속 싫다고 하면 더 많은 것으로 바꾸든가 이미 갖고 있는 것으로 만족해야만 한다. 어떤 상황하에서도 아이는 다른 사람의 소유를 움켜쥐도록 허용되어서는 안 된다. 만일 다른 아이가 당신 자녀가 포기하고 싶어하지 않는 장난감을 가져가려고 한다면 기분이 상한 쪽의 아이가 언제든지 당신에게 와서 문제를 바로잡아 달라고 할 수 있어야 한다. 즉 순진한 희생자에 반해서 도적의 편을 드는 것이 아니라 장난감을 돌려주는 일을 할 수 있어야 한다."

부모들이 자녀들에게 필요한 사람들과 나누라고 격려하는 것은 좋은 일이다. 우리 아이들은 크리스마스 바구니를 채우면서 그리고 그것을 다른 가정에 전해주면서 필요한 사람들을 자발적으로 돕는 일을 통해 다른 사람들에 대해서 많은 것을 배웠다. 그러나 사적인 소유권도 가르쳐야 할 중요한 것이다.

약아빠짐

나는 크리스천 가정에서 자녀들이 정서적으로 준비되기 전에 너무 많은 어른의 경험을 하도록 허용되기 때문에 약아빠지게 된 아이들에 대해 매우 관심이 있다. 아이는 어른이 아니다. 누가 뭐라고 하더라도 아이는 신체적, 심리적으로 미성숙하다. 만일 그가 조숙하게 성인의 경험에 노출되기 시작하면 그것은 실제로 성숙과정에 해가 될 수 있다.

약아빠짐 : "섞음질하는 행동, 즉 이질적인 혼합물로 어떤 것의 순수성을 위조하고 저하시키는 행동" 1828년판 웹스터 사전에는 "겉으로는 그럴 듯 하나 거짓된 추리의 사용", 1971년 옥스퍼드 영어사전에는 "건전한 추론에 근거하지 않은 논증 ; 순수하지 않고 참되지 않음, 단지 얄팍하고 인위적이며 외양상으로만 건전한 추론"이라고 정의하고 있다. 우리는 자기의 경험에 부합하는 이해의 깊이 없이 전문적인 단어를 사용하며 확신 있게 주장하는 사람을 약아빠졌다고 말할 수 있다.

부모들이 너무 일찍 아이들에게 "어른처럼 행동하라"고 할 때 아이들은 이런 태도를 갖게 되기 시작한다. 예를 들면 4~11세 아이가 부모나 다른 어른을 부를 때 성을 부른다거나, 그들에게 친근한 태도로 말한다거나, 어른에게 개인적인 질문을 한다든가, 개인적인 의견을 말한다든가 하는 것들이다. 아이가 어른들이 모인 곳에서 계속해서 관심의 집중을 받으려고 할 때도 이런 일이 발생한다. 자기의 의견이 어른들의 의견과 동등한 가치가 있는 것처럼 대접을 받는 아이는 자만심으로 우쭐거리게 된다. 이런 일은 아이가 실제로는 자신의 미성숙한 생각에 따라 살도록 허락되지 않는 현실에 직면할 때 좌절감에 빠지게 한다. 부모들이 자녀들에게 조급하게 성인기를 앞당기려 할 때는 **자부심**보다는 불건강한 **독립성**을 키우게 될 것이다. 자부심은 인격적인 책임을 바탕으로 하는 것이다. 독립성은 자만심의 거짓된 느낌에 근거한 것이며 대개는 자기 중심적인 태도를 동반한다.

과도한 친근성은 잠시 동안은 귀여울 수도 있지만 그후에는 혐오감을 준다. 그리고 그것은 어른들의 관계성을 파괴할 수도 있다. 또 부모의 권위에 대한 자녀의 존경심을 파괴할 수 있으며 나아가 어른 전체에 대한 존경심을 파괴할 수 있다. 디모데는 비록 장로였지만 연장자가 아니었기에 아들의 존경을 보이도록 명령받았다. "늙은이를 꾸짖지 말고 권하되 아비에게 하듯 하며 젊은이를 형제에게 하듯 하고 늙은 여자를 어미에게 하듯 하며 젊은 여자를 일절 깨끗함으로 자매에게 하듯 하라"(딤전 5:1-2)(욥 32:4,6; 약 5:5a를 보라.) 아이들은 모든 성인들을 존경하고 공경하도록 배워야만 한다. 친근성은 공통된 지식, 지위, 계급을 가진 사람들의 특권이지 때에 앞서 아이들에게 주어진 권리가 아니다.

자극 중독

약아빠짐과 같이 정신적으로 과도한 자극은 현실에 대한 아이의 지각을 왜곡시킨다. 정상적인 생활은 아이들에게는 지루하고 만족스럽지 못하게 보일 것이다. 충동적인 인격을 갖고 있는 사람들이 과도 자극에 영향을 받는지 아니면 과도 자극이 충동적인 행동을 초래하는지는 잘 모르겠다. 정신적인 자극에 대한 욕망은 다른 중독과 마찬가지로 만족될 수 없는 것이며 계속 통제되지 않으면 더 큰 자극과 더 강도 높은 수준을 추구하게 될 것이다.

자극 중독은 한 번에 몇 시간씩 텔레비전 앞에서 최면이 걸린 채 앉아있는 2~3세의 아이 때부터 시작될 수 있다. 화려한 색채의 만화와 초현실주의적인 오락물들(말하고 움직이는 식물과 동물 그리고 상징과 같은 의인화된 물체들)은 현실세계보다 더 많은 정신적 자극을 주는 세계를 창조한다. 소리를 크게 하고 아주 가까이 앉아서 보면 현실세계와의 접촉을 끊으면서 환상세계의 일부가 되어 버린다.

만일 부모들이 자녀들에게 그런 오락을 허용하게 되면 몇 가지 경고가 필요하다. 10피트 이상 떨어질 것, 소리는 방안에서 사람이 정상적으로 말하는 소리보다 크지 않을 것, 시간을 제한할 것(15~30분). 먹을 시간이 되거나 어디를 가야 할 시간이 되면 프로그램은 꺼야 한다. 이상적으로는 부모들이 자녀와 함께 앉아서 자녀들이 보는 프로그램 내용에 대해 토론하는 것이다.

환상을 부추기는 것은 최면효과(큰 화면, 어두운 극장, 초현실적인 음향기기, 앞줄에 앉음, 귀가 먹을 정도의 음량)를 증대시킨다. 스타워즈, 레이더스, 쥬라기공원, 토네이도 등 특수 영상, 음향효과를 내는 영화들은 관람자의 정신적 성숙도에 의존하는 "환각"이다. 일부 8세에서 20세까지의 아이들은 반복적인 환각을 위해 반복해서 그런 영화들을 보러 갈 것이다. 그들은 줄거리나 등장인물을 연구하지는 않는다. 감각의 총체적인 몰입, 특히 음향은 자극 중독의 핵심요소이다. 그러므로 헤드폰은 현실세계를 중단하기 원하고 환상세계로 도피하려는 아이들에게는 결정적인 역할을 하는 것이다. 나는 지금까지 고전 음악에 "환각" 된 아이를 보지 못했다. 사람의 정신을 실제 세계에서 차단하고 환상의 세계로 대치시키는 데에는 큰 소리와 강한 비트의 록, 랩, 헤비 메탈이 필요하다. 헤드폰은 아이로 하여금 규율도 없고 일도 없고 어른도 없는 자신이 만든 환상의 세계에 머물게 한다.

TV나 오락기에서의 비디오 게임도 자극 중독을 일으킬 수 있다. 나는 마리오 형제, 당나귀 콩 등 현재 유행하는 게임에 중독된 자녀를 벗어나게 하는 데 엄청난 충격을 경험한 부모들을 알고 있다. 아이들은 몇 시간 동안 그런 게임들을 즐길 수 있으며 부모보다 밤을 더 잘 샌다. 심지어 성인들도 비디오 게임이나 무한한 다양성을 제공하는 컴퓨터에 사로잡혀 빠질 수 있다. 미성숙한 아이들은 이러한 수준의 정신적 자극에 대항할 기회를 갖고 있지 못하다. 부모들은 자녀들이 비디오 게임이나 컴퓨터를 사용하는 시간을 하루 한 시간 이하로 잘 제한해야 한다. 그리고 모든 가사와 공부를 마치고 최소한의 신체운동을 한 후에만 허용되어야 한다.

비디오 음악은 더 강렬한 경험을 제공한다. 많은 음악 비디오들이 고양된 경험을 위해서 폭력과 성과 주술을 첨가한다. 12세 된 아이들은 뮤직 비디오의 영향하에서 점차 포르노와 성적 경험과 사술로 옮겨간다고 알려져 있다. 이런 영역들은 모두 그 자체 충동적으로 중독이 된다. 음악 비디오의 감각적인 자극과 결합될 때 그것들은 아이에게 거의 깨뜨릴 수 없는 진을 구축한다. 그 다음의 논리적인 단계는 약물이나 자살(오늘날 십대의 주요 살인자)을 통해 현실을 도피하는 것이다. 아이들은 현실로부터 도피할 필요가 없다. 그들은 현재 실재하는 것을 경험조차 하지 않았다. 록, 랩, 헤비 메탈, 뮤직 비디오, 게임(지하감옥, 드래곤 같은), 마술은 우리 집에서는 금지된다.

아이가 정서적인 안정성을 갖기에 **너무 일찍 너무 많은** 성인의 경험을 하면 현실과 관련해서 왜곡될 수 있다. 아이가 14~15세가 될 때까지 이미 모든 곳을 다녀봤고 모든 것을 해보았으면 현실세계에 적응하기가 어려울 것이다. 학교, 가정, 교회, 심지어는 친구들도 그에게는 따분하게 보일 것이다. 그는 항상 더 큰 자극을 찾기 위해 어떤 형태를 설정할 것이다. 이런 경우에 적합한 고어가 있다. "파리에 가 본 사람을 어떻게 농장으로 데려갈 것인가." 아이들이 너무 자극적인 경험을 한다면 인생의 현실에 만족하지 못하게 된다.

인성개발

모든 연령의 아이들에게 경건한 성품을 가르칠 수 있는 좋은 자료들이 있다.

경고 : 많은 인성개발 자료들이 아이로 하여금 진지하게 문제에 직면하게 하지 않고 아이를 하나님의 자녀로 취급한다. 아이로 하여금 자신의 선함(선한 성품)을 근거로 하나님께 받아들여진다고 생각하지 못하게 하라. 각자가 서로에게 행해야 하는 방식으로 아이들에게 성품개발을 가르쳐라. 아이가 크리스천이 될 때 이러한 성품의 기질들은 영적으로 중요하게 된다.

기독교적 성품 기르기(영적 성품)—블레어 아담스. Truth Forum 출판.
성품개발(은사적)(경건한 성품을 형성하는 법)—베버리 카루소, 켄 맑스, 데비 피터슨.
크리스천 성품과 태도에 대한 소책자(작고 싸다)—윌리암, 콜린 데트릭.

22장
책망

　부모가 기준을 적절히 세운 후에는 아이는 결정을 해야만 한다. 아이는 부모의 말씀을 받아들여 순복하든지 아니면 부모의 경고를 거절하고 불순종하든지 해야만 한다. 모든 아이들은 자신의 죄성에 종속되기 때문에(특히 특정 영역에서 연약함) 순종보다는 불순종할 경향이 더 크다. 불순종의 결과(처벌의 두려움)에 대한 지식은 자신의 욕구대로 하려는 강력한 욕망을 견제하며 균형을 갖게 한다. 그러나 처벌에 대한 분명한 인식에도 불구하고 아이의 의지와 본성은 항상 반대로 작용한다.

　부모들은 자녀의 불순종에 대해 준비가 되어있어야 한다. 자녀가 불순종하지 않는다면 정상적인 것이 아니다. 모든 실패는 비극이 아니라 훈련의 기회로 보아야 한다. 당신이 설정한 기준이 영혼을 훈련하는 과정에서 훈계가 된다는 것을 생각하라. 이 과정의 테스트는 순종이다. 아이가 불순종하면 그는 테스트에 실패하는 것이고 적절한 벌칙을 받아야만 한다. 부모는 책임감을 갖고 모든 실패를 자녀에게 가치 있는 학습을 시킬 수 있는 기회로 보아야 한다. 이 장은 아이의 불순종을 평가하는 법과 부모가 자녀의 모든 불의한 행동을 책망하는 것이 왜 그렇게 중요한지를 설명할 것이다.

부모의 경고가 무시될 때(설정된 기준을 어겼을 때)는 불순종인 것이다. 불순종에는 세 가지 기본적인 수준이 있다. 첫째는 아이가 그의 본성적인 아이스러움 때문에 불순종할 수 있다. 네 살짜리 아이가 매일 아침 일어나려면 그 전날부터 명령을 기억해야 할 것 같다. 그러므로 부모는 어린아이가 해야 하는 중요한 명령을 반복해야만 한다. 부모는 자녀들이 명령을 기억하는 능력을 알아야만 한다. 만일 아이가 기억할 수 없다면 아이는 단지 책망(잘못했다고 말해줌)되어야 하고 처벌되어서는 안 된다. 그러나 아이들은 종종 실제로 기억하고 싶지 않을 때 잊어버렸다는 핑계를 댈 때가 있다. 아이들은 자신의 행동에 책임을 지도록 해야 한다.

잠 20:11 "비록 아이라도 그 동작으로 자기의 품행의 청결하며 정직한 여부를 나타내느니라"

아이가 자신이 기억하길 원하는 것(축구게임 시간이 언제인지와 같은)을 기억할 정도로 충분히 의식이 있으나 부모가 시키는 명령은 잊어버린다면 그는 책임을 져야만 한다. 사실상 그런 아이는 부모의 말씀이 기억할 정도로 중요하지 않다고 선언하고 있는 것이다. 만일 명령대로 행하는 것을 습관적으로 잊어버리는 것에 대해 정상적으로 처벌했는데도 문제를 해결하지 못한다면 아이는 수동적으로 반항하는 것일 수도 있다. 그런 경우라면 아이는 책망도 거부하고 자신이 잘못했다는 것도 인정하려 들지 않을 것이다. 그는 앞으로 명령을 잊어버리면 의도적인 것으로 간주하고 그러면 체벌을 받게 될 것이라는 경고를 받아야 한다. 이러한 경고는 아이의 기억을 빠르게 개선시킬 것이다.

불순종의 두 번째 수준은 아이가 오해나 생각하지 못함으로 인해 기준을 어긴 경우이다. 예를 들면 자녀에게 개인적인 소유물에 손상을 끼치지 말라고 말한다. 아이는 의도적으로 집 유리창을 깨뜨린 것이 아니라 신중하지 못하게 앞 방에서 놀면서 유리창으로 볼을 넘기려다 그런 것일 수 있다. 당신이 집에서는 공놀이를 하지 말라는 기준을 세워놓지 않았다면 개인 소유물에 손상을 끼친 그의 불순종은 의도적이 아니라 어리석음에서 온 것이다. 그러나 기준은 깨어졌다. 그는 책망되어야 하며 잘못을 인정해야만 하고 만일 그가 더 잘 알았었더라면 적절한 처벌을 받아야만 한다. —청소나 배상, 유리의 수선.

어떤 부모도 세워야 할 규칙을 미리 모두 생각할 수는 없기 때문에 최소한 책망을 필요로 하는 많은 깨어진 규칙들이 있을 것이다. 그런 경우에 책망 자체가 다음의 기준을 세우는 것이 되지만 처벌은 필요하지 않다. 예를 들면 아이가 잘못이라는 말을 듣기 전에 장애인을 심하게 놀린 경우이다. 수용될 수 없는 행동이라고 선언하는 것(책망)은 앞으로 발생할 일에 대한 규율을 세우는 것일 것이다.

셋째로 가장 심각한 형태의 불순종은 공공연한 반항이다. 이것은 아이가 완전히 기준을 이해하고 그것을 기억하고 행할 수 있을 정도로 충분히 성숙했을 때 발생한다. 예를 들면 특별한 허가 없이 식사 전에 먹지 말라고 했다. 아이가 처음으로 규칙을 어겼을 때에는 단순히 책망을 받고 앞으로 또 그러면 처벌받을 것이라는 경고를 받는다.

다음 번에 저녁식사 전에 과자를 먹는 것이 발견되었을 때 그는 책망받을 것이고 잘못을 인정하도록 요구받을 것이며 약속한 처벌—일주일간 후식을 먹지 못하는 것과 같은—을 받을 것이다. 이제 그는 변명의 여지가 없다. 기준은 분명하게 되었다. 그가 다시 규칙을 깨뜨리면 그는 의도적인 반항으로 인해 체벌을 받아야만 하고 더 심한 벌칙을 받아야만 한다.

전체적인 훈련체계를 개관하면 이 시점에서 혼란을 막는 데 도움이 될 것이다.

단계 1 : 기준을 세운다.

만일 아이가 배운 것을 지키고 심지어는 아직 전달되지 않은 기준을 지킨다면 아주 이상적인 것이다. 그러나 아이가 해서는 안 되는 것을 할 때 부모는 두 번째 과정으로 넘어가야 한다. 아이가 잘못했을 때 1) 의사소통이 안 된 것인지 2) 정말로 잊은 것인지 3) 무의식적으로 한 것인지 4) 알면서 한 것인지 5) 의도적으로 한 것인지를 판단한다.

단계 2 : 아이를 책망한다.

부모는 아이가 잘못(행동, 언어, 태도)한 것은 잘못이라고 말해야만 한다. 만일 아이가 어떤 잘못된 행동에 책임을 질 수 없다면 그는 행동이 잘못된 것이라는 말을 들어야만 한다. 책망은 그런 행동의 재발을 막는 경고가 되는 것이다. 이런 경우에 아이는 그 때 무엇이 잘못인지 모르기 때문에 고백은 필요 없다. 반면에 만일 아이가 책임질 수 있다면 그는 책망받아야만 하며 자신의 죄를 인식하고 적절한 처벌을 받아야 한다. (기억하라: 우리는 정신적으로 명령을 이해하고 자신의 불순종의 결과를 이해하지만 적극적인 반항을 하는 것은 아닌 아이에 대해서만 논하고 있는 것이다.) 만일 아이가 의도적으로 기준을 어겼거나 혹은 책망을 받아들이고 죄를 인정하는 것을 거부하면 그는 반항에 대한 체벌과 벌칙을 받아야만 한다.

단계 3 : 아이를 용서하라.

반항적이지 않은 아이가 잘못해서 기준을 어겼다고 인정한 후에는 용서받아야만 한다. 용서는 다음 장에서 상세하게 설명될 것이다.

단계 4 : 아동을 처벌하라.

책임을 질 만한 아이가 기준을 어기면 처벌에 대한 장(20장)에서 설명되었듯이 잘못된 행동에 부합하는 적절한 벌칙으로 처벌받아야만 한다.

책망이 의미하는 것은 무엇인가?

부모들은 자녀의 행동과 말과 태도에 대해서 심판관처럼 행동해야만 한다. 자신들의 권위하에 있는 사람들이 하나님의 법을 어긴 것에 대해 심판하는 것은 하나님이 지도적인 자리에 있는 사람에게 위임한 책임의 일부인 것이다. 부모들은 확실히 법을 만들 권리뿐 아니라 잘못된 행동을 심판하고 처벌을 집행하는 권위도 있는 것이다.

부모의 권위는 부모의 말에 의해 나타난다. 부모의 말은 아이가 관계되는 한 법이라고 할 수 있다. 아이가 알게 모르게 잘못을 하면 부모는 그것을 잘못이라고 말해주어야만 한다. 책망하는 것은 "나무라다, 꾸짖다, 즉 비난하거나 질책하다"는 의미이다.[58] 하나님의 말씀은 책망에 두 가지 목적이 있다고 계시하신다. 즉 잘못을 폭로하는 것(빛 가운데로 가져오는 것)과 잘못한 사람에게 죄를 깨닫게 하는 것이다.

> 요 3:20 "악을 행하는 자마다 빛을 미워하여 빛으로 오지 아니하나니 이는 그 행위가 드러날까 함이요"
> 요 16:8 "그가 와서 죄에 대하여 의에 대하여 심판에 대하여 세상을 책망하시리라"
> 엡 5:13 "그러나 책망을 받는 모든 것이 빛으로 나타나나니 나타나지는 것마다 빛이니라"

아이를 책망하는 것은 그의 행동이 부모에게 용납될 수 없다는 것을 깨닫게 하는 것이다. 아이가 죄를 받아들이지 않을 수도 있지만 부모의 책망은 부모의 권위가 그것을 죄로 본다는 것을 분명하게 한다. 아이는 일반적으로 자신이 언제 잘못했는지를 알지만 부모의 책망은 아이가 그 사실에 직면하도록 한다. 부모가 아이들이 저지른 잘못을 책망하지 않으면 실제로는 잘못을 묵인하는 것이다. 불의한 행동을 용인하는 권위자들은 불의를 촉진하며 자신들의 책임을 포기하는 것이다. 권위자들이 잘못을 심판하지 않으면 모든 사람들이 스스로 심판관이 된다.

삿 21:25 "그 때에 이스라엘에 왕이 없으므로 사람이 각각 그 소견에 옳은 대로 행하였더라"

아이가 스스로 판단하도록 허용될 때 자신의 의지나 욕구에 반해서 자신을 판단하지는 않을 것이다. 사람은 비록 양심이 처음에 자신을 정죄한다 할지라도 자신이 하는 것들은 대부분 옳다고 정당화할 수 있다. 양심은 실제로 점점 더 무디어져서 가장 극악한 행위라도 더 이상 정죄하지 않게 될 수 있다(롬 1:28-31 ; 엡 4:19 ; 딤전 4:2 ; 딛 1:15). **부모들은 자녀들의 자기 정당화(잘못한 것을 옳다고 합리화하는 것)나 죄의 전가(자기가 잘못한 것을 다른 사람의 잘못이라고 생각하는 것)를 막기 위해서 자녀들을 책망해야만 한다.** 성경은 출애굽기 32장의 금송아지 이야기에서 자기 정당화와 죄의 전가에 대한 사례를 보여주고 있다.

출애굽기 32장에서 모세는 약 40일간 이스라엘의 자녀들에 대한 지도자의 위치에서 떠나 있었다. 그는 시내산에서 하나님으로부터 추가적인 계명을 받고 있었고 그 동안 백성들은 지도자 없는 채로 남겨지게 되었다. 미성숙한 사람들이 홀로 내버려지면 보통 그러하듯이 그들은 비참하게도 시험에 실패하였다. 그러나 죄에 대한 사람들의 반응은 매우 중요하다.

모세의 형 아론은 백성들을 돌볼 책임을 맡았으나 성품이 나약하여 쉽게 하나님의 기준을 타협하라는 압력을 받았다. (오늘날의 많은 지도자들처럼 올바른 일을 하는 것보다 사람들의 칭찬과 존경을 받는 것이 아론에게는 더 중요하였다.)

모세가 없는 동안 백성들은 아론에게 와서 우상을 만들어 그렇게 오랫동안 사라진 모세를 대신할 새 지도자로 삼자고 요청하였다. 아론은 백성들을 올바로 지도해야 할 책임을 감당하는 대신에 백성들에게 그들의 악한 욕망을 따라서 행하도록 지시하였다. 그는 백성들에게 하나님이 그들을 애굽에서 데리고 나오실 때 주신 보화들(출 32:2)을 가져오라고 하였다. 물론 우상을 만드는 것은 하나님이 십계명을 통해 이미 주신 기준을 직접적으로 어기는 것이었다.

> 출 20:3,4,23 "너는 나 외에는 다른 신들을 네게 있게 말지니라 너를 위하여 새긴 우상을 만들지 말고 또 위로 하늘에 있는 것이나 아래로 땅에 있는 것이나 땅 아래 물속에 있는 것의 아무 형상이든지 만들지 말며 ; 너희는 나를 비겨서 은으로 신상이나 금으로 신상을 너희를 위하여 만들지 말고"

그러므로 아론은 하나님의 중요한 기준의 하나를 알면서도 어긴 것이다. 그는 실제로 백성들로부터 금을 모아서 그것을 녹여 금송아지라는 우상의 형상을 직접 조각하였다.

> 출 32:4 "아론이 그들의 손에서 그 고리를 받아 부어서 각도로 새겨 송아지 형상을 만드니 그들이 말하되 이스라엘아 이는 너희를 애굽 땅에서 인도하여 낸 너희 신이로다 하는지라"

모세가 돌아와서 백성들이 새로운 우상신을 섬기며 흥청거리고 있는 것을 보았을 때 그는 즉시 아론에게 가서 변명을 요구하였다. 모세는 아론에게 단지 변명을 요구한 것이 아니라 아론의 입장에서 비난할 대상을 찾을 것을 제안하였다.

출 32:21 "모세가 아론에게 이르되 이 백성이 네게 어떻게 하였기에 네가 그들로 중죄에 빠지게 하였느뇨"

이것은 책망이 아니라 변명을 권유하는 것이다. 책망이라면 "아론, 네가 잘못했고 백성들에게 큰 죄를 짓게 한 책임을 져야 한다."라고 했어야 한다. 그 대신에 모세는 아론에게 "이 백성들이 네게 어떻게 하였느냐?"고 물어봄으로써 잘못의 책임을 피할 수 있는 길을 마련해 주었다. 부모들은 아이의 잘못을 정당화하려고 할 때 자녀들에게 이렇게 한다. 부모들은 만일 충분한 이유가 만들어질 수 있다면 어떤 갈등도 필요 없을 것이라고 생각할 수도 있다. 부모들이 변명거리를 찾는 동기 중의 하나는 갈등을 피하려는 것이다. 물론 아론은 즉시로 모세가 제안한 기회를 포착하였다.

출 32:22 "아론이 가로되 내 주여 노하지 마소서 이 백성의 악함을 당신이 아나이다"

아론은 모세에게 백성의 본성 때문에 자기에게 노하지 말라고 요청하며 결과적으로 "당신은 이 백성이 얼마나 악한지 압니다. 그들은 항상 나쁜 일만 합니다."라고 말하는 것이다. 아론은 지금 죄를 전가하고 있는 것이다. 그는 자신의 책임을 떠넘길 수 있게 되었고 백성들에게 모든 비난을 넘길 수 있게 되었다. 아이들의 본성은 변명을 하는 능력을 갖추고 잘못한 행동에 대한 어떠한 보복도 피하는 것이다. 부모가 약간만 훈련을 해도 아이들은 형제나 자매에게 심지어 부모에게 비난을 떠넘기는 데 전문가가 된다.

다음에 아론은 발생한 죄의 일부를 모세가 나누도록 시도한다.

> 출 32:23 "그들이 내게 말하기를 우리를 위하여 우리를 인도할 신을 만들라 이 모세 곧 우리를 애굽땅에서 인도하여 낸 사람은 어찌 되었는지 알 수 없노라 하기에"

아론은 만일 모세가 그렇게 오랫동안 떠나있지 않았다면 이런 일이 발생하지 않았을 것이라고 말하고 있는 것이다. 부모들은 이와 동일한 형태의 덫에 걸릴 수 있다. 아이는 부모의 말과 행동에 책임을 뒤집어씌우는 것을 배울 것이다. "하지만 엄마가 말했잖아요", "아빠가 토미에게 그렇게 하라고 했잖아요."

그 다음에 아론은 생명이 없는 물건에 죄를 전가하여 실제로는 아무도 잘못하지 않았다고 함으로써 최종적인 죄의 전가를 시도한다. 그러므로 전체적인 사건은 단지 우연한 것으로 넘어갈 수 있게 되었다.

> 출 32:24 "내가 그들에게 이르기를 금이 있는 자는 빼어 내라 한즉 그들이 그것을 내게로 가져왔기로 내가 불에 던졌더니 이 송아지가 나왔나이다"

아론은 "나는 단지 백성들에게 금을 가져와서 불에 던지라고 하였는데, 보십시오. **이런 송아지가 나왔습니다!**"라고 말했다. 이것은 개인적인 책임을 회피하는 전형적인 사례이다. 첫째로 아론은 백성들을 비난하면서 자신의 행동을 정당화하였다. 그리고는 자신의 죄를 그들에게 전가하였고 심지어는 잘못의 일부를 모세의 탓으로 돌렸다. 마침내는 금송아지에 대한 어떤 책임도 지지 않으려고 했다.―자신이 녹인 금으로 직접 세밀하게 주조하고 새겨 만든 송아지에 대해서. 만일 모세가 아론의 거짓말을 기꺼이 받아들인다면 백성들은 잘못이 아니고 모세도 죄를 분담할 필요가 없으며 아론도 궁지를 벗어나게 될 것이다. 만일 금송아지가 스스로 불에서 튀어나온 것이라면 아무도 잘못한 사람은 없을 것이다.

부모들은 이와 유사하게 아무도 잘못하지 않은 상황을 자주 경험한다. "병이 깨졌어요", "공이 창문을 관통했어요" 등등. 죄의 전가는 아이들에게는 일반적인 것이다. "그가 나를 밀었어요", "다른 아이들도 다 그렇게 해요", "선생님이 나에게는 말하지 않았어요", "엄마가 나는 할 수 있다고 했지요", "조니의 엄마가 그건 괜찮다고 했어요" 등등. 부모들은 자녀가 자신의 행동에 대한 책임을 회피하려는 시도에 넘어가지 않도록 주의해야만 한다. 부모들이 자녀의 잘못된 행동을 심판하고 개인적인 죄를 분명히 책망하면 많은 변명들은 사라질 것이다. 적절한 책망은 아이가 잘못했을 때 자신의 행동에 책임을 져야 한다는 사실을 깨우쳐 준다.

원리는 단순하다. 자녀들이 결코 변명하지 못하도록 하라. 자녀들이 기준을 깨는 이유—또래 집단의 압력, 환경, 심각한 영적 장애—는 잘못한 행동에 대한 구실이 될 수 없다. 문제의 본질은 죄를 변명하는 구실을 찾는 것이 아니라 죄를 결정하는 것이다. (나는 여러 번 우리 아이에게 "누구도 너로 하여금 잘못을 하도록 할 수 없다. 그들은 너를 비웃을 수 있고 때릴 수 있고 심지어 죽일 수도 있지만 어떤 일을 할 것인지 말 것인지를 선택하는 것은 항상 너에게 달렸다."고 말해왔다.)

아이를 책망하는 것은 일반적으로 사적으로 행해져야만 한다. 부끄럽게 하는 것이 목표가 아니다. 그러나 공개적으로 의도적인 반항에 대해서는 그냥 넘어가서는 안 된다. 만일 아이가 다른 사람들 앞에서 부모의 권위를 거부하였다면 그는 사람들 앞에서 책망받아야만 한다. 예를 들면 "아들아, 너는 나에게 '안 돼'라고 말하면 안 된다. 네 방에 가 있거라. 내가 조금 있다 가겠다."

마지막으로 책망은 처벌의 단계로 이어진다. 그것은 행동이 잘못되었고 처벌받아야 한다고 심판하는 권위자의 공개적인 선언이다. 그가 잘못한 것이 무엇인가를 말해주고 기준을 상기시킨 다음에 처벌을 해야 한다. 다음 장에서 설명할 것이지만 죄를 인정하는 것이 본질적인 것이다. 아이는 자신이 비난받아야 하며 처벌받을 만하다는 것을 받아들여야 한다. 적절한 책망은 아이의 장래에 안내자가 되는 양심을 강화한다.

아이가 책망받을 때 그는 다시 선택을 하게 된다. 그는 자신을 심판하는 부모의 권리를 인정하든가 부모의 권위를 거부하고 반항하든가 해야 한다. 만일 그가 반항하면 거부된 부모의 권위를 다시 회복하는 유일한 방법은 체벌이다. 그러나 만일 아이가 잘못을 인정하면 다음 단계는 부모가 아이를 용서하는 것이다. 이 단계로 가기 전에 죄와 고백이 무엇인지 탐구해 보기로 하자.

23장
죄와 고백

하나의 단어와 개념으로서 죄는 현대적인 용법에서 본래의 의미가 매우 왜곡되어 있다. 그러므로 그것의 진정한 의미를 명확히 하는 것이 필요하다. 죄는 '저질러진…약간 구체적이고 함축된 범죄' 이다.[59] 그것은 정서적인 느낌이 아니다. 오늘날의 대부분의 사람들은 '죄' 를 정의하라고 하면 자신들이 한 일에 대해 느끼는 것을 말하곤 한다. 그것은 진리가 아니다. 자신이 느낀 것으로 인해 죄가 되는 것이 아니라 자신이 행한 것 때문에 죄가 되는 것이다. 어떤 사람이 죄를 지었지만 죄책감을 느끼지 않을 수도 있다. 죄책감을 느끼지만 죄를 짓지 않은 경우도 있다. 죄의 실재는 감정적인 반응과 분리되어서 이해될 필요가 있다. 이 장에서는 진짜 죄는 무엇이며 그것의 파괴적인 효과에 대한 유일한 해결책은 무엇인지에 대해서 설명할 것이다.

옳고 그름이 절대적이기 때문에 죄가 존재한다. 하나님은 모든 절대적인 것의 원천이시며 사람이 옳고 그른 기준에 책임을 지도록 만드셨다. 하나님은 인간의 심령 안에 옳고 그름에 대한 어떤 기본적인 기준을 제정하셨다(롬 2:15). 사람이 그 기준들을 깨뜨리면 그의 마음은 정죄받는다(잘못을 범한 사실).

하나님은 죄를 범하는 사람들을 처벌하시기 위해서 인간적인 제도에 권위를 위임하셨다(롬 13:4). 예를 들어 어른이 살인죄를 범하면 그는 악을 행한 죄인인 것이다. 성경에 기초한 사법제도는 그러한 죄의 사실을 설정하고 살인자를 죄인으로 규정(책망)하며 사형을 선고(처벌)한다. 범죄에 대한 죄인의 감정은 중요하지 않다. 그는 아무튼 죄인이다. 마찬가지로 아이도 부모가 세운 기준에 불순종하면 그 또한 악을 행한 죄인이다. 그는 하나님의 기준을 어긴 것이다.

골 3:20a "자녀들아 모든 일에 부모에게 순종하라"

아이가 잘못을 범하면 양심은 무의식 속에서 그를 정죄하기 시작한다. 그는 잘못 자체로 정죄받고 잘못한 것을 바로잡을 필요로 인해서 정죄받는다. 정죄하에 있는 아이는 보통은 고개를 숙인 채로 부모의 눈을 마주치지 못한다. 만일 아이의 죄가 자신의 영혼으로부터 씻겨지지 않았다면 그는 자신을 정당화하기 위해서 주위 사람들을 비난하면서 우울하고 쓰라리게 될 것이다. 죄가 해결되지 않으면 정서적, 신체적으로 문제를 일으킬 수 있는 정신적 갈등을 지속적으로 야기한다.

하나님은 죄문제에 대해서 유일한 해결책을 마련해 놓으셨다. 그 해결은 죄를 고백하는 것과 잘못에 대한 보상이다. 인간과 하나님 사이의 영적 관계에서 예수 그리스도는 죄를 위해 열납되는 유일한 속죄물이시다. 그러므로 인간은 하나님께 자신의 죄를 고백하고 그리스도의 속죄를 받아들일 뿐이다. 그러나 인간세상에서 한 쪽이 다른 편에게 상처를 주었을 때 그는 자신의 잘못을 인정하고 손해를 배상하려고 해야 죄가 영혼에서 제거될 수 있다. 아이에게 이것은 자신이 잘못한 것을 부모에게 인정하고 적절한 벌칙을 받겠다는 것을 의미한다.

부모는 자녀들에게는 하나님의 상징이라는 것을 기억하고 하나님과의 영적 관계에 대해 자녀들에게 가르치는 것이 중요하다. 또한 부모들은 죄로부터 영혼을 깨끗하게 씻는 것의 절대적인 필요성을 자녀들에게 일깨워 주는 것이 중요하다. 하나님이 자녀에 대한 권위를 위임한 자로서 부모들은 자녀의 불순종은 잘못이라고 선언해야만 한다. 책망은 아이로 하여금 자신이 이미 무의식중에 정죄받은 것에 대해 생각하게 한다. 다시 말해서 그것은 그로 하여금 "문제에 직면하게" 하며 고백으로 나아가게 한다.

고백

고백의 정의는 '자신의 실수와 잘못과 범죄와 약함을 인정하는 것' 이다.[60] 아이가 부모에 의해 책망받으면 그는 자신의 죄의 문제에 직면하게 될 것이다. 그의 양심은 이미 그를 정죄하였으나 이제 그의 죄는 공개적으로 알려진 것이다. 아이가 자신이 잘못한 것을 인식하자마자 가능한 한 속히 자신의 죄를 인정하는 것은 중요하다.

잘 훈련된 아이는 자신이 어떤 것을 잘못하였다는 것을 깨달았을 때 부모에게 다가갈 것이다. 그는 죄를 숨기려 하는 것보다는 '자진해서 비판을 받는' 것이 더 낫다는 것을 배웠을 것이다. 훈련되지 않은 아이는 붙잡힐 때까지 기다릴 것이고 책망받은 후에야 자신의 죄를 인정할 것이다. 책망을 받고서도 자신의 죄를 인정하지 않는 아이는 반항하는 것이다. 체벌은 반항에 대한 유일한 응답이다. 자신이 잘못했다는 것을 확실히 이해하는 아이라면 죄를 인정하도록 해야 한다.

부모들은 자녀들이 고백하도록 하는 데 몇 가지 목표를 갖는다. 첫째로 고백은 고백하지 않은 죄가 있는 아이의 영혼을 깨끗이 씻게 한다. 이러한 과정은 해결되지 않은 죄가 아이의 마음을 잠식하지 못하도록 하며 깨끗한 양심으로 부모를 마주 대할 수 있게 한다. 둘째는, 고백은 아이로 하여금 자기의 모든 행동과 태도에 개인적으로 책임감을 느끼게 한다. 자기가 행한 모든 일에 인격적으로 책임을 지도록 배운 사람일수록 인생을 더 잘 헤쳐나갈 것이다. 셋째는, 고백은 아이로 하여금 부모의 권위—기준을 세우고 심판하는 권리—를 인정하도록 한다.

아이로 하여금 죄책감을 느끼고 미안함을 느끼며, 울고, 간청하고, 그밖의 어떤 참회하는 행동을 하는 것 같은 감정적인 반응을 하게 하는 것이 부모의 목적은 아니다. 죄는 잘못을 범한 사실이다. 그것은 정서적으로가 아니라 정신적으로 인식되어야 한다. 아이는 자기가 붙잡힌 것을 매우 유감스럽게 생각할 수도 있다. 그는 자신이 받을 처벌에 대해 감정적으로 한탄할 수도 있다. 그러나 중요한 것은 그가 자신의 잘못을 인정하는 것이다. 그는 자신의 행동에 대한 권위자의 판단에 기꺼이 동의해야 하며 책망을 받아들여야만 한다. 아이가 자신의 불순종의 죄를 인정할 때에는 잘못을 인식하고 개인적인 책임을 지며 부모의 다스림에 동의해야 하는 것이다.

부모의 권위에 복종하고 진정으로 자기의 죄를 인정하는 아이는 적절한 태도로 처벌을 받아들일 것이다. 이러한 개념에 대한 성경적인 형태는 다음 구절에 계시되어 있다.

레 26:40a "그들이 자기 죄와 그 열조의 죄와 및 그들이 나를 거스린 허물을 자복하고"
레 26:41b "그 할례받지 아니한 마음이 낮아져서 그 죄악의 형벌을 순히 받으면"

히브리어에서 이 구절은 "만일 그들이 자기 죄를 고백하면… 혹은 오히려 그들의 할례받지 않은 마음이 겸손해질 것이며 그들은 잘못한 것에 대해 처벌을 받으며 기뻐할 것이다."는 의미이다.[61] 성경적 패턴은 먼저 죄를 인정하는 것이다. 그러나 인정은 진실되어야 한다. 그러면 처벌은 의미 있는 것으로 받아들여질 것이다.

진실로 회개한 아이(정신적으로 자신의 죄를 인식하고 잘못임을 인정하는 아이)는 기꺼이 벌칙을 받으려고 한다. 그러므로 고백은 처벌을 수용하는 길을 여는 것이며 결과적으로 죄로 정죄받은 마음을 깨끗하게 해주는 것이다. 고백은 잘못했다는 양심을 씻어주며 처벌을 받으면 양심은 자유롭게 된다.

반면에 먼저 자기 죄를 인정하지 않고 처벌을 받는 아이는 부모를 향해 매우 분노하게 될 것이다. 자기 죄를 인정하지 않았기 때문에 아이는 죄를 합리화하든가 아니면 다른 사람에게 전가할 것이다. 만일 이런 일이 발생하면 아이는 자기가 부당하게 처벌받았다고 생각할 것이다. 확실히 고백은 자녀 훈련의 본질적인 부분이다.

만일 아이가 잘못이라는 부모의 말에 동의한다면 체벌이라는 신체적인 압력이 필요 없을 것이다. 그는 단지 "네 제가 잘못했습니다." 혹은 "제 잘못입니다."라고 말하면 된다. 아이가 내적으로 완전히 회개하였는지는 부모가 결정하고 책임질 영역이 아니다. 아이들은 적절한 태도("그래요, 내가 잘못했어요. 그래서 어쨌다는 건가요?"라는 투가 아닌)로 죄를 인정해야만 한다. 죄에 대해서 부모에 동의하는 아이는 적어도 부모의 권위를 받아들인 것이다. 만일 아이가 '속이면' 그는 처벌을 받을 때 진짜 태도를 드러낼 것이다. 그때는 부모는 의심스러웠던 것—반항—을 확실하게 다룰 수 있다.

진정한 고백은 단지 아이의 죄를 해결할 뿐만 아니라 부모와 자녀 간에 앙심이 쌓이는 것을 막아준다. 부모가 불순종하는 자녀에 대해 원한을 품게 되는 주된 이유는 불순종의 문제가 해결되지 않았기 때문이다. 아이가 불순종하면 스스로 부모로부터 소원해진다. 부모들은 자신이 세운 기준을 아이가 지키지 않을 정도로 경시한다고 생각하기에 거절감을 느낀다. 결과적으로 부모들은 아이에게 상처를 주거나 죄책감을 느끼게 하고 싶어질 수도 있다. 아이의 고백은 부모의 소외감을 없애주고 용서를 가능하게 만든다.

이제 우리는 죄를 객관적으로 이해하였고 아이가 잘못했을 때 어떻게 그것을 인정해야 하는지를 알았으므로 계속해서 자녀 훈련의 과정에서 세 번째 단계인 용서의 단계로 나갈 수 있다.

24장
용서

  부모가 세운 기준 중의 하나를 불순종한 (혹은 책망을 받은) 자녀는 부모로부터 소외감을 느끼기에 용서와 수용이 절대적으로 필요하다. 아이는 '못된 개' 증후군을 겪게 될지도 모른다. 즉 꾸짖음을 받은 후에 다리 사이로 꼬리를 집어넣는 개처럼 행동할 수도 있다. 진실로 부모를 즐겁게 하고자 하는 아이는 (모든 아이들이 받아들여지고 인정받기를 원한다) 자신의 죄를 고백한 후에 다소 방향감각을 상실한다. 그는 부모가 자기에게 화가 난 것인지 혹은 다음에는 어떻게 해야 하는지를 모른다. 부모들은 아이가 죄를 고백한 후에는 즉시 완전하게 용서해야만 하며 아이가 완전히 받아들여졌음을 확신시켜 주어야 한다.

  용서는 아이의 영혼에 남아있는 죄의 효과를 지속적으로 제거해 준다. 아이는 또한 용서의 실체를 받아들이도록 배워야 한다. 하나님의 말씀은 용서에 대한 기준을 계시하신다.

요일 1:9 "만일 우리가 우리 죄를 자백하면 저는 미쁘시고 의로우사 우리 죄를 사하시며 모든 불의에서 우리를 깨끗하게 하실 것이요"

시 32:5 "내가 이르기를 내 허물을 여호와께 자복하리라 하고 주께 내 죄를 아뢰고 내 죄악을 숨기지 아니하였더니 곧 주께서 내 죄의 악을 사하셨나이다"

이러한 구절들은 용서는 단지 죄를 고백한 **후에**만 유용하다는 것을 계시한다. "고백"이라고 번역된 희랍어는 "동의하다 혹은 인정하다"는 의미이며 법적인 의미로 "죄를 인정하다"(잘못을 저지른 사실)는 의미이다.[62] 즉 그것은 대가를 지불하는 데 동의한다는 의미이다. 시편 32:5에서 다윗은 하나님 앞에서 그의 잘못을 인정하며 자신의 죄악을 감추지 않았다고 말한다. 아이들은 용서를 받기에 앞서 부모들의 심판(책망)에 동의해야만 하며 자신의 잘못을 인정해야만 한다.

용서는 죄를 고백하자마자 즉각적이고 무조건적으로 이루어져야 한다. 용서에는 어떤 배상이나 회개나 좋은 행동의 약속이나 우는 것 같은 감정적인 경험 등이 요구된다는 암시가 없다. 기준을 만족시키지 못하고 잘못을 한 죄인 편에서의 분명한 동의가 중요한 것이다. 자신의 실패에 대해서 나쁜 감정을 느낄 수도 있고 느끼지 않을 수도 있다. 수용되어지기를 강렬히 바라는 감정적인 사람은 감정적이지 않은 사람에 비해서 어떤 사람의 책망을 받을 때 항상 기분이 나쁠 것이다. 자신의 잘못된 행동을 권위자와 동일한 관점으로 혐오스럽게 볼 수 있으려면 성숙한 인격이 요구된다. 따라서 부모들은 미성숙한 자녀들에게 합리적으로 생각할 수 있는 것 이상의 기대를 해서는 안 된다.

성경은 또한 용서는 완전해야 한다고 계시한다. 즉 잘못은 완전히 잊혀져야 한다는 것이다.

사 43:25 "나 곧 나는 나를 위하여 네 허물을 도말하는 자니 네 죄를 기억지 아니하리라"
렘 31:34b "내가 그들의 죄악을 사하고 다시는 그 죄를 기억지 아니하리라 여호와의 말이니라"

부모들은 아이들의 적합한 고백을 기꺼이 받아주어야만 한다. 고백된 불순종은 미래에 다시 끄집어내어 아이를 공격하는 데 사용되어서는 안 된다. 그것은 잊혀져야 하며 부모의 마음속에서 지워져서 아이가 새롭게 출발할 수 있어야 한다. 고백은 아이의 불순종 때문에 부모가 갖게 되었을 어떠한 분노의 감정도 해결할 정도로 만족한 것이 되어야만 한다. 용서와 잊음은 규칙이다.

용서의 결과는 자녀와 부모 사이의 교제가 회복되는 것이다. 아이가 죄와 소외감의 고통에서 해방될 때 그것은 감정적인 것이 될 것이다. 부모들은 발생한 갈등의 긴장으로부터 자유로워지는 경험을 하게 될 것이다. 그러나 중요한 것은 부모가 자녀에게 충분한 교제와 가족관계의 완전한 정상화가 이루어졌음을 확신시켜 주는 것이다.

갈등이 해소된 후 특히 아이가 고백하기 전에 체벌이 필요했었다면 그 아이는 인정의 표시를 구할 것이다. 아이는 자기가 한 일에 대해 부모의 의견을 물을지도 모르며 부모의 무릎에 앉아 목을 끌어안고 싶어할지도 모른다. 부모는 이 시점에서 사랑을 표현해 주고 모든 것이 잊혀졌다고 표현하는 것이 중요하다. 이러한 표현은 아이의 고백과 부모의 용서가 없으면 거의 불가능할 것이다. 아이가 다시 용기를 갖게 될 수 있는 다른 방법은 부모가 아이와 함께 배상계획을 짜는 것이다. 부모들은 아이가 깨뜨린 물건을 새로 사기 위해 가게에 가는 시간을 정하고 물건을 구입할 돈을 버는 방법을 생각하도록 도울 수 있다.

그것은 아이를 가르치기에 아주 완벽한 기회이다. 아이는 다른 어떤 때보다도 그 때에 부모의 권위를 더 잘 받아들인다. 부모들은 기준과 순종의 중요성을 가르칠 수 있다. 즉 죄, 고백, 용서, 그리고 깨어진 기준에 대한 처벌의 필요성. 부모들은 이와 같은 때에 아이들의 심령에 자신들의 말을 각인시켜야 한다.

자신이 책임질 수 없는 잘못을 저지른 아이를 책망해야 할 때 그것을 고백하도록 할 필요는 없다. 그러나 부모는 모든 것이 괜찮다고 아이를 안심시킬 필요가 있다. 책임질 수 없는 아이는 처벌될 수도 없다. 그러나 불순종은 처벌되어야 한다.

부모는 몇 번이나 자녀를 용서해야만 하는가? 용서에 대한 성경적인 기준은 490번이다(마 18:21-22). 물론 용서는 단지 적합한 고백과 기꺼이 회복시키려고 할 때만 이루어진다.

자녀 훈련 과정에서 네 번째이자 마지막 단계는 아이를 처벌하는 것이다. 처벌에 대한 20장을 다시 정리하면 자녀 훈련 체계의 연속적인 질서를 재확립하는 데 도움이 될 것이다. 마지막 장은 전체과정의 사례를 점검하고 제기되지 않은 질문들에 대한 답안을 탐색해 볼 것이다.

25장
사례들

우리는 하나님의 말씀에 계시된 대로 자녀 훈련의 전체적인 체계를 살펴보았다. 책 전체를 통해 개념과 원리들을 제시하였다. 이 마지막 장에서는 개별적인 것들을 묶어서 원리들을 구체적인 사례에 적용시키는 방법을 제시해 볼 것이다. 부모들은 하나님의 독특한 피조물인 자녀들과 다양한 상황에 직면하게 될 것이다. 따라서 어떤 상황에도 적용할 수 있는 원리들을 이해하는 것이 중요하다. 다음의 사례들은 이러한 원리들을 적용하는 방법을 보여준다.

다음 페이지에 있는 전체 훈련 체계를 개관하는 도표를 연구해 보라. 이 도표에 익숙해지면 부모가 어떤 상황에서 어떤 행동을 해야 할지 쉽게 알 수 있을 것이다. 이 도표는 훈련 체계가 제2의 본성이 될 때까지, 복사해서 눈에 잘 띄는 장소에 놓을 수 있도록 한 페이지에 담았다.

자녀 훈련체계 개관

훈련상황	통제	가르침
아이가 이렇게 행동하면	부모들이 해야 할 일	부모들이 해야 할 일
1. 부모의 의지와 일치하게 행동하면(심지어 전달되지 않은 것에 대해서도)	방향을 제시하고 제한을 설정하라	기준을 가르치고 축복하며 사랑을 표현하라
2. 부모의 지시와 제한과 가르침을 받아들이기를 거부하면(반항)	징계를 통해 사랑을 표현하라	책망
3. 모르고 부모의 의지에 반하면(책임질 수 없음)	징계를 통해 사랑을 표현하라	기준을 세우기 위해서 책망하라
4. 기준을 알았지만 의도적이지는 않은 어김(책임질 수 있음)	징계를 통해 사랑을 표현하라	책망하고 죄를 고백하게 한 후 용서하고 처벌하라
5. 의도적으로 기준을 어기거나 부모의 책망이나 처벌받기를 거부	징계를 통해 사랑을 표현하라	죄를 고백할 때까지 책망하고 징계하라 그리고 나서 용서하고 처벌하라

도표에 보이는 첫번째 상황은 아이가 이미 잘 훈련된 경우가 아니면 별로 일어나지 않는 일이다. 아이가 항상 옳은 일을 한다는 것은 비정상적인 것이다. 모든 아이들은 끊임없이 자신의 죄성에 의해 유혹을 받는다는 것을 기억하라. 아이들은 순간순간 관심이나 육적인 욕구, 자율, 혹은 자신이 원하는 그밖의 어떤 것에 대한 욕구를 만족시키려는 강렬한 충동을 갖고 있다. 아이의 본능은 이기심을 충동질하고 "주세요 주세요 주세요!"라고 부르짖는데 그런 자녀들에게 '좋은 사람'이 되기를 기대한다는 것은 비이성적인 것이다.

아이가 좋은 사람이 되어가고 있을 때 (다시 말하면 기준에 순종하고 부모가 인정하지 않는 것은 하지 않을 때) 그는 더 높은 기준과 주어진 지시를 배울 수 있다. 그리고 단지 명령만으로도 수용될 수 없는 행동을 하지 않을 수 있다. 부모의 의지와 일치되는 행동을 하는 아이는 부모와의 축복스런 교제를 통해 사랑과 인격적인 수용과 평화를 누릴 수 있다.

도표에 보이는 두 번째 상황은 부모가 처음 훈련을 시작할 때 훈련되지 않은 자녀에게서 가장 흔히 발생할 수 있는 것이다. 이 상황은 아이가 성장하는 동안 때때로 부모의 통제를 벗어나려고 하는 것과 같이 간격을 두고 발생할 수도 있다. 부모의 명령과 제한과 가르침을 공개적으로 거부하는 아이는 심판을 별로 두려워하지 않는다. 그런 아이는 확실히 부모의 권위에 대한 존경심이 부족한 것이다. 이러한 조건이 존재할 때 부모의 권위에 대한 존경과 심판에 대한 적절한 두려움이 부모에 의해 세워져야만 한다.

예를 들면 어떤 아버지나 어머니가 모두 이 책을 읽고 자녀를 훈련하는 데 하나님의 체계를 따르기로 결정한다. 그들에겐 열 살 된 아들과 일곱 살 된 딸이 있다. 그들은 아이들을 앉혀놓고 이제부터 공정하고도 확고한 기준이 세워질 것이며 즉시 순종할 것을 기대한다고 설명한다. 또한 반항에 대해 설명하고 그것을 어떻게 처리할 것인지도 설명한다. 그들은 훈련의 동기는 사랑이라고 자녀들에게 확신시킨다.

이러한 만남이 이루어진 후에 아들은 부모의 말씀을 얼마나 신뢰할 수 있는지 알아보기 위해 새로운 절차를 시험해 보기로 한다. 어머니가 친구 집에서 몇 시에 돌아와야 하는지 얘기할 때 그는 어머니가 옳지 않다고 하면서 어머니의 명령을 받아들이지 않는다. 어머니는 화가 나서 감정적으로 아이를 때리거나 혹은 체념하고 갈등을 피하고 싶어진다. 그러나 이제 어머니는 어떻게 해야 할지 안다. 그녀는 아들에게 행동이 잘못되었다고 말한다. 더 나아가서 어머니는 그에게 만일 즉시 태도를 바꾸지 않으면 어머니가 취할 유일한 행동은 매를 드는 것이라고 경고한다.

전에는 이런 형태의 확고한 지도력을 경험해 보지 않았기 때문에 아들은 아마도 어머니의 의도를 계속해서 시험해보려고 할 것이다. 그러므로 그는 어머니의 명령을 거절하고 경고를 무시할 것이다. 이 때에 어머니는 냉정을 찾기 위해 아들을 자기 방으로 보내야만 한다. 어머니는 이렇게 해서 아들을 통제해야 하는 자신의 책임을 상기하고 하나님의 능력을 구하는 기도를 한다. 어머니는 적당한 크기의 매를 들고 조용히 아들 방으로 들어간다. 놀랍게도 어머니는 매를 때린다. 어머니는 아들에게 지금 이후로 기꺼이 명령을 따른다고 하기만 하면 매질을 그만 둘 수 있다고 말해준다.

아들은 아마도 자기의 마음을 바꾸고 어머니와 어머니의 말씀에 대한 새로운 존경심을 갖게 될 것이다. 그러나 만일 어머니가 나약해서 자신을 이길 수 없을 것이라고 아이가 생각한다면 그는 계속 저항을 할지도 모른다. 아들이 계속 고집스러워진다고 생각되면 어머니는 매질을 멈추고 아버지를 부르고 그 동안 아들에게는 반항이 무엇인지에 대해 말해준다.

아이가 자기 방에 남아있는 동안 어머니는 도덕적인 지원과 충고를 위해 아버지를 부른다. 아버지가 집에 와서 아들의 반항을 다스리는 것은 첫번째 중요한 갈등상황에서 필수적인 것이다. **첫번째 갈등**

은 부모에 의해 다스려져야만 한다. 부모가 통치권에 대해 매우 엄중하다는 것을 아이가 배우는 것이 중요하다. 아버지가 어머니의 권위를 지원하기 위해 직장에서 돌아와야 한다는 것은 아들에게는 틀림없이 일생을 변화시키는 경험이 된다.

만일 아들이 자기 방에 가기를 거부하거나 어머니도 그를 물리적으로 다룰 수 없을 때는 아버지가 아이를 통제해야만 한다. 아버지는 아들이 어머니에게 순종하든가 아니면 직접 대답을 해야 할 것이라는 기준을 세울 수 있다. 이러한 제안은 어머니가 기준을 거스르는 매일 매일의 불순종의 행동과 반항을 다룰 수 있어야만 하기 때문에 단지 잠정적인 것이 되어야만 한다.

아이가 마침내 앞으로 어머니와 아버지가 하는 명령을 따르겠다고 동의한 다음에는 모든 것이 용서되었다는 확신을 갖도록 한다. 아이는 그 당시의 태도와 상황과 대립의 정도에 따라 친구 집에 가도록 허락될 수도 있고 허락되지 않을 수도 있다. 아이가 부모의 지시를 거부하려고 할 때는 체벌을 경고해야 한다. 부모들이 자녀들에게 처음으로 순종과 공경의 실체를 가르칠 때는 매우 확고하게 자녀들을 다루어야 한다는 것을 명심해야만 한다.

부모들은 사업에 바쁘기에 울면서 위협하든가 아니면 어떤 식의 저항을 해도 신경 쓰지 않을 것이라는 것을 아이들은 금방 안다. 아이는 부모의 진실한 사랑 속에서만 안정감을 느낄 수 있다. 아이는 부모가 자기를 돌보며 보호하리라는 것을 신뢰해야 한다. 아이는 부모들이 말한 대로 행할 것이라는 것을 알기 때문에 부모의 말을 신뢰할 수 있다.

도표에 보이는 세 번째 상황, 아이가 모르고 불순종하는 일이 아이를 키울 때 자주 발생한다. 이러한 상황은 엄마를 가장 지치게 할 것이다. 엄마는 "안 돼", "그만 해", "하지 마"라는 단어만 연발한다고 생각하게 된다. 아이는 종종 순종해야 할 기준이 무엇인지 듣기 전에는 부모의 의지와 반대되게 행동할 것이다. 이런 경우에 아이는 책임을 질 수 없으나 앞으로 기준이 세워질 수 있도록 책망받을 필요가 있다. 이러한 상황은 사전에 아무런 명령도 없는 상태에서 처음으로 받아들여질 수 없는 행동을 한 경우에 발생하게 된다. 비오는 날 아이가 작은 세발자전거를 집 안으로 갖고 들어와서 거실에서 타려고 할 때, 혹은 처음으로 다른 아이를 괴롭히는 경우, 아빠가 들어보지 못한 "새로운" 단어(욕)를 집에서 사용한 경우가 그런 사례가 될 것이다.

앞의 사례에서 아이는 의도적으로 부모의 기준을 어긴 것이 아니다. 그러나 부모의 교정이 필요하다. 아이는 자기의 특정 행동이 잘못되었으며 그것을 다시 반복해서는 안 된다는 말을 들어야 한다. 만일 아이가 그 이유를 이해할 정도로 충분히 성숙하다면 그 이유도 설명되어져야 한다. 그러나 아이는 단지 이유가 잘 설명되었다는 이유 때문에 기준을 기억하는 것은 아니다. 아이가 미숙할 때(어리든지, 어리석든지)는 상세한 설명은 오히려 아이를 혼돈시키며 아이를 다루기 어렵게 만든다. 아이를 책망한 후에는 부모는 그를 위로하고 모든 것이 괜찮다고 안심시켜야만 한다. 말로 비난한 후에 관계를 회복하는 것은 신체적인 매질을 한 후의 회복만큼이나 중요하다.

도표상의 네 번째 상황은 부모가 세운 기준을 아이가 알았지만 의도성 없이 어긴 경우인데 전체 아동 훈련기를 통해 부모가 직면하는 전형적인 불순종의 경우이다. 명령을 따르지 않거나 처음 한 번에 제한을 지키지 않는 경우이다. 이러한 상황에서 아이는 반항적으로 규칙에 불순종하는 것은 아니고 잘못된 행동에 책임을 져야 하는 경우이다.

이러한 불순종의 한 가지 사례는 사내아이가 화요일과 금요일에 쓰레기를 모아 버리라는 말을 들었을 때이다. 이러한 명령이 일관성 있게 수행되리라고 생각하는 부모는 약간 당황하게 될 것이다. 일반적으로 토요일은 소년에게는 매우 중요한 날이다. 주중에 원치 않는 일을 해야 한다는 것을 기억하기 위해서는 상당한 훈련이 요구될 것이다. 그가 진실로 기억하고 개선하려고 하는 한 어쩌다 실수한 것을 불순종이라고 생각할 필요는 없다. 그러나 그가 그 일을 책임져야 할 정도로 오랫동안 방치해 두었거나 개선하려고도 하지 않고 잊은 것에 대해 신경도 쓰지 않는다면 교정적인 조치가 취해져야만 한다.

이 경우에 아이가 책임질 만한 수준이 되면 부모는 앞으로 "잊어버릴 경우"의 벌칙을 경고해야만 한다. 부모는 달력에 표시를 하거나 메모란에 기록하여 눈에 잘 띄는 장소에 놓으라고 아이에게 제안할 수 있다. 아이는 이 모든 것이 앞으로는 자신에게 달려있다고 경고받아야만 한다. 아이가 잊어버렸을 때 아빠가 쓰레기를 대신 치워주지 않을 것이고 엄마도 미리 알려주지 않을 것이다.

부모들은 자주 자녀들이 생활에서 요구된 시험을 거치지 못하게 한다. 시험기간에는 모든 도움을 중지할 필요가 있다. 심지어 자녀들이 실패할지도 모른다는 생각이 들 때에라도. 아이들은 자신의 실패와 실수에 직면하는 것을 배워 개인적으로 책임을 지는 것을 학습하는 중요한 기회로 삼아야 한다.

이러한 훈련 경험을 한 후에 소년의 부모들은 불가피한 불순종을 인내하며 기다린다. 소년은 게으름이라는 성격적인 나약함 때문에 혹은 항상 자신의 계획과 목표만을 꿈꾸고 있기에 혹은 해야 할 일을 충분히 중요한 것으로 생각하지 않기 때문에 "잊어버릴" 수도 있다. 어떤 경우는 부모의 뜻과 명령을 최우선 순위로 생각하지 않기도 한다.

소년이 실제로 불순종할 때는 부모들은 정신적으로 준비가 되어 있다. 아이가 잊어버렸으므로 훈련시킬 때가 되었다는 것이 부모들에게는 놀라운 일도 아니다. 엄마는 소년이 학교에 간 후에도 쓰레기가 여전히 뒷문 옆에 있는 것을 알았다. 소년이 학교에서 돌아올 때 엄마는 그가 불순종했으며 잘못했다고 말해준다. 엄마는 어떤 변명도 받아들이지 않고 소년이 자기의 잘못을 인정해야 한다고 주장한다. (소년에게 잘못했다고 말하기 전에 "네가 무엇을 했지?"라고 묻는 것은 매우 효과적이다. 이것은 그에게 스스로 판단할 기회를 준다. 그러나 그에게 왜 그렇게 했는지를 물어볼 필요는 없다.)

이러한 사례에 대해 우리는 소년이 쉽게 고백하고 기꺼이 잘못을 시정하리라고 가정할 것이다. 그러면 엄마는 소년을 용서하고 그가 받은 경고의 벌칙을 받을 것을 요구한다. 운전면허증이 있는 십대에게는 쓰레기를 쓰레기장에 갖다 놓으라는 것이 벌칙이 될 수 있다. 더 어린아이에 대한 벌칙은 쓰레기를 지역 편의점의 쓰레기통에 갖다 넣으라는 것이 될 수 있다(물론 가게 주인의 허락하에). 아이의 나이에 따라 아버지는 편의점 주인에게 상황을 설명해주기 위해 함께 따라갈 수도 있다. (우리 아들은 이런 일을 두 번 겪은 후에 쓰레기차가 언제 집에 오는지를 잘 기억하게 되었다.)

소년이 적절한 벌칙을 받은 후에, 다시 불순종하게 되면 벌칙은 더 커질 것이라고 아빠로부터 경고받는다. 만일 여러 수준의 처벌을 받고도 불순종이 계속되면 혹은 아이가 수동적으로 반항하면(순종을 거부하고 자신의 의지대로 하려고 하는 경우) 그때는 체벌이 필요하다.

도표상의 다섯 번째 상황은 세워진 기준에 불순종하고 부모의 책망과 처벌을 받아들이기를 거부하면서 아이가 의지적으로 반항하는 경우인데 두 번째 상황에 있는 소년의 사례로 설명할 수 있다. 친구 집에서 몇 시에 집에 돌아오라는 엄마의 명령을 따르지 않았으면 반항으로 인해 체벌을 받고 부모의 명령을 따르는 데 동의해야 한다.

며칠 후 아이가 친구 집에 놀러가고 싶어한다. 기준은 명확히 세워져 있고 소년은 허락 없이는 떠나면 안 된다. 그러나 그는 가고 싶고 엄마에게 물어보면 못 가게 할 것이 확실하다. 그래서 그는 살금살금 빠져나가서 알고 있는 기준을 의도적으로 무시한다. 얼마 후에 엄마는 그가 나간 것을 알았고 시간은 거의 저녁시간이 되었다. 엄마는 그를 찾아내서 집으로 데려온다. (반항이 공개적인 것이 아니었기에 친구 앞에서는 어떤 행동도 필요하지 않다.) 엄마는 그를 다시 자기 방으로 보내고 잠시 갈등의 정도를 가늠한다. 엄마는 자녀 훈련의 중요성을 생각하고 현재의 희생으로 얻어질 미래의 결과에 초점을 맞춘다.

아이가 혼자 있는 동안 그는 과거에 맞은 매를 생각하며 변명하려 하거나 이 난국을 벗어날 수 있는 방법을 생각할 것이다. 엄마가 회초리를 들고 방으로 들어올 때 아이는 울거나 용서를 빌거나 다시는 불순종하지 않겠다고 약속하거나 혹은 변명하거나 자기의 결백함을 완고하게 주장하려 할 수도 있다. 엄마는 이런 "속임수"를 무시하고 단도직입적으로 "아들아, 네가 무엇을 하였지?"라고 물으며 성경적인 방법을 사용한다. 만일 그가 자신의 불순종을 인정함으로써 즉각 잘못을 시인하면 엄마는 그의 반항을 용서하고 처벌의 단계로 진행해 나갈 수 있다.

아이가 자신이 죄지은 사실을 대면하지 않으려고 하면 엄마는 "아들아, 네가 허락 없이 집을 나간 것은 잘못이지!"라고 말한다. 엄마는 그에게 규칙을 알고 있었는지 그리고 불순종은 잘못이라는 것을 알았는지를 묻는다. 고집센 아이는 엄마가 자신을 다스리는 권리를 행사하는 것을 받아들이지 않고 자신의 죄를 고백하기를 거부한다. 이때 그는 엄마의 책망을 거부함으로써 자신의 반항을 다시 한번 나타내고 있는 것이다.

엄마는 이제 그의 반항이 꺾일 때까지 그를 체벌해야만 한다. 만일 적절한 매질 이후에도 그가 복종하지 않으면 엄마가 평정을 되찾는 동안 그에게 자신의 상황을 생각해보도록 남겨둘 수 있다. 엄마는 "아들아, 네가 잘못한 것을 인정할 것인지 다시 생각해 볼 동안 잠시 쉬어야겠다. 내가 돌아와서 매질을 계속하기 전에 너에게 잘못을 고백할 기회를 한번 더 주겠다." 엄마가 목적을 이루려고 결정한 것을 소년이 일단 깨달으면 그는 결국 동의할 것이다. (적절한 체벌은 필요한 결과를 얻기 위한 절제된 과정이다. 그것은 부모의 좌절감을 배출하는 분노의 공격이 아니다.)

소년이 마침내 굴복할 때 엄마는 그를 위로하고 여전히 그를 사랑한다는 것을 확인시킨다. 엄마는 또한 이 기회를 통해 그에게 규율(집 밖으로 나가지 말라는 것과 같은)의 필요성에 대해 가르칠 수 있으며 체벌할 때 보여준 사랑에 대해서도 가르칠 수 있다. 엄마는 그에게 한동안 자신의 집에서만 있도록 제한하는 것과 같은 적절한 벌칙을 준다. 이 소년은 이러한 두 가지 학습을 받은 후에 더 순종적인 아이가 될 것이다. (이 경우에 기준이 세워진 때에 구체적인 벌칙이 세워지지 않았다고 가정할 필요가 있다. 비록 구체적인 벌칙을 미리 마련하는 것이 최선이겠지만 부모들은 종종 처음 기준을 세울 때 그렇게 하지 않는다.)

이 상황에서 불순종은 거의 저녁시간에 발생하였기 때문에 많은 엄마들은 문제를 아빠에게 넘기고 싶은 유혹을 받는다. 만일 아빠가 이러한 절차에 완전히 동의하지 않는다면 그것은 권고할 만하지 않다. 아빠가 귀가하자마자 어떤 문제를 다루는 것은 매우 어렵다. 또 아빠가 개인적으로 관련되지 않은 갈등을 객관적으로 다루는 것도 어려운 일이다. 아빠는 자녀들을 위해 직접 세운 기준들을 집행해야만 한다. 아빠가 없을 때는 그러한 일은 엄마에게 위임될 수 있다. 그러나 아빠는 **항상** 엄마를 지지해주어야만 한다. (내 아들은 서른 살이 되어서 내 아내에게 말하기를 자기가 십대였을 때 두 번 엄마에게 도전하는 것 같은 때가 있었는데 그 때 그는 마음속에 아빠가 떠올랐고 만일 그렇게 했으면 아빠가 어떻게 했을지 **알았다**고 한다.)

앞의 사례는 순종적이며 경건한 자녀를 훈련하기 위해 하나님의 체계를 사용하는 방법을 이해하는 데 도움을 주었을 것이다.

이 장을 마치면서 자녀 훈련에 관련된 부모와 아이의 행동을 규정하는 데 사용된 용어들을 정리해 보자.

◎ 자녀 훈련 요약

* 자녀 훈련은 목표에 도달하도록 부모에 의해 사용된 과정이다. 성경

적으로 그 과정은 자녀가 본성적으로 죄를 지으려는 경향을 억제하며 올바른 삶의 길을 가르치는 것이다(잠 22:6). 바라는 목표는 아이가 하나님의 말씀을 배워 그 말씀의 지식이 그의 전 인생을 인도할 수 있게 하는 것이다. 이러한 목표에 도달하기 위해 부모는 자녀들에게 하나님의 기준을 심어주어야 한다고 하나님의 말씀은 명령하고 있다(신 4:10; 6:6-7; 11:19). 잘 훈련된 자녀는 자신의 죄성에 따라 성장하는 것보다 더 좋은 성품을 개발하게 될 것이다.

* 모든 아이들은 죄성을 갖고 태어나기에 자기의 의지와 강한 욕망을 충족하려는 끊임없는 유혹을 받음으로 스스로 노예화되고자 한다(시 51:5; 58:3). 이러한 본성의 영향하에서 어떤 아이는 완전히 자기 중심적이 된다. 자신의 죄성을 통제하는 데는 부모의 도움이 절대적으로 필요하다(잠 29:15; 삼상 3:13).

* 아이의 본능적인 경향성을 통제하기 위해서는 아이가 부모의 지시를 따르도록 하는 데 충분한 정도의 부모의 권력과 힘과 압력의 행사가 필요하다(잠 29:15; 삼상 3:13). 부모들이 자기 자녀들을 효과적으로 통제하기 위해서는 자녀에게 순종을 요구해야만 한다.

* 순종은 자녀가 들은 명령이 자기의 의지와 욕망과 대립될 때도 일관성 있게 수행하는 것이다(골 3:20). 순종은 부모가 자녀를 신체적으로 심리적으로 해받지 않게 보호할 것이다. 그것은 또한 자녀가 부모의 권위를 존중하는 기초이다(엡 6:2).

* 부모의 권위는 부모의 의지를 자녀의 의지보다 위에 두어서 자녀로 하여금 부모의 다스림을 따르도록 하나님이 위임한 권리이다. 공의를 집행하고 불순종을 처벌하고 명령에 순종하는 것에 상을 주는 것은 부

모의 권위이다. 부모의 권위는 통제되는 것에 대항하여 자녀가 반항할 때 발생하는 불가피한 갈등을 해결하기 위해 필요한 강제력을 포함한다. 부모의 권위를 지지하는 구절들: 출 21:15-17; 신 21:18-21; 27:16; 잠 30:17; 마 15:4; 골 3:20; 엡 6:1.

* 반항은 어떤 권위나 통제력에 대한 공공연한 혹은 의지적 저항이나 거부의 행위이다. 자녀가 알면서 의도적으로 자신의 의지를 부모의 의지보다 앞세우는 것은 그것이 어느 때이든지 반항인 것이다.

* 자녀 훈련과 관련해서 자녀의 반항을 교정하거나 의지적인 반항을 억제하기에 충분한 고통을 주도록 채찍을 사용하는 것이 체벌이다(삼하 7:14; 잠 3:24; 19:18; 22:15; 23:13-14; 29:15; 히 12:6-7).

* 채찍(회초리)은 부모가 반항하는 자녀를 체벌하는 데 사용하도록 하나님이 고안하신 도구이다. 하나님께서는 특히 인간 권위의 상징으로 채찍을 제정하셨다(삼하 7;14; 잠 13:24; 19;18; 22:15; 23:13-14; 29:15). 부모들은 채찍을 적절히 사용하여 자녀가 순종하도록 할 것이고 부모의 말씀을 존중하도록 해야 할 것이다. 자녀는 배울 수 있게 되기 전에 부모의 말씀을 존중해야만 한다.

* 자녀를 가르치는 것이 자녀 훈련의 궁극적인 목표이다. 아이는 스스로 통제하도록 배워야만 한다. 이것은 아이에게 부모의 외적인 통제가 더 이상 필요 없을 때 이루어진다. 아이는 또한 수용할 만한 행동의 기준을 배워야만 하고 기준들이 세워진 이유들을 배워야만 한다(잠 22:6).

* 자녀들이 명령을 이해할 수 있게 되면 바로 기준들이 자녀들에게 주입되어야 한다. 부모의 권위는 하나님에 의해 위임된 것이기에 부모

가 세운 기준은 하나님의 기준과 모순되면 안 된다(신 4:10; 6:6-7; 11:19). 아이가 기준을 깨뜨리면 부모가 책망하여 잘못한 것을 드러내야 한다.

* 부모가 자녀를 책망하는 것은 특정 행동이 잘못이며 받아들일 수 없다고 말하는 것이다. 책망은 죄를 드러내며 죄지은 사람을 정죄한다(요 3:20; 16:8; 엡 5:13).

* 죄는 감정적인 느낌이 아니고 잘못을 저지른 사실이다. 죄를 다루는 방법은 세 가지뿐이다. 잘못을 정당화하는 것. 죄를 다른 사람에게 전가하는 것. 해당 권위자에게 고백(인정 혹은 동의)하는 것. 고백은 죄의 파괴적인 효과를 제거하는 데 필수적이다. 불순종한 자녀들은 부모로부터 소외감을 느끼기에 교제가 회복되어야 하고 수용될 필요가 있다.

* 고백은 죄에 대한 정직한 인정이다(레 26:40a; 시 32:5). 자녀가 자신의 죄를 고백하고 부모가 용서하면 영혼이 씻기어지고 처벌을 받아들일 준비가 된다. 자녀의 죄 고백은 부모쪽에서 분노가 쌓이는 것을 막아주며 자녀의 불순종을 용서할 수 있게 해준다.

* 자녀가 죄를 고백한 후에는 즉각적이고도 무조건적으로 용서가 이루어져야만 한다(사 43:25; 렘 31:34b; 요일 1:9). 부모는 사랑으로 자녀에게 용기를 주고 용납이 회복되어야 한다. 용서는 아이의 영혼에 있는 죄의 영향력을 지속적으로 제거한다. 아이는 이제 훈련과정의 마지막 단계인 처벌에 대한 준비가 되어있다.

* 처벌은 잘못에 대한 보상으로 벌을 주는 것이다. 올바른 벌칙은 잘못된 행동에 대한 동등한 보상을 요구하는 것이다(레 24:17-22; 롬 13:4).

자녀가 깨어진 기준에 대한 벌칙을 받을 때 그는 죄로부터 완전히 자신의 영혼을 씻는다.

결론

본서는 자녀 훈련에 대한 성경적인 개념과 원리를 가능한 한 철저하게 설명하고자 했다. 자녀 훈련에 대해서는 다음과 같은 분야에서 상당히 많은 책들이 쓰여졌다. 적극적인 도덕 교육, 자녀들에게 하나님에 대해서 가르치기, 아빠와 엄마의 특정한 역할을 인식하기, 교회와 관련해서 부모의 우선성, 결혼, 일. 그러나 이러한 주제들이 논의되기에 앞서 자녀들을 통제하고 가르치는 기본적인 기술에 대한 기초가 마련되어야만 한다.

이 책의 내용의 대부분이 오늘날 가르쳐지고 있는 많은 이론들과는 매우 다를 뿐만 아니라 새로운 것일지도 모른다. 당신이 지금 그 모든 내용들을 이해하지 못한다 할지라도 실망하지 말아라. 이 책을 다시 읽으면 전체 체계가 당신에게 더 분명해질 것이다. 어떤 독자들은 자녀를 성공적으로 훈련시킨 성숙한 크리스천 지도자 밑에서 스터디 그룹으로 이 책을 공부하면서 유익을 얻을 수 있다. 매년 혹은 2년마다 이 책을 다시 읽은 부모들은 자녀 훈련에서 가장 성공한 사람들이었던 것 같다. 자녀들은 매년 자라고 변화한다. 지금은 그 목표가 눈에 보이지 않지만 내년에는 분명해질 것이다.

당신이 배운 지식은 당신이 자녀를 다룰 때 분명한 확신을 줄 수 있어야만 한다. 당신은 이전보다 더 당신의 권위적인 위치에 대해 안전감을 느껴야 한다. 당신은 공평과 정의의 기준에 바르게 기초하여 당신 자녀들에게 균형 있는 사랑을 표현할 수 있어야 한다. 당신은 이제 제한과 징계를 통해서도 사랑을 표현하는 법을 알게 되었다.

다음 부록은 자녀 훈련에 필요한 정보를 제공한다. 서론에서 얘기하였듯이 부록 A는 성경을 자녀 훈련에 대한 정보의 최선의 원천으로 받아들이는 것에 대한 기본적인 전제를 제공한다. 부록 B는 자녀 훈련에 실패했다고 생각하는 부모와 자녀 훈련에 어려움을 겪는 부모들을 위해 실제적인 정보를 제공한다.

부록 C는 이 책의 기초가 되는 연구사례이다. 부록 D는 십대에 관련된 특별한 정보이다.

44) 옥스퍼드 영어사전
45) 제레미 리스킨과 테드 호워드 "주님을 찬양하라-복음을 전파하라". Politics Today. 1979.9-10월호 p.53
46) 옥스퍼드 영어사전
47) "복수자, 처벌하는 사람"을 뜻하는 그리스어 ekdikos는 "~로부터"를 의미하는 전치사 ek와 "공의, 정의"를 뜻하는 "dike"의 합성어이다. 따라서 "정의나 진리를 행하는 사람"이라는 의미를 갖는다.
48) 그리스어 orge "화냄, 성냄"은 영어로 "분노, 진노"로 번역된다. 그 단어는 하나님 혹은 하나님이 제정하신 권위자에게만 제한되어 사용된다(눅 21:23, 요 3:36, 롬 1:18, 2:5, 13:4, 계 6:17). orge는 명백하고 완전한 행동을 나타내며 대부분의 경우 "처벌"로 가장 잘 표현된다.(Ibid)
49) 그리스어 prasso "하다, 실천하다"(Ibid)
50) 그리스어 poieo "행동, 행위를 하다", "성취하다". poieo는 일회적 행동을 지시하는 반면에 prasso는 연속된 행동 즉 습관을 의미한다.
51) 그리스어 katos "나쁜, 그른"은 하나님이 인간에게 주신 법을 위반하는 것이다.
52) 옥스퍼드 영어사전
53) 주 48 참조
54) 그리스어 parabasis "침범, 일탈"은 "옆"을 뜻하는 전치사 para와 "한 계단"을 뜻하는 basis의 합성어로 일반적 의미는 "옆으로 한 걸음 내딛다"이며 비유적으로는 "기준이나 법률을 깨뜨리다"는 의미로 사용된다(롬 5:14, 딤전 2:14).(FBR)
55) 그리스어 ellogeo "책임을 진다" "안, 속"이라는 전치사 en과 "말씀"이라는 legeo의 합성어이다.(Ibid)
56) 그리스어 erethizo "마음을 상하게 하다, 격동시키다, 흥분시키다, 부정적 감각으로 자극하다". 분노의 전환을 함축한다. erethizo는 문맥상 그런 자극의 결과를 강조하는 "좌절되다" "내적 분노"라는 의미의 단어인 athumeo에 따라온다.
57) 그리스어 parorgizo "분노케 하다, 자극하다"는 "옆에"라는 뜻의 para와 "분노"라는 orgizo의 합성어이다. orgizo는 "활력과 혈기가 용솟음침"이라는 orgao에서

나왔다고 믿어진다. 고대문헌에서 orgizo는 맹목적 사고와 조절되지 않은 행동을 표현하는 데 사용되었다. parorgizo는 "분노로 정신을 잃다"는 의미가 되었다. parorgizo의 이인칭 복수 현재 부정 명령은 "격분하지 말라" 혹은 "자녀를 격분시키지 말라"는 의미가 된다.(Ibid)

58) 옥스퍼드 영어사전
59) 옥스퍼드 영어사전
60) 옥스퍼드 영어사전
61) FBR "아동양육" 레 26:40-41주석
62) 그리스어 homologeo "고백하다"는 "같은, 함께"라는 homos와 "한 말씀"이라는 logeo의 합성어이다. 따라서 "함께 말하다, 인정하다, 고백하다"라는 의미가 된다.(FBR)

제멋대로인 요즘 아이, 말씀으로 양육하라
What the Bible Says About Child Training

부록

APPENDICES

부록
인간을 위한 정보의 원천으로서의 성경

다음 내용은 저자가 왜 성경을 인간이 따라야만 하는 진리라고 보는지를 설명하고 성경을 이 책의 기본적인 전제로서 받아들인다.

하나님은 존재하신다.

창 1:1 "태초에 하나님이 천지를 창조하시니라"
시 90:2 "산이 생기기 전 땅과 세계도 주께서 조성하시기 전 곧 영원부터 영원까지 주는 하나님이시니이다"

성경은 하나님의 존재를 설명하거나 증명하려고 시도하지 않는다. 그것은 진리로 선포하고 있다. 그러므로 이 책은 이러한 절대성으로 시작한다. 하나님의 존재는 확실한 진리이다. 성경은 더 나아가서 어떤 인간도 하나님이 존재하신다는 사실을 인정하지 않을 수 없다고 진술하고 있다.

롬 1:19-20 "이는 하나님을 알 만한 것이 저희 속에 보임이라 하나님께서 이를 저희에게 보이셨느니라 창세로부터 그의 보이지 아니하는 것들 곧 그의 영원하신 능력과 신성이 그 만드신 만물에 분명히 보여 알게 되나니 그러므로 저희가 핑계치 못할지니라"

인간은 하나님을 거부하려고 할지도 모르나 결코 하나님의 존재하심에 대한 지식을 거부할 수는 없다. 이 구절은 하나님이 이성적으로나 경험적으로 인간에게 자신을 알리셨다는 것을 계시한다. 하나님께서는 하나님의 존재하심에 대한 지식을 인간의 이성 안에 집어넣으셨다. 창조의 질서와 일관성은 창조주 하나님에 대한 경험적인 증거를 명확하게 드러내주고 있다. 창조주로서의 하나님의 존재에 대한 지식을 받아들이면 논리적으로 다음의 사고로 이어지게 된다.

◎ 인간은 하나님의 피조물로 존재한다.

창 1:27 "하나님이 자기 형상 곧 하나님의 형상대로 사람을 창조하시되 남자와 여자를 창조하시고"

피조물인 인간은 창조주이신 하나님께 의존한다. 창조주로서 하나님은 당신의 피조물에 책임을 갖고 계신다. 피조물을 존재케 하시고 피조물의 필요를 채워주시지 않는다면 무책임한 행동일 것이다. 하나님은 당신의 피조물을 돌보시고 당신의 피조물에 완전한 책임을 감당하고 계신다. 그분은 인간의 필요를 제공하셨다.

◎ 하나님은 인간의 물리적인 필요를 제공하신다.

창 1:28 "하나님이 그들에게 복을 주시며 그들에게 이르시되 생육하고 번성하여 땅에 충만하라, 땅을 정복하라, 바다의 고기와 공중의 새와 땅에 움직이는 모든 생물을 다스리라 하시니라"

'정복하라' 로 번역된 히브리 단어는 '발로 짓밟아라, 지배하라' [63]는 의미이며 '다스리라' 로 번역된 단어는 '통치하다' [64]는 의미이다. 인간은 땅의 모든 생물을 다스리라는 명령을 받았다. 인간은 땅의 모든 자원을 통제하고 사용하라는 명령도 받았다. 인간의 물리적 필요에 대한 하나님의 공급하심은 공기, 물, 땅, 식물, 생물 들뿐 아니라 인간의 생존에 필요한 기후적인 영역까지도 포함하는 전 우주적인 것이다. 물리학자는 인간이 생존할 수 있는 환경영역이 매우 협소하다는 것을 알며 인간의 모든 신체적 필요를 충족시킬 수 있도록 하기 위해 그것이 얼마나 완벽하게 마련되었는지를 알고 있다.

인간은 단지 물리적인 우주에서만 존재하는 물리적인 피조물이 아니다. 인간은 또한 영혼의 피조물이다. 따라서 인간은 단지 물리적인 필요만이 아니라 영과 혼의 욕구가 있다. 피조물에 대한 완전한 책임을 감당하시는 하나님께서는 인간의 물리적인 필요에 대해서 완전하게 공급하셨던 것과 마찬가지로 인간의 영적, 혼적 필요에 대해서도 공급하신다.

하나님은 인간의 영적, 혼적 필요를 공급하신다.

마 4:4 "예수께서 대답하여 가라사대 기록되었으되 사람이 떡으로만 살 것이 아니요 하나님의 입으로 나오는 모든 말씀으로 살 것이라 하였느니라"

빵은 하나님의 물질적인 공급을 상징하는 반면 하나님의 말씀은 인간의 영적, 혼적 삶에 대한 공급이다. 하나님의 말씀은 인간에게 유익이 되도록 제공되었다. 그것은 하나님의 신실하심과 정의에 따라 기록되었고 보존되었다. 하나님께서 당신의 피조물을 돌보시기 때문에 하나님은 인간이 사는 데 필요한 모든 것을 공급하신다. 즉 물질적으로뿐 아니라 영적으로 풍성한 삶을 살도록 하신다.

인간은 하나님에 의해서 물리적인 우주를 지배하고 생물들을 다스리는 능력을 부여받았다. 인간은 힘과 재능을 부여받았지만 무엇보다도 정신적인 능력을 갖게 되었다. 이러한 정신능력으로 인간은 스스로 하나님이 우주를 통치하시는 원리를 발견할 수 있었다. 인간은 이런 자연 법칙을 관찰함으로써, 다시 말해서 과학적 방법을 통해 물리적 우주에 대한 지식을 점차 획득해 왔다. 지질학, 천문학, 물리학, 수학은 참된 과학의 사례들이다. 반대로 인간의 영혼을 지배하는 원리들은 물리적 자연의 법칙이 아니어서 인간의 정신능력을 통해서 발견될 수 없다.

인간은 자신의 영혼을 이해하고 다른 사람과 관계하는 법을 알며 물리적 우주와 적절한 관계를 갖는 법을 알아야만 한다. 인간이 하나님의 계시와 상관없이 자신의 정신능력으로 영혼에 대한 정보를 발견하려고 할 때 자신의 능력은 관찰과 이성적 추리에 제한된다. 그러므로 인간은 영혼의 문제에 대한 답을 찾고 영혼의 문제를 해결하기 위해서 심리학, 사회학, 인류학과 같은 유사과학을 만들어 낸다.

인간은 창조주 하나님과의 영적관계를 이해해야만 한다. 인간은 자신이 어디서 왔으며 어디로 가는지, 인간은 누구인지, 왜 존재하는지를 알아야만 한다. 자신의 기원과 운명과 목적을 알지 못하면 인간은 비록 신체적으로는 살아있다 할지라도 인생의 방향을 찾지 못하고 방황하게 된다. 인간이 하나님의 계시를 떠나 자신의 지적 능력으로 영적 지식을 발견하려고 할 때 그는 철학과 종교와 같은 인간 중심적인 여러 가지 형태의 유사 지식(진리가 아니면서 진리인 듯 보이는 지식)을 발전시킨다.

영혼의 지식에 대해서 인간은 전적으로 하나님께 의지한다. 인간은 하나님이 제공하신 지식을 떠나서는 영혼을 지배하는 원리들을 발견할 수 없다. 하나님의 말씀은 인간이 가질 수 있는 어떠한 사상과 비교할 수 없을 정도로 우월한 것이다.

하나님의 생각은 인간의 생각보다 우월하시다.

> 사 55:8-9 "여호와의 말씀에 내 생각은 너희 생각과 다르며 내 길은 너희 길과 달라서 하늘이 땅보다 높음같이 내 길은 너희 길보다 높으며 내 생각은 너희 생각보다 높으니라"

하나님의 생각은 인간의 능력을 훨씬 초월하신다. 인간이 교만하게 자신의 관점으로 하나님의 말씀을 의심하는 것은 어리석은 것이다. 하나님은 선언하셨다.

잠 28:26a "자기의 마음을 믿는 자는 미련한 자요"

하나님이 어떤 주제에 대한 지식을 제시하실 때는 자연스럽게 그것이 인간의 사고체계와 갈등을 일으킬 것이다. 하나님의 말씀에서 벗어난 인간의 철학, 심리학, 사회학, 종교는 하나님의 생각보다 열등한 사상을 체계화하려는 무지한 인간의 시도이다. 그러한 사고 체계는 그것에 의해 하나님의 말씀을 평가하는 것이 아니라 그것이 하나님의 말씀에 의해 평가되어야 한다.

모든 인간의 견해는 그러한 인간의 사고체계와 자신의 경험을 결합한 것이다. 성경적인 입장이 제시하는 바에 의하면 독자들은 하나님의 말씀으로 자신의 현재 견해를 객관적으로 평가해야 할 필요가 있는 것이다.

성경은 하나님의 말씀이다.

성경은 그 자체가 하나님의 말씀임을 선언한다.

딤후 3:16 "모든 성경은 하나님의 감동으로 된 것으로 교훈과 책망과 바르게 함과 의로 교육하기에 유익하니"

벧후 1:20-21 "먼저 알 것은 경의 모든 예언은 사사로이 풀 것이 아니니 예언은 언제든지 사람의 뜻으로 낸 것이 아니요 오직 성령의 감동하심을 입은 사람들이 하나님께 받아 말한 것임이니라"

하나님은 당신의 말씀을 당신의 유익을 위해서가 아니라 인간의 유익을 위해 기록되도록 하셨다. 그것은 영혼의 원리를 담고 있는 완전한 교훈집이다. 따라서 인간은 자신의 도덕적·영적 문제에 필요한 지식을 찾기 위해 성경을 볼 수 있다. 성경은 영원한 구원에서부터 인생의 모든 실제적인 문제에 이르기까지 인간의 모든 비물질적인 문제에 대한 답을 갖고 있다. 그것은 인간이 날마다 성공적인 삶을 살 수 있게 하는 도덕적, 영적 지식의 유일하고 참된 원천이다. 하나님의 말씀은 인간에게 유익하기에 그것은 이해되어야만 한다.

🌀 인간은 하나님의 말씀을 이해해야만 한다.

신 29:29 "오묘한 일은 우리 하나님 여호와께 속하였거니와 나타난 일은 영구히 우리와 우리 자손에게 속하였나니 이는 우리로 이 율법의 모든 말씀을 행하게 하심이니라"

하나님은 무한하시고 전지하시다. 하나님은 유한한 인간에게 당신의 모든 지식을 계시하신 것은 아니지만 그분이 계시하신 것은 이해될 수 있고 유용한 것이다. 하나님의 지식은 그 의미를 부지런히 찾는 사람들에게 유용하며 그 가르침을 받아들이는 사람들에 의해 성공적으로 사용될 수 있다. 하나님은 인간으로부터 당신의 영적·혼적 공급을 숨기지 않으셨다. 하나님의 말씀은 신뢰할 만하고 증명할 수 있는 진리이다.

🌀 하나님의 말씀은 진리이다.

요 17:17b "아버지의 말씀은 진리니이다"

하나님이 거짓말하시는 것은 불가능하다(히 6:18). 성경은 예측가능한 결과로 실제 적용될 수 있는 참된 원리들(혹은 율법)을 제시한다. 물리적 법칙을 깨뜨리면 자연적으로 따르는 결과가 있는 것이 확실하듯이 영혼의 법칙을 지키거나 깨뜨릴 때도 그에 따르는 분명한 결과가 있다. 사람들은 중력의 법칙을 어기면 대가를 지불한다는 것을 알면서도 종종 어리석게도 영혼의 원칙을 아주 멋대로 어긴다. 물리적 법칙을 잘 관찰하면 결과를 예측할 수 있고 인간에게 유익하다. 영혼의 원리들도 잘 관찰하면 일관성 있고 유익한 결과를 얻을 수 있다. 하나님의 말씀은 진리를 지키거나 혹은 어기는 경우의 자연적인 결과를 선언하고 있다.

◎ 진리를 지키면 축복이 오고 진리를 어기면 저주가 온다.

신 28:1-2 "네가 하나님 여호와의 말씀을 삼가 듣고 내가 오늘날 네게 명하는 그 모든 명령을 지켜 행하면 네 하나님 여호와께서 너를 세계 민족 위에 뛰어나게 하실 것이라"

신 28:15 "네가 만일 네 하나님 여호와의 말씀을 순종하지 아니하여 내가 오늘날 네게 명하는 그 모든 명령과 규례를 지켜 행하지 아니하면 이 모든 저주가 네게 임하고 네게 미칠 것이니"

신 30:19b "내가 생명과 사망과 복과 저주를 네 앞에 두었은즉 너와 네 자손이 살기 위하여 생명을 택하고"

수 1:8 "이 율법책을 네 입에서 떠나지 말게 하며 주야로 그것을 묵상하여 그 가운데 기록한 대로 다 지켜 행하라 그리하면 네 길이 평탄하게 될 것이라 네가 형통하리라"

이런 구절들은 분명히 하나님의 말씀을 배우고 따르는 것이 인간에게 유익이 된다고 말하고 있다. 본서는 부모와 자녀들이 하나님이 약속하신 축복을 경험할 수 있도록 성경이 자녀 훈련에 대해서 계시하는 원리를 제시하였다. 자녀 훈련은 영혼의 훈련이며 따라서 성경은 이 주제에 대해 인간이 의지할 수 있는 유일한 원천이다.

부록 B
실패한 부모를 위한 희망

    이 책은 유아때부터 자녀를 훈련하는 관점에서 쓰여졌다. 자녀 훈련에 대한 하나님의 지침은 자녀가 아주 어릴 때부터 하나님의 말씀에 순종하려고 하는 부모에 의해 사용되어지도록 완벽한 체계로 고안되었다. 불행하게도 많은 부모들이 자녀가 십대가 될 때까지 이러한 지식이 필요하다는 것을 깨닫지 못하고 있다.

    그러나 만일 당신의 자녀가 이미 성장하였고 지금 와서 과거의 잘못을 깨달았다면 어떻게 하는가? 당신의 현재의 지식을 어떻게 극복할 수 있는가? 만일 당신이 혼자서 자녀를 훈련할 수밖에 없는 편부모라면 어떻게 하겠는가? 혹은 만일 당신의 자녀가 이미 반항적이고 다룰 수 없는 십대이며 시간이 없다면 어떻게 하겠는가? 이러한 상황에 있는 부모들에게도 어떤 희망이 있는가?

    하나님의 성품과 인간을 향한 그분의 은혜로운 계획을 알면 이러한 질문에 대한 답을 찾을 수 있다. 하나님의 자연법칙을 어기면 하나님의 초자연적인 간섭만이 자연적인 결과를 피할 수 있다. 만일 어떤 사람이 10층 빌딩에서 뛰어내리면 기적 이외에는 그 결과를 피할 여지가 없을 것이다. 다행히도 하나님은 기적을 역사하신다. 그분만이 깨어진 심령을 치유하실 수 있고 잃어버린 아들에 대한 어머니의 기도에 응답하실 수 있다. 하나님은 수년 동안 부정적인 자녀 훈련으로 손상된 가족을 치유하고 회복시키실 수 있는 은혜의 하나님이시다. 다양한 사례들이 가능성을 설명해준다.

이미 가정을 떠나 지금 자신의 이기적인 모습의 열매를 거두고 있는 훈련되지 않는 자녀의 상황은 절망적으로 보인다. 그런 아이의 엄마나 아빠는 확실히 하나님의 법칙(잠 10:1b ; 17-21; 29:15b)을 준수하지 않은 자연적인 결과인 저주받음의 고통을 겪을 것이다. 그 아이는 또한 자신을 잘 훈련시키지 못한 부모 때문에 고통을 받는다.

> 렘 31:29b "아비가 신 포도를 먹었으므로 아들들의 이가 시다하지 아니하겠고"

그러나 일단 아이가 부모의 권위를 떠나면 그는 완전히 자기 자신의 행동에 책임을 지게 된다.

> 렘 31:30 "신 포도를 먹는 자마다 그 이가 심같이 각기 자기 죄악으로만 죽으리라"

하나님은 공의로우시기 때문에 실패한 부모들도 계속 희망을 가질 수 있다. 그들은 훈련되지 않은 자녀들이 가정을 떠난 후에 하나님이 자신의 행동에 책임을 지는 개인으로 그 아이를 다루실 것이라는 것을 신뢰할 수 있다. 하나님은 인간의 권위들과 (부모 이외의 다른) 인생의 압력을 통해 훈련되지 않은 자녀를 훈련시키실 것이다. 이러한 상황에 있는 부모들은 자녀 훈련을 하지 못한 죄를 하나님께 고백할 수 있고 그분의 완전한 용서를 받을 수 있다. 그들은 또한 자녀들이 하나님께로 돌아와서 하나님의 훈련을 받아들이도록 기도할 수 있다. 내가 집을 떠난 후에 나의 사랑하는 어머니는 내가 마침내 하나님의 압력에 굴복하여 그분이 나의 쓰레기 같은 인생을 변화시키도록 맡길 때까지 10년 이상을 기도하셨다.

다음의 사례는 자녀를 혼자 훈련시켜야만 하는 편부모(부모 중 한 명만 있는 경우)이다. 이 부모는 하나님이 정상적인 가정을 위해 계획하신 자녀 훈련을 위한 원칙을 지속적으로 따르는 것과 함께 하나님의 초자연적인 도우심에 많이 의존해야만 한다. 많은 편부모들이 그런 심각한 장애상황 속에서도 성공적으로 자녀를 훈련시킬 수 있었다.

그런 상황에 있는 부모는 다른 모든 부모들과 마찬가지로 성경을 잘 가르치는 교회에 참석하여 하나님의 성품에 대해 배우고 영적으로 성숙하게 자라야만 한다. 편부모는 사립학교처럼 확고한 행동규칙을 일관성 있게 집행하는 학교에 자녀를 보낼 수 있다. 편모는 아빠의 역할을 대신할 강한 지도력을 가진 학교와 교회를 찾아야만 한다. 무엇보다 그런 부모는 하나님의 자녀 훈련 체계를 따라야 하고 그 부족한 부분을 메우기 위해서 하나님께 의지해야만 한다. 그분의 말씀은 하나님께서 아버지 없는 자들의 아버지가 될 것이라고 약속하신다(시 10:14; 68:5 ; 146:9). 그분의 은혜는 편부모의 연약함을 위해 능력을 제공하시기에 충분하다(고후 12:9).

마지막으로 부모들은 때때로 그들이 실패하고 있으나 아이들은 여전혀 편하게 느끼고 있다고 생각한다. 아이가 거칠고 겉으로 통제할 수 없는 여덟 살 된 아이일 수도 있다. (사람들은 그런 아이들을 "활동적"이라고 부르지만 아직 심리적인 문제가 있는 것은 아니다. 그런 아이들의 대부분은 단지 자기들의 죄성에 따라 멋대로 움직이는 것이다.) 반면에 아이가 한 번도 통제를 받아본 적이 없어서 만일 부모가 이러한 훈련체계를 시행하려고 하면 집을 나갈지도 모르는 반항적인 아이일 수도 있다.

몇 년 전에 나는 작은 기독교 학교의 교장이었다. 21명의 학생들 중에는 활동적이라고 진단받은 일곱 살 난 남아와 진정제로 다스려져야 할 뿐 아니라 아동심리학자와 상담하고 있는 열 두 살 된 여아가 있었다. 학교에서 두 달간 하나님의 원리를 꾸준히 적용한 후에 남아는 조용해졌고 교실에서 다룰 수 있게 되었으며 심리학자는 그 여아에게 진정제를 놓지 않게 되었고 아이 아빠에게 더 이상 상담이 필요 없게 되었다고 말했다. 이외에도 다른 성공적인 경험을 갖고 있지만 그럼에도 불구하고 나는 부모만이 자녀를 적절히 훈련시킬 수 있다는 것을 깨닫게 되었다. 학교는 단지 집에서 가르쳐진 것을 지원할 수 있을 뿐이다. 학교가 부모를 대체할 수는 없는 것이다.

훈련되지 않은 십대 이전의 아이들을 둔 부모들은 자녀들을 통제하고 가르칠 수 있는 시간이 아직 있는 것이다. 그러나 훈련 과정을 강화하는 것이 필요할 것이다. 그런 자녀들의 부모들은 이 책에 있는 내용들을 철저히 공부해야 하며 불가피하게 발생하는 갈등에 대해 준비가 되어있어야 한다. 부모들은 가능한 한 빨리 자녀들이 순종적이 되도록 자녀에 대한 전체적인 통제권을 확고하고도 일관성 있게 확보해야만 한다.

이러한 곤경에 빠진 부모들을 격려하기 위해 생생한 사례를 들어보기로 하자. 아내와 나는 하나님으로부터 지적이고 고집 센 아들을 축복으로 받음과 동시에 도전을 받았다. 그는 두 살 때 쓰레기통에서 모든 쓰레기를 꺼내놓기를 좋아한 아이였다. 물론 그것은 엄마가 참을 수 없는 행동이었고 그래서 아내는 그렇게 하지 못하게 하였다. 그러나 아이는 너무 고집이 강해서 자기 장난이 발각되었을 때 저지당하기 전에 쓰레기를 발작적으로 뒤집어 꺼내놓았다. 그는 심지어는 엄마가 주으려고 하면 소리를 지르며 깡통을 움켜쥐었다.

그의 반항은 여덟 살 때까지 계속되었다. 그 때까지 그는 자신의 반항을 위장하고 들키지 않는 데 성공한 거짓말쟁이가 되었다. 우리는 다른 부모들이 생각했을 법한 모든 것을 시도해 보았다. 자기 방에 가두어 놓고 아이의 특권을 빼앗았고 반복적으로 위협해 보았다. 할 수 있는 모든 잘못된 방법은 다해 보았다. 아무리 해도 효과가 없는 것 같았고 아이는 점점 더 순종하지 않게 되었다. 그때는 우리가 성경적인 자녀 훈련에 대해서 아무 것도 몰랐을 때였다.

마침내 학교에서 일이 벌어졌다. 아들은 선생님이 내준 독서보고서를 쓰고 싶지 않아서 그는 자기 책장에 숙제를 감추고는 우리에게는 숙제가 없다고 했고 선생님에게는 보고서를 잊고 집에 두고 왔다고 말했다. 선생님이 우리에게 문제를 통보해주었다. 그 때까지 아들은 이미 3개의 보고서를 그렇게 처리했다. 우리는 당시에 하나님의 말씀을 몰랐지만 아들이 계속 게으르고 거짓말을 하게 해서는 안 된다는 것을 알았다.

마침내 우리는 그의 거짓말과 게으름을 체벌하고 더 긴 보고서를 잘 쓰도록 처벌하였다. 아무리 오래 걸려도 그는 3개의 보고서를 다

쓰고 우리에게 허락받을 때까지는 아무 것도 할 수 없었다. 우리는 선생님에게 새로운 숙제가 있을 때마다 우리에게 알려달라고 요청했다. 우리 아들은 방과후 잘 때까지 공부해야 했고 모든 보고서를 마칠 때까지 매 주말에도 공부를 했다. 그것은 매우 엄격하게 집행되었다. 두 주 동안 아이가 울고불고 하면서 우리에게 죄책감을 주려고 시도했지만 그는 마침내 순종했다. 그는 모든 보고서를 완성했고 덧붙여서 보고서를 쓰고 연구하는 것이 즐겁다는 것도 알았다. 그는 다음과 같은 편지를 썼다.

친애하는 엄마와 아빠에게

부모님이 저를 사랑하기 때문에 돌보아 주시고 처벌하시는 것이기에 나는 부모님을 매우 사랑합니다.

추신 : 사랑합니다.

론

이러한 갈등이 있은 후에 우리 아들은 매우 순종적이 되었다. 완전하지는 않지만 우리의 의지를 따른다. 그는 고등학교를 졸업하고 대학을 월반하여 컴퓨터 프로그램 부서의 지배인이 되었고 지금 매우 정직한 사람이 되었다.

'나쁜 종자' 같은 것은 없다. 만일 당신이 자녀를 통제하려고 한다면 하나님의 권세를 사용하고, 하나님의 훈련 원리를 적용할 때 일관성이 있으면 당신은 반항적인 아이의 의지를 지배할 수 있게 될 것이다. 그러나 강경한 십대(압력이 심해질 때 가출할 정도로 나이가 든 아이들)의 부모들은 자녀를 통제할 수 없을지도 모른다. 사실 만일 부모들이 반항하는 십대를 부모의 권위에 굴복시킬 수 없다면 하나님께서 징계하시도록 맡겨드려야 할지도 모른다.

자녀를 순종하게 하거나 집을 떠나게 만드는 극적 행동을 취할 수밖에 없는 부모들은 자녀가 직면하고 있는 것이 무엇인지를 확실히 인식시켜야 한다. 부모들은 자녀에게 징계와 같은 미래의 고통을 잘 인식할 수 있도록 그가 직면할 시험이 하나님으로부터 올 것이라는 것을 경고해야만 한다. 이러한 형태의 경고의 사례는 〈로빈슨 크루소〉라는 책의 출판되지 않은 편집란에 게재되었다.

첫 장에서 크루소의 아버지는 그에게 바다에 가지 말라고 경고했다.

"그는 나에게 형이 한 일을 말해주었다. 그는 형에게 Low Country 전쟁에 참여하지 말라고 간곡히 설득하였으나 설복시키지 못했고 형의 젊은 혈기는 군대로 달려가게 했고 거기서 그는 죽었다. 비록 아버지가 나를 위해 기도하기를 그치지 않겠다고 말씀하셨지만 만일 내가 이런 어리석은 짓을 한다면 하나님이 나를 축복하지 않으실 것이라고 말씀하셨다. 나의 회복을 돕는 사람이 아무도 없을 때 나는 아버지의 조언을 무시했던 일을 회상할 시간을 갖게 될 것이다."[65]

다음 장으로 이어지면서 "부모에게 불순종한 것에 대한 하나님의 섭리는 이제 나에게 미쳐서 나는 노예로 팔렸다…"[66]

책 전체는 부모에게 반항한 결과 엄청난 압력으로 고통받은 어떤 사람의 이야기를 말하고 있다. 그것은 또한 크루소가 하나님께 돌아왔을 때 하나님께서 어떻게 그런 고통들을 축복으로 바꾸어 주셨는지를 보여주고 있다.

앤 랜더에게 보내는 다음 편지는 그 가정에서 발생한 비극적 상황으로부터 긍정적인 결과를 보여주고 있다.

친애하는 앤: 나는 "심령이 상한 부모들"로부터 온 편지에 답을 해야만 합니다. 그리고 나는 내가 내버려져야 했던 아이였기 때문에 상담할 자격이 있습니다.

그것은 내가 항상 싸우고 문제를 일으켰던 열 두 살 때 시작되었습니다. 열 여섯 살 때 나는 처음으로 체포되었고 그후 일곱 번 구속되었습니다. 나는 학교에 가기를 거부하였고 물고기가 물을 먹듯 술을 마셨으며 마약을 하고 식구들에게 골칫덩어리가 되었습니다. 여러 번 나는 엄마가 죽기를 바란다고 형에게 말했고 엄마에게는 개처럼 욕을 했습니다.

그 때 일이 벌어졌습니다. 엄마가 "나가버려!"라고 했고 내가 떠나자 엄마는 울었습니다. 나는 그 때 내가 엄마를 얼마나 마음 아프게 했는지를 깨달았습니다. 나는 살기 위해 일을 해야 했습니다. 나는 곧 일할 곳이 없는 것을 알게 되었고 그래서 마약에 빠졌습니다. 이런 사람들은 정말이지 처참합니다. 얼마 있다가 나는 정신을 차리고 식구들을 보러가기로 했습니다. 엄마와 형이 내가 다시 가족의 일부가 된 것이 자랑스럽다고 말했을 때 내 마음은 녹아내렸습니다. 아빠는 내가 결국 진짜 남자가 되었다고 말하심으로 나에게 가장 좋은 칭찬을 해주셨습니다.

이 모든 일은 엄마가 나를 성장하도록 하셨기 때문에 이루어졌습니다. 그것은 눈물과 고통의 18년, 짐을 싸고 가출한 어느 날, 고통의 1년(나와 엄마 모두에게), 그리고 우리가 지금 나누고 있는 아름다운 삶을 건설하기 위한 3년의 세월. ―사랑, 존중, 감사.

친애하는 앤: 1976년 3월 우리는 아들의 18번째 생일날 그를 집밖으로 던져버렸습니다. 우리는 그가 자기를 파괴하는 것을 6년간 지켜보았습니다. 그는 1년 동안 도박하는 데 정신이 나갔습니다(수업료는 6200달러). 우리는 마침내 그가 원한다면 자기의 인생을 황폐화시킬 권리가 있다고 결정했으나 그가 도박을 하는 한 그를 지원하지 않았습니다.

우리는 그의 분노에 직면하였고 그가 친구들과 함께 있는 한 돈을 주지 않았습니다. 우리는 심지어 그가 복지국에 신청하려고 했을 때도 양식에 서명해주지 않았습니다.

한번은 30마일 떨어진 병원에서 연락이 왔습니다. 누군가가 그의 커피에 환각제를 넣었습니다. 우리는 놀랐지만 그를 보러 가지 않기로 했습니다. 그 대신에 우리는 전화를 한 친구에게 그가 어리석고도 위험한 인생을 선택한 것이며 문제를 일으킬 때마다 그를 보러 달려가지는 않을 것이라고 말했습니다.

하나님은 우리와 함께 하셨습니다. 아들은 6개월간 지하철에서 구걸하고 잠자는 생활을 한 후 정신을 차리게 되었습니다.

지난 반 년간(이 기간 동안 그는 여러 번 자신이 소유했던 모든 것을 잃었다)의 생활, 그의 자존심의 상실과 모든 안전감의 부재를 회고한 몇 주 후 우리 아들은 이런 인생을 더 이상 살지 않기로 결정했습니다.

이 모든 일은 21,2년 전에 일어났습니다. 그는 군대에 갔고 진정으로 규율과 안정을 좋아합니다. 지금 그는 자신에 대해서 자부심을 느끼는 행복하고 건설적인 훌륭한 사람입니다. 그리고 나는 우리가 그를 집밖으로 던지도록 용기를 갖게 하셨던 하나님께 감사하고 있습니다.[67]

이러한 사례들은 실패한 부모들에게도 항상 소망이 있다는 것을 보여준다. 부모가 하나님의 말씀을 적용할 때 기적이 나타나는 소망이 있다. 하나님의 힘을 의지하고 자신의 연약함을 극복하기 위해 하나님을 신뢰하는 부모들에게는 소망이 있다. 하나님의 사랑이 잃어버린 젊은이를 찾아 그를 절대적인 공의로 다루실 것이라는 사실 속에 소망이 있다. 나는 탈선한 십대를 둔 부모들이 그들 지역의 Touglove Chapter의 모임에 참여할 것을 제안한다. 그것이 세속적인 조직이긴 하지만 그들은 권위 없는 부모 밑의 십대들을 어떻게 다루어야 하는지를 이해하고 있다.

부모들이 훈련되지 않은 아동을 통제하려고 하기 전에 어려운 갈등 기간에 직면하고 있다고 생각하는 부모들은 다음과 같이 해야 한다.

1. 이 책의 내용을 숙지하고 인용된 모든 성경구절들의 문맥을 읽는다.
2. 목표에 도달할 때까지 자녀를 훈련시키는 원리들을 일관성 있게 적용하기로 함께 헌신한다.
3. 하나님의 원리들을 올바로 적용할 때에 하나님의 기적적인 능력이 나타나는 것과 그분의 인격적인 인도하심을 기도한다.
4. 자녀들에게 부모가 하려고 하는 것을 정확하게 설명한다. 부모

가 하나님의 뜻을 따르지 않으면 자녀들에게 자신의 죄를 인정해야만 하며, 하나님 앞에서의 책무와 명령을 알려준다.

5. 실천하라!

하나님은 성공적인 부모에게 축복을 약속하신다.

잠 10:1a "지혜로운 아들은 아비로 기쁘게 하거니와"
잠 23:24-25 "의인의 아비는 크게 즐거울 것이요 지혜로운 자식을 낳은 자는 그를 인하여 즐거울 것이니라 네 부모를 즐겁게 하며 너 낳은 어미를 기쁘게 하라"
잠 29:17 "네 자식을 징계하라 그리하면 그가 너를 평안하게 하겠고 또 네 마음에 기쁨을 주리라"
잠 31:28 "그 자식들은 일어나 사례하며 그 남편은 칭찬하기를"

부록
아동과 관련된 희랍어 단어들

성경 단어의 의미를 결정하는 데 성경연구재단(FBR)이 이용하는 방법을 요약하면 이 부록 전체를 차지하게 될 것이다. 모든 절차들을 제시한 것은 아니다.

첫째, 아동과 관련된 주제영역의 의미론적 범위내에 있는 단어 목록을 영어 성경(킹제임스 역)에서 선별했다.

둘째, 영어단어에 대응하는 희랍어와 히브리어의 교차목록이 작성되었다.

셋째, 개별 단어와 그것의 문맥적 사용에 대한 연구가 이루어졌다. 단어가 사용된 모든 문장을 검토하였다. 형태론, 구문론, 관사의 사용, 다른 단어들과의 비교와 대조.

넷째, 자료에 근거하여 가설이 추출되었다.

다섯째, 풀리지 않는 문제들은 이후 분석을 위해 표시하였다.

여섯째, 같은 문맥에 함께 쓰인 의미론적 범위내의 여러 단어들은 상세히 분석하였다.

일곱째, 결과자료는 (필요시) 변경된 가설과 비교되었다.

여덟째, 단어의 어원 연구와 특수한 성경적 용법을 위해 사전을 탐색하였다. 이러한 단계의 결과는 넷째 단계에서 언급한 가설과 비교되었다. 이것은 성경적 자료로 사전 자료를 평가하기 위해 한 것이다. (사전 자료는 앞서의 인간적인 연구들이 성경이 그 단어의 사용에 대해서 말했어야 했던 것을 흐리지 않게 했다는 것을 확증하기 위해서 성경적인 자료보다 하위의 것으로 다루어졌다.)

아홉째, 가설적인 의미(혹은 파생된 성경적 의미)는 사전적 자료와 대조되어 검토하였고 파생어들이 평가되었다.

열째, 결론은 각 단어의 구체적인 성경적 의미와 연관해서 내려졌다.

열 한 번째, 아동에 대한 의미론적 영역 안에서의 단어들 사이의 연관성을 나타내기 위해 도표를 그렸다.

이러한 절차는 하나님의 말씀이 정확하게 전달하려는 것이 무엇인지를 더 잘 이해하고자 하는 진지한 학생들을 돕기 위해 마련되었다. 다음의 도표는 아동과 관련된 11개의 독특한 희랍어를 번역하기 위해서 신약에서 사용된 44가지의 영어단어를 보여준다.

◎ "아동"의 의미론적 영역에 있는 단어들

희랍어	영어번역(킹제임스역)
brephos	child, embryo, infant, babe
nepios	not speaking, babe, infant, child, minor, simple, unlearned.
teknon	child, son or daughter, descendants, people
teknion	little child, dear children
huios	son, descentant, disciple
pais	child, boy, youth, girl, servant, slave, mainster
paidarion	little boy, child, boy, lad
paidion	infant, baby, dear childern
paidiske	girl, damsel, maiden, female
korasion	girl, damsel, maiden
neaniscos	young man, youth, soldiers, prime of life

Related Words

aner	make adult, husband, human being, individual
teleios	brought to completion, fully accomplished, fully developed, complete, entire, full grown, ripe age, perfect, consummate, higher excellence

이 도표에서 볼 수 있듯이 영어 독자들은 원래 어떤 희랍어 단어가 사용되었는지를 알아내는 것이 불가능할 것이다. 또한 각 희랍어단어의 구체적인 의미를 분간하는 것도 어렵다. FBR은 이 단어들 사이의 차이를 결정하기 위해서 이 부록에서 요약된 절차를 적용할 수 있었다. 다음 도표는 아동에 대한 11개의 희랍어의 관계를 도식적으로 보여준다.

이러한 의미들은 각 단어의 가장 구체적인 뉘앙스를 반영한다. 실제 성경적인 용법에서 그 의미는 강조되지 않을 수도 있고 특정한 문맥에서는 가장 일반적인 의미로 사용될 수도 있다.

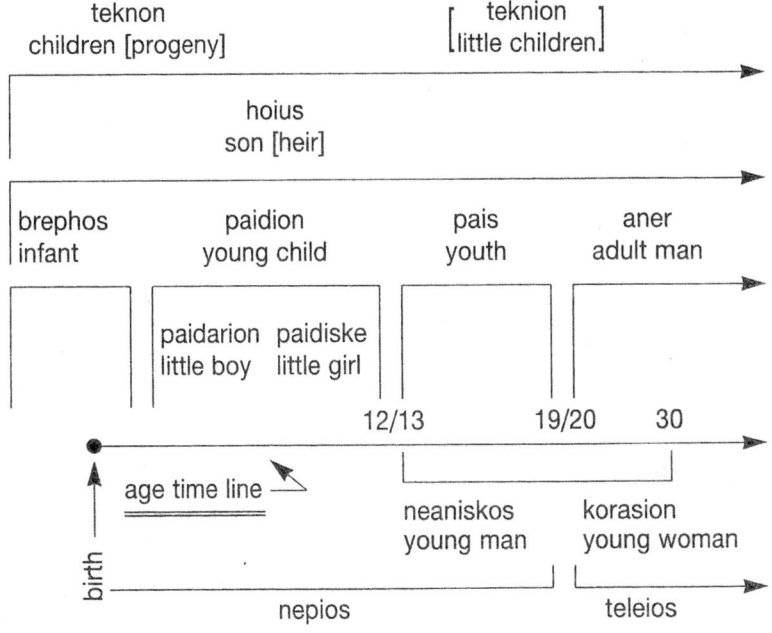

부록 D
십대들

십대라는 말은 아이도 아니고 성인도 아닌 그 사이에 있는 연령층을 가리킨다. 매우 다루기 곤란한 이 기간 동안 십대들이 소외감을 느낀다는 것은 이상한 일이 아니다. 지금부터 그들을 **어린 성인(young adults)**이라고 불러보자. 이것은 그들이 어디론가―성인기로―가고 있다는 것을 의미한다.

다음은 어린 성인을 둔 부모들에 대한 나의 개인적인 생각이다. 그들이 희망을 갖기를 바란다.

성숙을 개발시키는 법

1. 자녀들에게 실패할 여지를 충분히 남겨두어라. 그들의 세계가 실패로 입증되게 하지 말라. 어린 성인으로 하여금 실수하게 하고 자신의 잘못의 자연적인 결과를 체험하게 하라(물론 그것이 위험하지 않은 범위에서). 게으른 자녀는 수학시험에 떨어지게

하라. 교만한 자녀는 친구들 앞에서 기고만장할 때 어리석게 되게 하라. 고집 센 아이는 스스로 발에 걸려 넘어지게 하라. "자녀를 버릇없게 키우는" (즉 자녀를 실수하지 못하게 하고 실수했을 때 결과에 책임을 지지 않게 하고, 잘못을 하게 한 죄에 대해 변명하게 하는 것) 부모들은 실제로는 자녀들을 영구적인 미성숙자로 만드는 것이다. 나는 오늘날 자신의 행동에 책임을 지지 않는 수많은 성인들이 있다고 생각한다.

2. 아버지는 어린 성인 특히 소년들을 훈련시키는 데 적극적인 역할을 **해야만 한다**. 그들은 아버지의 지도와 용납이 절대적으로 필요하다. 아버지는 단지 문제를 교정하는 것만을 해서는 안 된다. 아빠들이여, 가능하다면 당신의 어린 성인을 전학시키지 말고 당신의 사업을 조절해 보라. 만일 당신의 십대가 친구로부터 떨어지고 새 교회에 적응하고 새 공립학교에 입학하여야 한다면 그들은 거의 방향감각을 잃게 될 것이다.

3. 긴 연설(반복적인 경고)을 하거나, 혹은 당신의 입장을 받아들이도록 협박하려고 하지 말라. 당신의 자녀들에게 비판적이 되거나 흠을 잡지 말라. 만일 그들이 불순종하면 그들을 처벌하되 때리지는 말라.

4. 당신의 어린 성인들과 **함께** 대화하라. 그들과 힘든 주제(술, 마약, 데이트와 구혼(68), 오락, 옷 등등)에 대해 토론하라. 당신의 직접적인 비판이나 교정 없이 그들이 생각하고 느끼는 것에 대해

자유롭게 말하도록 하라. 당신이 어린 성인의 이상한 견해에 모두 동의할 필요는 없고 단지 그들이 친구에게 말하듯이 표현하게 하라. 통제하는 것이 아니라 지도하는 것이 당신의 목표이다. 항상 가르치는 것보다는 질문하는 것이 당신의 어린 성인들로 하여금 자신이 진술한 견해를 생각해 보고 논리적인 결론에 도달하게 한다. 당신의 어린 성인이 집을 떠난 후보다는 지금 당신의 기준에 질문을 제기하는 것이 더 좋다.

5. (당신이 옳다고 할지라도) 항상 부정적으로만 말하지 말고 세상에서 벌어지는 것을 조롱하지 말라. 당신의 자녀들에게 그들이 보기에 그 뉴스에 대한 인본적인 관점이 왜 잘못된 것이며 특정 영화를 상영하는 것이 왜 잘못인지 말해보도록 질문하라. 어린 성인들이 스스로 사물을 분석하도록 가르치라. 설교하지 말고, 심지어는 말하지 말고 지도하라.

6. 모든 청년들은 부모로부터 경제적, 신체적, 정서적으로 완전히 독립하기 위해서 훈련되어져야만 한다. 그것은 자녀를 밖으로 밀어내는 것이 아니라 한 인간으로서 자신의 삶의 역할을 수행하도록 지도하는 것이다. 하나님은 남자가 가정을 보호하고 필요를 공급하고 지도하는 독특한 역할을 계획하신다. 아내를 소중히 여기는 것은 아버지에 의해 모방되어야 하며 어머니에 의해 존중되어야 한다.

　소년들은 12세 내지 13세에는 의미 있는 일을 해야만 한다. 즉 정원작업, 신문배달, 가게일 등등. 16세 내지 17세 청소년은 적어도 여름 동안에 여러 명의 상사를 위해 일하는 경험을 쌓아야 한다. (청소년은 자신의 인생에서 하고 싶지 않은 일을 빨리 배울 수 있다.) 이상적으로는 대학 등록금의 일부나 전부를 위해 일을 해야만 한다. 만일 당신의 아들이 대학에 갈 것이라면 그는 먼저 협회학위를 얻기 위해 시내에 있는 주니어 칼리지에 등록하기를 추천한다. 그리고 계속해서 집에서 산다. (특히 만일 이것이 세상을 처음으로 경험하는 것이라면) 이것이 크리스천 대학이라 할지라도 집을 떠나는 것보다 더 좋을 것이다.

만일 20세가 된 후 집에 머물고 전시간 학교에 있지 않다면 방값을 지불하게 해야 하며 책임감을 심어주고 자립심을 길러주어야 한다.

7. 젊은 여인들은 모두 성경적인 역할을 수행하도록 훈련되어야만 한다. 이 책의 원리로 양육된 젊은 여성들은 여성에 대한 세상의 기준을 좇는 데 불안해하지 않을 것이다. 그 대신 그녀들은 아버지의 지도력에 민감하고 자신의 인생에 대한 하나님의 뜻을 발견하는 데 예민하게 될 것이다. 우리는 소녀들이 독신이나 전문적인 직업인으로 부름 받지 않았다면 대학에 들어가기 위해 집을 떠나는 것을 권장하지 않으며 대학도 조심스럽게 선택해야 한다. 골로새서 2:8 "누가 철학과 헛된 속임수로 너희를 노략할까 주의하라 이것이 사람의 유전과 세상의 초등학문을 좇음이요 그리스도를 좇음이 아니니라"

헌신 : 최근 십대에 대한 국가적인 여론조사[69]는 소녀들의 86%가

결혼한 후에도 직장에 다니길 원한다고 하였고 7%만이 가정에 남기를 원한다고 하였다. 남자들은 58%가 자기 아내가 집밖에서 일하기를 원한다고 하였고 19%만이 집에 있기를 원한다고 하였다.

여성의 자유와 전통적인 남녀 역할에 대해 "정치적으로 정당한" 주장과 연구조사에서 대다수의 남성들은 아내가 일하기를 원한다는 사실에도 불구하고 여전히 1950년대의 결혼 양식이 보편화 되어야 한다고 믿는다는 것은 흥미 있는 일이다. 불행하게도 여성들은 직업을 갖도록 압도적으로 요구되었으며 결혼을 하거나 결혼생활을 유지하는 것에 대해서는 훨씬 덜 강조되었다. 이 조사에서 여성들은 확실하게 이미 "철학과 헛된 속임수와 사람의 유전과 세상의 초등학문"에 노략되었다.

8. 소년이나 소녀나 모두 그들이 성숙한 만큼 그들이 할 수 있는 모든 것을 스스로 하도록 요구되어야 한다. 이것은 자신의 방과 의복(세탁하고, 개고, 다리미질하는 것)을 정리하고, 청결과 집 수선 그리고 필요한 때는 가족의 재정을 돕는 일까지 포함한다. 아이가 청소년(어린 성인)이 되면 그는 다른 사람이 자신을 "돌보는" 것을 기대해서는 안 된다. 소년은 요리하고 수선할 수 있어야 하며 소녀는 회계장부를 정리하고 가계 예산을 다룰 수 있어야만 한다. 남성이든 여성이든 누구도 자신의 세속적인 필요를 돌볼 사람을 얻기 위해 결혼하려고 해서는 안 된다. 십대 초기까지 소년은 잠정적으로 계획된 인생의 방향을 설정해야 하고 교육을 통해 이 목표를 달성하기 위해 적극적으로 일해야 한다. 이런 계획은 지루하고 어려운 교육 분야를 밀고 나가도록 돕는 자

기 동기화를 창출한다.

9. 만일 당신이 자녀 훈련을 성공적으로 했다면 당신의 어린 성인은 세상의 훈련되지 않은 십대들에게 자신을 맞추려고 하지 않을 것이다(탐심 외에는 어떤 목표나 목적 없는 청년들 사이에서). 그러나 그들은 성인들과 잘 어울릴 것이며 자신들의 짝에 잘 **어울릴** 것이다.

　당신의 자녀들은 어떤 사람들이 보기에는 이상하다고 생각할 수도 있는 사람이 되도록 훈련되어질 것이다. 그들은 특별하고 독특하다는 것을 생각할 필요가 있다. 그들이 또래집단에 의해 오해받을 수 있다는 것을 가르치라. 역사상 사회의 틀에 적합하지 않았던 유명한 사람들을 함께 연구하라.

10. 어린 성인들이 처음으로 집을 떠나기 전에 그가 부딪히게 될 문화적 충격에 준비되어야 한다. 집에서만 살고 크리스천들과만 교제한 젊은이는 세속 대학이나 세속 직장에서 종종 충격을 경험한다. **부디** 젊은이들에게 "밖의 세상"이 어떤 곳인지 설명하고 보여주는 시간을 가져라. 그들에겐 속성코스가 필요하다.: 악한 여자(창녀 혹은 난잡한 남자나 여자)에 대해서, 어리석은 사람(하나님의 진리를 무시하는 사람)에 대해서, 경멸자(하나님을 알지만 공개적으로 하나님과 그 말씀을 거부하는 자)에 대해서, 그리고 거짓말쟁이들, 중상모략자들, 험담꾼들, 도적들, 거만한 자들, 게으른 자들(특히 그리스도인이라고 공언하는 사람들 중에)에 대해서.

후기

　내가 이 책을 쓴 지 17년이 지났다. 짧은 시간 안에 많은 것들이 변했다. 우리 국민의 도덕성은 그들이 보는 TV 프로그램과 영화로 증명되듯이 더 악화되었고 아이들까지 그런 것들을 보게 되었다. 비도덕성에 대한 국가적인 관용으로 인해 에이즈의 저주는 이제 우리를 괴롭히고 있다. 책임을 회피하려는 아이 같은 어른들의 부르짖음에 대한 응답으로 마약이 범람하고 있다. 모든 것은 완전히 깜깜할 뿐이다.

　물론 변하지 않고 결코 변할 수 없는 한 가지—하나님의 말씀과 원리가 있다. 말씀의 빛, 예수 그리스도, 하나님의 말씀은 이런 악한 세상에서 더욱 밝게 비춘다. 이 책에 기술된 대로 하나님의 원리대로 자녀를 교육한 수많은 부모들의 얘기를 듣는 것은 나에게는 큰 기쁨이다. 그들 가정에는 승리의 간증이 있으며 다음 세대에 경건하게 유업을 물려주려고 헌신한다.

　나에게 매우 고무적인 것은 오늘날 우리 나라에서 일어나고 있는,

밝은 희망을 주는 가정학교 운동(home school movement)이다. 이미 15년간 이 운동은 매년 힘있게 성장해 왔다. 내가 가정학교를 밝은 희망으로 보는 이유는 여러 가지이다.

* 가정학교는 부모들이 자신의 아동기의 결핍을 극복하는 것을 배우는 것만큼 더 성숙하게 되도록 한다. 부모들은 자연히 더 조직적이 되고 더 근면해지고 더 겸손해지고 자신의 세계와 자녀들에 대해 더 많이 알게 된다.
* 아이들을 훈련시키지 않고는 일정기간 가정학교를 성공적으로 진행할 수 없기 때문에 아이들은 적절히 훈련된다. 자녀들이 학습을 해야할 때 종종 그들의 미성숙으로 인해 갈등을 겪는다. 합리적이고 적절한 학업의 압력하에서조차도 아이의 본성은 고집과 자만과 게으름을 보일 수 있다. 그러므로 다양한 훈련기회가 날마다 그들에게 제시된다.
* 가정이 가족생활의 진정한 중심이 되는 날 가정학교 가정은 더 친밀해진다. 결과적으로 아이들은 또래집단의 기준들보다는 부모의 기준에 더 영향을 받는다. 다른 말로 하면 자녀들의 정신적 경쟁이 매우 감소된다.

나는 가정학교가 자녀 훈련에 대한 하나님의 원리를 적용하는 이상적인 기회를 제공할 것이라고 믿는다. 그것은 상당한 헌신을 필요로 하지만 보상은 매우 클 것이고 영원할 것이다. 당신이 가정학교를 시작하기를 추천한다. 만일 당신이 이런 노력을 취하기로 결정한다면 전 가족에 대한 영혼의 성장기회는 놀라울 것이라는 것을 나는 약속한다. 만일 당신이 시험을 견뎌내면 보상은 말할 수 없을 정도가 될 것이다. 심지어 1년만 해보아도 당신 생애에 가장 중요한 해가 될 것이다. 나와 아내가 3명의 자녀들을 가르친 몇 년간은 우리 전 가정에게 가장 의미 있는 시간들이었다. 그러나 당신이 가정학교를 하든지 하지 않든지 아무튼 자녀들이 가야만 할 길로 그들을 양육하는 데 헌신하기를 바란다.

63) 히브리어 kabash는 "정복하다, 속박하다, 발로 짓밟다"이다. 그러므로 "지배하다"(슥 9:15 ; 미 7:19 ; 렘 34:11 ; 대하 28:10 ; 느 5:5) 창 1:28에서는 "통제, 조절"의 의미이며 kabash는 명령형이다.(FBR)
64) 히브리어 radah 는 사물이나 사람을 "지배하다, 통치하다"는 의미이다. 여기서는 정복자가 성취한 지배의 위치를 의미하는 것으로 사용되고 있다. kabash와 마찬가지로 radah도 명령형이다. 하나님은 사람에게 정복된 것을 "복종시키고" "다스리라"고 명령하신다.
65) 다니엘 디포, 로빈슨 크루소(시카고, 무디 출판사.1965). p10
66) 상동 p16
67) Austin. (Texas) American Statesman (날짜미상)
68) 데이트와 구혼에 대한 자료

Passion and Purity, Elisabeth Elliot 지음.(엄마와 딸들에게 아주 좋은 책)

Preparing Your Children for Courtship and Marriage, Reb Bradley 지음.(부모에게 아주 좋음)

Dating Problems and Courtship Solution, Josh Harris 지음.(십대가 쓴 십대를 위한 책)
69) 뉴욕타임즈, CBS 뉴스. 1994년 7월 1일.

Bibliography

Austin (Texas) *American Statesman*, May 4, 1980.

Defoe, Daniel. *Robinson Crusoe*. Chicago: Moody Press, 1965.

Foundation for Biblical Research. "Child Training." Austin, Texas, 1979.*

Risken, Jeremy, and Howard, Ted. "Praise the Lord—Spread Evangelism." *Politics Today*, September-October, 1979, p. 53.

Scofield, C.I., ed. *Holy Bible* (Authorized King James Version). New York: Oxford University Press, 1967.

The Compact Edition of the Oxford English Dictionary, 1971.

* The Foundation for Biblical Research utilized the following resource books in their research. (This is only a selected list.)

Abbott-Smith, G.A. *A Manual Greek Lexicon of the New Testament*. Edinburgh: T. & T. Clark, 1937.

Alsop, John R. *Index to the Bauer-Arndt-Gingrich Greek Lexicon*. Grand Rapids: Zondervan Publishing House, 1968.

Arndt, William F. and Gingrich, F. Wilbur. *A Greek-English Lexicon of the New Testament*. Chicago: University of Chicago Press, 1957.

Botterweck, G., and Ringgren, H., ed. *Theological Dictionary of the Old Testament*. Grand Rapids: Wm. B. Eerdmans Publishing Co. Vol. I & II (revised edition) 1977; Vol. III, 1978.

Brown, Francis; Driver, S.R.; and Briggs, Charles A., eds. *A Hebrew and English Lexicon of the Old Testament*, 1929. Reprint. Oxford: At the Clarendon Press, 1974

The New Testament (Textus Receptus). London: Trinitarian Bible Society, 1977.

Einspahr, Bruce. *Index to Brown, Driver & Briggs*. Chicago: Moody Press, 1976.

Gesenius, William. *Hebrew-Chaldee Lexicon to the Old Testament*. Trans. Samuel P. Tregelles. Grand Rapids: Wm. B. Eerdmans Publishing Co., 1949.

Girdlestone, Robert B. *Synonyms of the Old Testament*. 2nd ed. 1897. Reprint. Grand Rapids: Wm. B. Eerdmans Publishing Co., 1956.

Kittel, R. *Biblia Hebraica*, 3rd Ed. Stuttgart: Wurtetembergische Biblelanstalt, 1961.

Kittle, R. *Theological Dictionary of the New Testament*. 10 vols. Grand Rapids: Wm. B. Eerdmans Publishing Co., 1964.

Liddell, Henry George and Scott, Robert. *A Greek-English Lexicon*. Oxford: Oxford University Press, 1940.

Moulton, James Hope and Milligan, George. *The Vocabulary of the Greek Testament*. Grand Rapids: Wm. B. Eerdmans Publishing Co., 1952.

Thayer, Joseph Henry. *Greek-English Lexicon of the New Testament*. Grand Rapids: Zondervan Publishing House, 1976.

The Greek New Testament, 3rd ed. London: The United Bible Societies, 1975.

Trench, Richard C. *Synonyms of the New Testament*. Grand Rapids: Wm. B. Eerdmans Publishing Co., 1880.

출판 후기

본서는 가장 잘 팔리는 기독교 서적 중의 하나이며 1981년 기독교 영화배급소에 의해 "베스트 영화 시리즈"에 선정된 영화 중의 하나이다. 이 자료는 그 주제를 성경적 관점으로만 다루었다는 점에서 독특하다. 저자인 J. R 휴게이트는 성경을 절대적 진리로 그리고 다른 어떤 인간적 사상체계보다 우월한 것으로 받아들인다. 따라서 성경을 인간의 철학과 심리학, 사회학, 종교적 관점, 대중적 견해와 양립시키기 위해 하나님의 말씀을 수정하려는 어떠한 시도도 거부하였다. 본서는 지난 20년 동안 가장 성경대로 믿는 교회에서 자녀 훈련의 표준교과서로 사용되어왔다. 이제 이 고전 작품은 저자의 해설과 사례, 일화를 추가하여 2판을 내게 되었다. 전국적으로 많은 교회들에서 매년 상영되어온 유명한 4시간짜리 영화시리즈도 해설자의 설명과 도표가 크게 개선되어 1시간 짜리 6개의 비디오로 제작되었다.

성경적 결혼. 이 범주에 속한 모든 출판물들은 버지니아 휴게이트의 유명한 책인 〈동산의 다른 한편. 현대를 위한 성경적 여성상〉과 휴게이트의 새책으로 2001년 1월에 발간된 〈성경적 남성상〉에 기초하고 있다. 성경적 남성상은 가정의 공급자와 보호자만이 아니라 가정의 지도자가 되는 남성에게 절대적인 책임감을 가르치고 있다. 그것은 또한 과거 3,4세대의 남성들이 왜 그렇게 무기력하게 되고 여성성들에 둔감하게 되어서 아내를 품으라는 성경적인 명령을 수행할 수 없었는지 그 이유를 설명해주고 있다. 이 책들은 또한 하나님의 인간창조―남성과 여성―의 독특성과 결혼을 통해 변치 않고 하나로 연합되는 것을 다루고 있다.